AAN DE RANDEN VAN DE DAG

Femke van der Laan

Aan de randen van de dag

Het verhaal van een liefde

Nieuw Amsterdam

Omslagontwerp Moker Ontwerp
Foto auteur © Frank Ruiter / Lumen
NUR 320
ISBN 978 90 468 2405 4
www.nieuwamsterdam.nl

MIX
Papier van
verantwoorde herkomst
FSC® C004472

Falling, yes I am falling
And she keeps calling
me back again

Uit: John Lennon, Paul McCartney,
'I've Just Seen a Face'

Plesmanlaan

We zaten met z'n tweeën in een kamertje. Hij zag grauw. We wachtten op de arts. Het was dinsdag, aan het einde van de ochtend, er was net een MRI gemaakt.

Eigenlijk moesten we naar huis. 'U kunt donderdag terugkomen voor de uitslag,' werd er gezegd. Ik weigerde. 'Hij kan niet meer.' Dat gold net zo goed voor mezelf.

Hij had al sinds begin november pijn. Het was inmiddels eind januari.

Het was een watertaxiritje in Rotterdam geweest waarbij hij even wankelde. Hij greep zich vast aan een lus en hing een kort moment aan zijn linkerarm.

Ik stond hem aan wal op te wachten. Hij vertelde dat hij bijna was flauwgevallen van de pijn. Zoiets had ik hem nog nooit horen zeggen.

Daar, op de kade, ging het weer. Dat kende ik wel.

We speculeerden tijdens de rit naar huis over een diagnose. Gekneusd, verdraaid, gescheurd, gebroken, vast morgen weer over. De volgende dag zaten we op de eerste hulp. Het was zondag. Ze vonden niets.

Het werd december en Kerstmis, er kwam een nieuw jaar en de pijn bleef. Er werd nog een keer gekeken. Weer werd er niets gevonden. Hij kon zichzelf niet meer aankleden, slapen deed hij nauwelijks en alleen maar rechtop. Er werd overlegd, er moest wat gebeuren. Hij mocht komen voor een MRI, in het ziekenhuis waar we nu zaten, het ergste ziekenhuis. Niet omdat ze aan het ergste dachten, maar omdat hij daar het snelste aan de beurt zou zijn.

Wij dachten ook niet aan het ergste. We speculeerden nog steeds. Gekneusd, verdraaid, gescheurd, gebroken, vast morgen weer over. En anders iets met gips.

Ik had ons niet naar huis laten gaan. We zouden het zo horen. Er werd alleen nog even gewacht op het inladen van de foto's. We praatten elkaar het wachten door, over de dag, over de week, praktisch praten, met een gat erin, omdat we nog niet wisten met welke oplossing ze zouden komen. Daarna stuurden we de oudste een appje, dat we wat later zouden zijn, dat we meteen de uitslag zouden krijgen, dat dat handig was. We stuurden een foto mee, van ons samen, met onze duimen in de lucht.

Toen ik de foto een paar dagen later terugzag, snapte ik niet dat ik het niet allang gezien had, begreep ik de verwarring niet meer die ik gevoeld had toen de arts binnenkwam, ging zitten en zei: 'Ik weet even niet waar ik moet beginnen.'

We werden alleen gelaten daarna. Er zou een andere arts komen, eentje voor de longen. Nu hadden we de korte versie gehoord, dat er iets in zijn longen zat, en daarbuiten, op andere plekken. Wat het allemaal precies betekende zou de volgende ons vertellen.

Ik keek naar hem.

'Ja, meisje.'

Ik wilde zeggen dat hij dood zou gaan, *je gaat dood,* en misschien nog hoe absurd dat was, *nou ja, zeg,* maar ik zei het niet.

Ik legde mijn hand op zijn knie.

'Gaat het?' vroeg ik uiteindelijk.

'Ja.' Hij knikte. 'En met jou?'

'Ja, ook.'

'Wij kunnen dit, meisje.'

'Ja.'

We spraken achttien lettergrepen.

Nieuwe Spiegelstraat

De tekst was al vaak heen en weer gegaan. Het dicteren was inmiddels gestopt, hij was alleen nog maar aan het wijzigen, woordjes, zinnen, maar ook hele alinea's die hij op de achterkant van de A4'tjes schreef. Vanaf de voorkant liepen er pijlen naar beneden, naar de hoek rechtsonder, waar 'z.o.z.' stond, en aan de andere kant gingen de pijlen verder, naar boven, naar de nieuwe zinnen, die ingevoegd moesten worden op de plek waarvandaan de pijl vertrokken was. Ik tikte met één hand. De andere had ik nodig om de draad niet kwijt te raken.

Een paar maanden daarvoor had ik leren typen, echt typen, met twee handen, tien vingers, blind.

Ik had gesolliciteerd bij een uitzendbureau, zomaar, op een advertentie in de krant. Ze zochten een secretaresse voor een advocatenkantoor. Nog nooit had ik een sollicitatiebrief geschreven. Ik wist niet eens dat ik secretaresse wilde worden, dat ik een baan zocht, maar je moest toch iets, je moest iets, toch, dus schreef ik een brief, met de hand, driekwart pagina, en ik werd uitgenodigd voor een gesprek, in een kantoor ergens aan de Amstel. Daar zag ik mijn brief weer terug, ondersteboven, op een tafel. Mijn cv lag ernaast, ook handgeschreven. De mevrouw van het uitzendbureau was er snel klaar mee. Een middelbareschooldiploma, een krantenwijk en twee bijbaantjes in restaurants, ik voelde dat we ons allebei afvroegen waarom ik kwam solliciteren. Ik zag mezelf weer zitten in de bus, zojuist, heen, drie kwartier, en nog een stukje metro. In de straat hierachter was ik omhooggekomen, straks zou ik er weer naar beneden gaan, terug.

'Vertel eens wat over jezelf.'

Terwijl ik antwoordde tikte ik met mijn vingers op mijn bovenbeen. Pink, ringvinger, middelvinger, wijsvinger, duim, pink, ringvinger, middelvinger...

Ik weet niet waarom ze me nog een test had laten doen. Misschien wist ze waar de polder op mijn cv lag, schatte ze in hoelang ik erover had gedaan om bij haar te komen, rekende ze uit dat het negen keer zolang was als het gesprek had geduurd, negen keer langer dan ik nodig had gehad om wat over mezelf te vertellen en uit te leggen waarom ik deze baan wilde. *Het lijkt me echt heel leuk.*

Ze had een multomap gepakt. 'We gaan een testje doen.'

Na het testje zaten we nog steeds niet aan mijn reistijd.

'Ik kijk het meteen even na.'

Ik had niet door wat ze had willen testen, de vragen hadden willekeurig geleken. Niet moeilijk, dacht ik, maar nu ze met haar pen langs het blaadje gleed, was ik daar ook niet meer zeker van. Straks zat ik weer in de bus.

'Je hebt er maar eentje fout.'

Ze draaide het blaadje naar me toe. Het was een vraag over geld, hoe je met zo min mogelijk muntjes een bedrag kon betalen. Ik had het geld voor me gezien, van de vijfguldenmunten tot de dubbeltjes en stuivers. Ik snapte dat je met die van vijf moest beginnen. Ik had geteld en gerekend tot het precies uitkwam. Ik begreep niet wat ik fout had gedaan.

'Wat had het moeten zijn?'

De mevrouw van het uitzendbureau draaide haar antwoordenblaadje om. 'Dit.'

Ik keek naar haar oplossing. Die was fout. Er waren veel meer munten gebruikt dan ik had gedaan. Ik keek naar de mevrouw. Dat zag ze toch wel?

'Nee, dat klopt niet.'
De mevrouw keek op.
'Mijn antwoord is goed.'
Ze keek weer naar het blaadje. Ik zag dat ze rekende, een paar keer. Daarna liep ze naar de deur en stak haar hoofd om de hoek.
'Die som met dat geld, die had je fout.'
Er verscheen een meneer in de kamer, in pak. Hij rekende ook.
'Leg eens uit hoe je dat gedaan hebt.'
Ik vertelde dat je met de hoogste moest beginnen, met de vijfguldenmunt, dan de rijksdaalders, de guldens, en zo door tot de stuivers.
De meneer en de mevrouw van het uitzendbureau luisterden.
'Zo had ik het nog niet bekeken,' zei de meneer.
Ik moest op typecursus. Als ik niet met tien vingers kon typen zou ik het nooit redden. Daarna kon ik beginnen.
Mijn eerste klus was in de Nieuwe Spiegelstraat.

Het was turen wat ik deed, naar zijn woorden, naar zijn regels die recht begonnen maar naar het einde toe toch allemaal naar beneden liepen. Ik vond zijn handschrift lastig, net als de verwijzingstekens, die ik nog niet kende. Af en toe las ik hardop voor wat hij had geschreven, in de hoop dat de woorden die ik niet kon lezen er vanzelf uit zouden rollen als ik de zinnen uitsprak, alsof de woorden eromheen die ik wel had ontcijferd, de onleesbare woorden mee zouden trekken, vanuit mijn longen, langs mijn stembanden, mijn mond uit. Soms lukte het, vaker niet. Dan stond ik op, liep naar zijn kamer, een deur verderop, mijn vinger bij het woord dat ik niet kon lezen.

Het was de eerste keer dat ik voor hem werkte. Ik was krap twee maanden bij het kantoor en werd vooral ingezet als vliegende keep, dan weer een paar dagen hier, dan weer een dagje daar. Aan hem was ik voor een week gekoppeld. Er kwam een waarschuwing bij, van tevoren, dat hij veeleisend was en directief, onprettig om voor te werken, onmogelijk eigenlijk. 'Succes.'

Op maandagochtend had hij mij een hand gegeven en gevraagd of ik even mee wilde lopen naar zijn kamer.

'Ik heb een afschuwelijk drukke week voor de boeg. Ik snap niet dat ze mij een uitzendkracht hebben gegeven.' Hij keek bozig terwijl hij vertelde wat er in het verschiet lag, iets met het Rijksmuseum aan het begin van de week en op vrijdag een zitting over een treinongeluk. 'En nog duizend andere dingen.' Mijn vingers tikten een voor een tegen mijn bovenbeen. Ik vroeg me af wanneer ik tekort zou schieten.

'Wat staat hier?'

Hij nam het blaadje van mij over, zonder mijn vinger. 'Waar?'

Ik wees. 'Daar.'

Zelfs als hij het woord had uitgesproken, kon ik het niet altijd lezen.

'Ik schrijf toch best netjes?'

'Hm.'

Ik voerde zijn wijzigingen door en legde nieuwe printjes op zijn bureau. Elke volgende versie kwam terug met minder veranderingen, de kantlijnen bleven steeds vaker leeg. Alleen op bladzijde twee verbeterde hij telkens hetzelfde woord. Souterrain. Er stond een streepje met een bolletje erboven tussen de u en de t, in de kantlijn stond hetzelfde streepje-met-bolletje, met daarachter een s. Sousterrain. Hij wilde er sousterrain van maken. Ik zag het Rijksmuseum voor me en dacht aan ruimtes die hoger waren dan de kelder, maar lager dan de begane grond. Ik veranderde het niet. Zo schreef je dat niet.

Na de vijfde ronde met verbeteringen, na vijf keer souterrain, liep ik bij hem naar binnen en legde de blaadjes op zijn bureau.

De eerste sloeg ik om en ik wees naar zijn fout. 'Het is souterrain, geen sousterrain.'

Hij keek naar mijn vinger, naar wat ik aanwees. 'Ja, ik zag al dat je het niet begreep. Het is sous, dat is Frans voor onder.'

'In het Nederlands is het souterrain.'

Hij keek me aan. 'Je vergist je.'

'Nee, hoor.'

Hij zei niets, maar keek nog steeds. Zijn blik had iets geamuseerds. Heel even voelde ik twijfel, schoot door me heen dat hij het weleens beter zou kunnen weten. Ik haalde mijn vinger weg en keek terug, net zo geamuseerd. 'Wedden?'

Ik zou nog eens voor hem werken, een avond die een nacht werd, bijna een jaar later. Ik was al een tijdje geen uitzendkracht meer. Ze hadden me willen houden.

Het was mei 1999, de avond van de Champions League-finale. Ik begreep aan het einde van de middag nog niet hoe erg dat was.

Er was een mailtje rondgegaan met de vraag wie hem die avond kon helpen, met een waarschuwing erbij dat het laat kon worden. Ik drukte op beantwoorden en schreef dat ik kon. Om zes uur liep ik zijn kamer in.

'Zullen we eerst maar gaan eten?'

Samen liepen we naar de overkant van de gracht. Op de hoek, schuin tegenover zijn kamer, zat een restaurant.

'Zal ik je voorgaan?'

Aan tafel legde hij uit wat de bedoeling was. Een offerte schrijven, voor de gemeente Amsterdam. Ze zochten een nieuw advocatenkantoor. Als we een beetje doorwerkten, kon hij de tweede helft nog zien.

'Spiegeltjes en kraaltjes, dat is het vooral.'

Jaren later zou ik hem vertellen dat ik op dat moment niet wist wat dat betekende, spiegeltjes en kraaltjes, maar dat ik het niet had durven vragen, dat ik alleen een vage notie had gehad dat ik degene wilde zijn die het wel wist, degene blijven die weddenschappen met hem afsloot, zoals in die eerste week. Hij legde het toen, jaren later, alsnog uit. Het was een verhaal over Indië. Halverwege zei ik hem dat ik het ondertussen al eens had opgezocht.

Die avond die een nacht werd had ik het niet opgezocht. Ik tikte en printte, tikte en printte, tikte en printte, tot het af was. Ik kon alles lezen wat hij schreef. De Engelse ploeg won met 2-1 van de Duitse. De Engelsen scoorden twee keer in blessuretijd. Hij vloekte toen hij het hoorde. Ik vroeg niet waarom dat was, om de uitslag of omdat hij de wedstrijd had gemist. Om drie uur 's nachts reden we in zijn vierhoekige auto naar het stadhuis. Hij stapte uit en stopte de offerte in de brievenbus. Daarna bracht hij me thuis.

'Goed gewerkt.'

'Graag gedaan.'

De volgende ochtend stond er een fles wijn op mijn bureau, naast mijn computer. De hele dag zag ik mezelf gereflecteerd in het groene glas.

De gemeente had een ander advocatenkantoor in de arm genomen, vertelde hij me twee weken later in het voorbijgaan, een groter kantoor, dat had hij al wel gedacht. 'Maar aan ons heeft het niet gelegen.'

'Waar wedden we om?'

Ik keek nog een keer naar het blaadje. Sousterrain. Ik had geen idee. Waar moesten we om wedden? Geld niet, leek me. Een tientje had wat absurds. Meer ook. Het liefst zou ik iets gevats zeggen, maar er schoot me niets te binnen. Ik keek naar de blaadjes op zijn bureau en zag hoe ernaast, in de asbak, zijn sigaret een gat brandde in een peuk. 'Zeg jij het maar. Het wordt al erg genoeg voor je.'

Hij lachte. Voorbij geamuseerd. 'Een fles wijn?'

Natuurlijk, dat moest het zijn, een fles wijn. 'Ik haal een woordenboek.'

Terug in mijn kamer zocht ik het eerst zelf op. Sousterrain. Ik schrok even. Het stond erin. Toen las ik wat erachter stond. *Plat Amsterdams. Zie souterrain.*

Met mijn vinger tussen de bladzijden liep ik terug naar zijn kamer. Ik sloeg het woordenboek open en wees het woord aan.

Hij lachte hard.

'Oké, jij wint.'

N200

Het was vrijdagmiddag. Ik zat in zijn vierhoekige auto, achterin. Naast me lag zijn toga.

Hij reed. Voor me zat een kantoorgenoot. We kwamen uit Haarlem, van een zitting, mijn eerste, het treinongeluk, en gingen terug naar kantoor. Ik was een beetje moe. Het was het einde van mijn week voor hem. Het was laat geworden de dag ervoor. Het was elke dag laat geworden. Die ochtend mocht ik mee naar de zitting. Hij had het gebracht als een beloning.

Ik had voor de deur van het kantoor staan wachten, rond achten, samen met de kantoorgenoot. We zouden opgepikt worden. 'Wat leuk voor je dat je mee mag,' had de kantoorgenoot gezegd op de stoep.

Voorin werd nagepraat. Wat de officier had gezegd, wat de rechter had gevraagd, hoe zijn pleidooi was gegaan. Ik luisterde. De collega zei dat het goed was gegaan, echt goed, heel goed zelfs.

Hij stak een sigaret op en keek even achterom, naar mij. 'Hoe vond jij het gaan?' Hij draaide weer terug, naar de weg, maar ik zag dat hij via zijn achteruitkijkspiegel nog naar me keek.

'Ik vond je een beetje langdradig.'

Hij draaide zijn hoofd om. 'Langdradig?'

Ik zag weer iets geamuseerds, iets sousterrainerigs in zijn blik.

'Ja.'

Even was hij stil.

'Hoorde je dat?' Hij keek naar de collega. 'Ze vond me langdradig.'

Daarna keek hij weer naar voren, nam een trekje van zijn sigaret. 'Wat was er dan langdradig?'

'Je viel in herhaling. Toen je voor de tiende keer zei dat het rode sein niet zichtbaar was geweest, vond ik het een beetje saai worden.'

'Maar dat is precies waar dit allemaal over ging!' Hij klonk verontwaardigd, maar ik voelde dat hij dat niet was, niet echt, het was gespeeld verontwaardigd.

Ik keek in het achteruitkijkspiegeltje. 'Denk je dat die rechter achterlijk is?'

'Je kunt zoiets niet vaak genoeg zeggen.'

'Moeten mensen jou ook alles tien keer uitleggen voor je iets begrijpt?'

Ik zag hoe de rook schokkend uit zijn mond kwam.

Aan het einde van de middag, tijdens de kantoorborrel, hoorde ik hem een paar keer zeggen: 'Maar zij vond me langdradig.' Eén keer keek ik om, naar hem, hield mijn hand voor mijn open mond en deed alsof ik gaapte. Lachend maakte hij een wegwerpgebaar.

Hij won de rechtszaak. De machinist, die bij Hoofddorp door een rood sein was gereden en zo zijn lege stoptrein in de zijkant van een intercity Den Haag-Amsterdam had geboord, werd vrijgesproken. Hij vertelde het me een paar weken later, in de kantine, waar we elkaar tegenkwamen voor de vitrine met broodjes. Er waren er niet veel meer, het was al na lunchtijd.

'De rechtbank vond me niet langdradig. We hebben de zaak gewonnen.'

'Gefeliciteerd.' Ik pakte een broodje en zette het op mijn blad. 'Maar dat betekent niet dat de rechter je niet langdradig vond. Misschien haal je ondanks en dankzij door elkaar,' zei ik en ik keek opzij.

Hij grijnsde weer. 'Jij bent verschrikkelijk.'

Spiegelgracht

Het nieuwe millennium was net begonnen. We zaten in een café op een hoek van twee grachten. Het was een uur of zes en donker buiten. We dronken wijn. Die hadden we nog tegoed, al wist ik niet meer precies waarom. Ergens in onze gesprekken van de laatste tijd was het erin geslopen, hadden we het afgesproken, dat we nog wijn tegoed hadden.

Ik zat vaak op zijn kamer. Vaker dan nodig was. Eigenlijk was het nooit nodig. Sinds de Champions League-finale had ik niet meer voor hem gewerkt. Ik had nu een vaste stek, ergens anders in het gebouw. Wel kwam ik langs, op zijn kamer, om de maatschapsnotulen te brengen, op mijn ronde die langs alle partners liep. De eerste tijd zat zijn exemplaar van de notulen ergens in het midden van mijn stapel en legde ik de blaadjes op zijn stoel als hij er niet was. Zo moest dat. Een stapeltje papier, één keer opgevouwen, met een nietje erdoor en drie letters erop: ELA. Het nietje zei dat de papieren vertrouwelijk waren, de letters gaven aan dat ze voor hem bedoeld waren.

Soms, als hij er wel was, rookten we samen een sigaretje en maakte ik daarna mijn ronde af. Op een gegeven moment werden het twee sigaretjes. Nog wat later stopte ik de blaadjes met ELA onder aan de stapel.

Als ik binnenkwam en hij zat te bellen gebaarde hij dat ik moest blijven, als zijn stoel leeg was, kwam ik later op de dag terug, als hij weg moest, of verder moest, verontschuldigde hij zich uitgebreid. Misschien was het zo begonnen, met een verontschuldiging en het voorstel om anders een keer naar de kroeg te gaan, als we tijd hadden, als het zo uitkwam, na het werk. Het was onze gesprekken in geslopen, meestal aan het einde, als ik opstond, dat we nog een kroeg tegoed hadden.

Er waren maanden overheen gegaan maar uiteindelijk zaten we er, in een café op een hoek van twee grachten, aan een tafeltje, met twee witte wijn tussen ons in. We waren samen het kantoor uit gelopen. De receptioniste had ons nagekeken en ik had eventjes gedacht: je bent te vroeg, er is nu nog niets te zien, we gaan gewoon naar de kroeg, als kantoorgenoten. En dat deden we ook, we zaten in de kroeg als kantoorgenoten en we praatten een uur tot hij zei: 'Ik kan er nog maar eentje.' Daarna vertelde hij dat hij zo naar huis moest en legde in een moeite door uit hoe het daar was. We praatten als kantoorgenoten, maar ik wist even niet wat ik moest zeggen. Mij schoot alleen de mop te binnen waarin Einstein klaagt dat zijn vrouw hem niet begrijpt, dus zei ik maar dat het goed uitkwam, dat ik ook moest gaan, en zo stonden we een uur en een kwartier later weer buiten. Het was nog te vroeg.

Rustenburgerstraat

Hij zat op mijn bank. Het was laat, tegen middernacht, bijna zaterdag. Er was een kantoorfeest geweest die avond, zoals elk jaar in april. Er was waarschijnlijk nog steeds een kantoorfeest, maar wij waren er niet meer. Wij waren weggaan, naar mijn huis.

Ik had het voorgesteld. 'Zullen we gaan?'

We hadden op een lange bank gezeten, langs de rand van de dansvloer, en waren met elkaar aan het schreeuwpraten om boven de muziek uit te komen, hij in mijn oor, terwijl ik naar de dansvloer keek, en dan ik in het zijne, terwijl hij naar voren keek, naar de dansende kantoorgenoten. Ik rook dat hij gedronken had, maar zijn zinnen waren helder. Af en toe botste hij met zijn lippen tegen mijn oor aan.

Soms plofte er iemand naast ons neer, hijgend, uitgelaten, dan stopten we even, om door te gaan als we weer met z'n tweetjes waren, zonder de draad kwijt te raken.

'Ik wil je nog wat vertellen.'

Hij haalde zijn mond bij mijn oor weg, keek me even aan en draaide toen zijn hoofd naar de dansvloer, zijn oor in mijn richting, alsof het nu mijn beurt was om wat te zeggen.

'Goed,' zei ik.

Zijn mond kwam terug bij mijn oor.

'Je bent natuurlijk heel mooi, maar weet je wat veel belangrijker is?' Dit keer haalde hij zijn mond niet weg. Het was niet mijn beurt. 'Ik vind je ook zo ontzettend lief.'

Zijn lippen kwamen weer tegen me aan, ze kusten mijn oor. Het was geen botsing.

Ik keek voor me uit en zag de receptioniste dansen. Zonder mijn hoofd naar hem toe te draaien, vroeg ik: 'Zullen we gaan?' Hij hoorde me boven de muziek uit.

We waren de zaal uit gelopen, naar de lift, we moesten naar beneden. Een kantoorgenoot stapte bij ons in. 'Waar gaan jullie naartoe?'

'Naar het Leidseplein. Taxi.'

'O, fijn. Ik ook.'

Met z'n drieën liepen we even later over de grachten. Ik vroeg me af hoe we dit op gingen lossen.

Op het plein aangekomen wees hij om beurten naar zichzelf en naar mij. 'Wij delen er eentje, dat is handiger,' zei hij tegen de collega. Die knikte, afwezig, groette en liep daarna bij ons vandaan.

Later, toen ik de kantoorgenoot vertelde dat we verliefd op elkaar waren, moest hij opgelucht lachen. Hij was er nog dagen mee bezig geweest, hoe het toch kon dat wij een taxi deelden, terwijl hij wist waar we woonden, in de Baarsjes en in de Pijp. De collega had zich afgevraagd hoe dronken hij eigenlijk was geweest die avond.

Dat was ook wat hij tegen mij had gezegd, ter geruststelling, toen we wegreden bij het Leidseplein: 'Hij is dronken genoeg.'

Ik had beneden de deur opengemaakt en hem voorgelaten. Hij had gevraagd op welke verdieping ik woonde. 'De tweede.' Daar was hij gestopt en had een stap opzij gedaan om mij erbij te laten met mijn sleutel. Ik ging hem voor, wees hem op de bank. 'Wil je iets drinken?'

Ook ik ging zitten, aan de andere kant van de bank, een fles wijn op het tafeltje naast ons. We praatten verder, niet langer als kantoorgenoten, maar iets anders waren we ook nog niet. We waren even niets. Tot we niet meer praatten. Tot we niet langer op de uiteinden van de bank zaten. Het was zaterdag. We waren iets anders.

Aio

We zaten achterin, waren net de ring op gereden. Ik keek even naast me, naar het grauwe, dat ik nu begreep, dat weinig te maken had met te hard werken en te weinig slapen, en naar zijn arm, die bij zijn pols in een sling hing. Zijn sleutelbeen was gebroken, dat had ik net gezien. We hadden gekeken naar de beelden die waren gemaakt, de scan van zijn binnenkant.

'Willen jullie het zien?' was er gevraagd.

Hij wilde niet. Dat hoefde voor hem niet.

Ik wilde wel. Voor mij hoefde het wel.

Hij keek mee.

Ik had naar de verschillende kleuren grijs gekeken.

'Wat is dat daar?'

'De heup.'

'En dat?'

'Een rib.'

'Is die ook gebroken?'

'Nee, die nog niet.'

'En die? Waar zit die?'

'Dit is de long.'

We scrolden door zijn romp. Ik probeerde me te oriënteren, vroeg vanaf welke kant we alles zagen, wat links was en wat rechts. Toen we twee keer van boven naar beneden waren gegaan en weer terug, toen alles in kaart was gebracht, in hem, in mij, werd er gezegd dat ze nog niets met zekerheid konden zeggen, dat er onderzoeken zouden volgen, dat het nu nog niet duidelijk was waar het vandaan kwam, dat het nu alleen nog maar waarschijnlijk was.

Waarschijnlijk was hij heel erg ziek.

Waarschijnlijk.

Ik had even naar hem gekeken en gedacht aan schuld en opzet, aan hoe dat juridisch in elkaar stak, aan waar op de schaal van die twee het waarschijnlijkheidsbewustzijn zich bevond, halverwege, tussen voorwaardelijke opzet en opzet als oogmerk. Ik zag weer voor me hoe hij dat kon uitleggen, hoe hij vertelde dat bij de vraag of er sprake was van schuld of opzet, je moest kijken naar de bedoeling van de dader. Het was het verschil tussen expres of per ongeluk, tussen moord of dood door schuld. Je kon een beetje schuld hebben of iets met enorm veel opzet hebben gedaan.

Hij kende de treden uit zijn hoofd: geen schuld of opzet, onbewuste schuld, bewuste schuld, voorwaardelijke opzet, opzet als waarschijnlijkheidsbewustzijn, opzet als noodzakelijkheidsbewustzijn, opzet als oogmerk. Als er sprake was van opzet als waarschijnlijkheidsbewustzijn was het waarschijnlijk dat er slachtoffers gingen vallen, maar nam je dat op de koop toe.

Het was waarschijnlijk dat hier slachtoffers gingen vallen.

Ik herinnerde me, met de monitor nog naar ons toe gedraaid, met de grijze vlekken voor mijn ogen, een ruzie, tussen ons, langgeleden, over niets of over iets heel fundamenteels, waarin hij tegen me snauwde dat ik me gedroeg alsof er aan zijn kant sprake was van opzet als noodzakelijkheidsbewustzijn, alsof het noodzakelijk was geweest mij te kwetsen. Ik was stilgevallen, had even gevoeld hoe idioot het was om zoiets te zeggen, alsof we voor de rechter stonden, maar toch was ik erin meegegaan, had ik gezocht naar welk stap er ook alweer onder zat, het treetje lager, hij had het zo vaak verteld, het iets-minder-expres, het iets-meer-naarschuld, ik had gezocht naar een antwoord, in zijn taal, in het juridische, om me verstaanbaar te maken. Ik was op zoek geweest naar het waarschijnlijkheidsbewustzijn. Nee, had ik willen zeggen, maar waarschijnlijk was het wel.

Ik was er niet op gekomen.

Ik keek naar zijn hoofd, naar de haren bij zijn slaap en boven zijn oor, hoe ze krulden, en dacht aan waar het waarschijnlijkheidsbewustzijn zat, op welke plek we het tegen zouden komen als we door zijn hoofd scrolden, en of hij zich ervan bewust was dat hij waarschijnlijk dood zou gaan.

'Wanneer weten jullie het wel? Ik mag dit niet te lang voor me houden.'

De arts had hem aangekeken. Vragend.

'De raad moet dit weten. De stad.'

Ik wilde 'de kinderen' zeggen, maar hield mijn mond.

Een paar dagen zou het wel duren. Het was nodig om te weten waar het vandaan kwam, waar het begonnen was. Ik scrolde in mijn hoofd weer door zijn romp. Mijn waarschijnlijkheidsbewustzijn stond aan, ik wist precies waar het vandaan kwam.

We waren stil, op de achterbank. Dat hadden we afgesproken, net, in het ziekenhuis, op weg naar de uitgang. *Nog niet tegen de chauffeur.*

'Wel tegen de kinderen,' had ik gezegd.

Ik ondersteunde hem bij het lopen, al een tijdje. Voor een buitenstaander kon het lijken alsof we gewoon hand in hand liepen, of arm in arm. Voor hem ook. Hij was steeds zwaarder op me gaan leunen.

Voor de draaideur stonden we stil, het gat waar we nog in hadden kunnen springen lieten we voorbijgaan.

'Wat moet ik zeggen?'

'Maakt niet uit. Als het maar kort en duidelijk is. Dat je ziek bent. Dat je longkanker hebt. Dat je daaraan dood zal gaan.' Ik fluisterde, met mijn kaken op elkaar, mijn lippen bewogen nauwelijks. Er stonden mensen achter ons. Voor ons, in de draaideur, kwamen er nog meer aan. 'Dat je het heel erg vindt.'

'Maar dat is toch nog niet zeker?' Hij fluisterde ook, met dezelfde kaken.

Ik keek naar hem, naar wat hij nodig had, en zei niets.

'Dat hebben ze toch nog helemaal niet gezegd? Dat het zeker is dat het uit mijn longen komt, dat ik doodga?'

Er werd naar ons geknikt, gelachen. We liepen de draaideur in, schuifelden zwijgend het halve rondje naar buiten. Ik zag de scan weer voor me.

'Burgemeester! Gewoon op bezoek, hoop ik?' Achter ons schuifelde een man mee. Ik keek achterom in een lachend gezicht. Het was even stil. Ik voelde een kneepje in mijn linkerhand, merkte opeens hoe hoog mijn schouders zaten en liet ze zakken, ging wat rechterop staan. We stapten naar buiten en draaiden ons om.

'Nee, niet op bezoek. Maar ze kunnen heel veel hier, hè? Ben jij hier voor jezelf?'

We luisterden naar een verhaal over eerst hier en toen ook daar, een operatie en chemo, heel ziek en nu toch beter. Ze konden inderdaad heel veel hier.

Ik klappertandde. Het was koud en ik had mijn jas nog niet dichtgedaan. Het was altijd maar een klein stukje van de deur naar de auto. Ik voelde weer een kneepje, klemde mijn kaken op elkaar om het lawaai te stoppen, knikte om het verhaal van de man, perste er ergens een 'Gelukkig, zeg' uit, nog steeds fluisterend. Met een hand probeerde ik mijn jas dicht te houden.

Na afloop van het verhaal mochten we naar de auto.

Hij herhaalde zijn vragen niet. Ik gaf geen antwoord.

Hij scrolde op zijn telefoon, van boven naar beneden en weer terug. Nieuws, mail, ik kon het niet zien. Ik zag alleen zijn vinger langs het beeldscherm glijden. Hij las niets. Af en toe keek hij even naar me. Ik keek terug. We konden niets tegen elkaar zeggen. Ik kon niet bij zijn hand, die voor zijn buik hing, die aan zijn pols zat, aan een onderarm, aan een bovenarm, aan een sleutelbeen, dat gebroken was. Ik raakte zijn knie weer aan.

Ik zag zijn vier zussen voor me, allemaal zo veel ouder dan hij, en dacht aan hoe ze om de zoveel tijd in geuren en kleuren vertelden hoe het was gegaan, zijn geboorte, hoe het was toen ze hem voor het eerst zagen. Zijn sleutelbeenderen waren gebroken. Bij de uitdrijving, zeiden ze er meestal bij. Bij de uitdrijving. Toen zijn zussen langs mochten komen, in het ziekenhuis, om naar hun pasgeboren broertje te kijken, lag hij op een plankje, zijn armen wijd gespalkt. Hij leek wel gekruisigd, zeiden ze. Hij was net Jezus, zeiden ze. Het was zo zielig, zeiden ze. Daarna ging het steevast over zijn krullen. Ik vroeg me af wat het betekende, dat zijn leven begonnen was met gebroken sleutelbeenderen en dat deze uitdrijving, waar we nu voor stonden, gepaard ging met een breuk in hetzelfde bot.

Ik keek naar buiten. Aan zijn zussen moesten we het ook vertellen. Ik maakte een lijstje in mijn hoofd, of eigenlijk twee lijstjes. *Aan wie we het moeten vertellen*, schreef ik boven het linkerrijtje. En daarna nog een keer, rechts: *aan wie we het moeten vertellen.* De zussen gingen links, bij de kinderen. Rechts stonden de raad en de stad.

De chauffeur nam de afslag. We waren bijna thuis.

Reguliersgracht

Ik belde aan. Er klonk kort een zoemer en ik duwde tegen de deur. Te laat. De deur zat alweer op slot. Ik belde nog een keer aan, stond klaar met de knop van de deur in mijn vuist en met mijn voeten als een hardloper in startpositie. Weer de korte zoemer. Weer te laat. Ik keek naar boven, langs de gevel, en verwachtte zijn hoofd uit het raam, een sleutel in een sok, maar in plaats daarvan hoorde ik gestommel. De deur werd opengedaan.

'Sorry, ik snap niets van die deurbel.' Hij hijgde een beetje, deed een stap naar me toe, naar buiten, het stoepje op, en gaf me een zoen. 'Zal ik je voorgaan?'

Ik liep achter hem aan de trappen op. Boven voelde ik hoe de stof van mijn jurk tegen mijn rug plakte. Ik had hard gefietst en het was warm. De stof van zijn overhemd kleurde donker onder zijn borst. Hij zoende me weer. Langer dit keer.

Het was al bijna twee weken warm, te warm voor de tijd van het jaar. Het was half mei en vandaag was het bijna dertig graden geweest. Sinds Bevrijdingsdag was de temperatuur elke dag boven de vijfentwintig graden gekomen. Die vijfde dag van mei hadden we op bed gelegen, op mijn bed, met de balkondeuren open, voor en achter. Ik had gekeken hoe de vitrage af en toe opbolde, geluisterd naar de geluiden van beneden, van de straat, waar de mensen een vrije dag hadden, gevoeld hoe mijn wang op zijn borst en zijn hand op mijn zij steeds plakkeriger waren geworden van de warmte.

Ik was nog nooit zo verliefd geweest.

Het was drie weken na het kantoorfeest.

Hij had me opgebeld, de zondag na het feest, 's avonds, rond een uur of acht. Ik had die dag peinzend doorgebracht. Wat dit nou was. Hoe dit nou moest. Of we morgen weer gewoon collega's waren. Hoe ongemakkelijk dat zou zijn. Mijn telefoon was gegaan. Ik was voorovergebogen naar het kleine tafeltje waarop het toestel stond en had ondersteboven de telefoon opgenomen.

'Ik bel je even. Ik wil niet dat het morgen ongemakkelijk is tussen ons.'

We spraken af voor een lunch, twee dagen later, een lunch waarbij hij me zei dat hij het die vrijdag heel bijzonder had gevonden, dat hij mij heel bijzonder vond, maar dat hij niet verliefd op me wilde worden, dat dat niet kon, dat dat niet ging. Ik had hem aangekeken en gedacht: je bent te laat, het is zover, je bent het al. Ik had gezegd: 'Natuurlijk niet. Ik ook niet.'

We spraken elkaar daarna elke dag. Aan de telefoon, ondersteboven. In het echt. Hij bleef zichzelf herhalen. Dat het niet kon. Dat het niet ging.

'Ik vind je wel een beetje langdradig. Je herhaalt jezelf steeds. Is er iemand door een rood sein gereden?'

Hij lachte. Maar verliefd wilde hij niet worden. Dat kon niet. Dat ging niet.

Natuurlijk niet. Ik ook niet.

Op Bevrijdingsdag was hij de trap op komen lopen. De zwarte trui die hij droeg was te dik voor de temperatuur buiten. Hij zweette. 'Vind je het goed als ik hem uittrek?' Er kwam een T-shirt tevoorschijn. Ook zwart. En donkerder zwart onder zijn borst. We verbaasden ons over het weer en hij vertelde dat hij eigenlijk aan het werk was, op een stil kantoor, en dat hij niet te lang kon blijven, omdat hij ook echt aan het werk moest, omdat hij niet gelogen had, of gelogen wilde hebben, of in ieder geval niet helemaal. Ik had geknikt, had het begrepen, en daarna gingen we op mijn bank zitten, ieder aan een eigen kant, dezelfde kant als drie weken eerder, maar met minder ruimte tussen ons in, we konden elkaar aanraken, we raakten elkaar aan, we praatten, over dat het niet kon, kort, al bijna uit gewoonte, we raakten elkaar aan, praatten, over onszelf, lang, raakten elkaar aan, gingen naar bed.

Later, op bed, op mijn bed, met de vitrage en de geluiden van buiten en een plakkende hand en wang, was hij de eerste die weer sprak.

'Volgens mij kan het niet...' begon hij.

Ik wist wat er ging komen. Er miste weer iemand een rood sein.

'Het is raar om te zeggen, omdat het natuurlijk veel te snel is, en wat kennen we elkaar nou, ik bedoel: wat weten we van elkaar, maar toch, ik hou van je.'

Ik was stil.

'Schrik je hiervan?'

'Nee.'

Nog even waren er de vitrage, de geluiden van buiten, de hand, de wang. 'Ik hou ook van jou.'

Ik trok mijn jurk los van mijn rug en keek uit het raam, naar beneden, langs de gevel naar het stoepje waar ik net nog stond, waar hij me binnen had gelaten en daarna keek ik naar het water van de Reguliersgracht. De zon was onder aan het gaan. Achter me, in de keuken, schonk hij twee glazen water in. De koelkast was leeg. Ik had gevraagd van wie dit appartement was en hij had de naam van een collega genoemd. Hier kon hij een paar dagen zitten, de collega was met vakantie.

Hij vertelde over thuis, hoe het daar ging, hoe het daar was gegaan, dat ze een moratorium hadden afgesproken, dat dat voor nu het beste leek, bezinning, nadenken.

Hij zou het woord nog een aantal keer herhalen die avond,

moratorium. Jaren later zou ik hem vertellen dat mijn hoofd er elke keer als hij het zei mortuarium van maakte. Hij had gegrijnsd, was begonnen aan een uitleg, wilde de betekenis vertellen, maar halverwege zei hij zelf dat ik het natuurlijk allang wist.

In het appartement aan de Reguliersgracht wist ik het ook al, kon ik het opmaken uit de rest van zijn woorden, uit zijn zinnen, begreep ik dat er nog niets duidelijk was, voor hem niet, voor mij niet. Ik dacht aan de laatste twee weken, telde de keren dat we ik hou van jou tegen elkaar hadden gezegd en ik probeerde niet verdrietig te worden.

'Wil je blijven slapen?'

Utrechtsedwarsstraat

'Hoelang kun je hier blijven?'

'Twee weken. Daarna hoop ik een plek te vinden voor langer. Zal ik je jas op de verwarming hangen?'

Het mooie weer van de voorbije weken was weg. Het was 's avonds laat, ik had gegeten in de stad met een vriendin en was daarna door de regen naar de Utrechtsedwarsstraat gefietst. Hij had me het adres die middag verteld, nadat hij had gevraagd of ik langs wilde komen, en ik had het onthouden, maar eenmaal daar aangekomen zag ik een trapje dat naar twee deuren leidde en was ik opeens nergens meer zeker van.

De ramen waren te hoog om naar binnen te kijken.

Ik had lang naar de twee deuren gekeken, naar het probleem, naar de keuze waarvoor ik stond, en toen was ik naar de andere kant van de straat gelopen, naar de overkant, had me omgedraaid, mijn voet op een amsterdammertje gezet en afgezet. Twee tellen had ik op het paaltje gestaan, gezweefd bijna, even helemaal stil, bewegingloos, lang genoeg om hem te zien, achter het raam, aan een tafel, gebogen over een stapel papier in een opengeslagen dossiermap, in zijn rechterhand een pen waarmee hij zo weer een streepje-met-bolletje zou zetten waar iets moest veranderen, waar het beter zou worden dan het nu was.

Ik was door de linkerdeur naar binnengegaan.

'Wil je blijven slapen?'

Egelantiersstraat

We lagen in bed. Het was nog donker maar lang zou dat niet meer duren. Het was juni, nog maar net de langste dag geweest, en de zon kwam vroeg op. Ik keek om me heen, in de kamer waar ik nu al vier-weken-min-een-nacht sliep, om te zien of ik het al lichter zag worden. Ik dacht van niet. Ik wilde graag nog wat slapen.

Hij snurkte bij mijn oor. Hij was in slaap gevallen met zijn lippen tegen mijn slaap, een arm onder mijn nek en een hand op mijn linkerborst. Elke keer als ik bewoog, als ik probeerde van hem weg te rollen, stopte het snurken en voelde ik hoe zijn arm mij weer naar zich toe trok, hoe zijn hand een beetje harder op mijn borst duwde: *blijf.*

Ik keek over hem heen naar het raam dat openstond, keek of er daar al licht te zien was, een hemel die kleurde. De vogels waren nog stil, de lucht was nog donker.

Het was weer net zo warm als in de eerste weken van mei.

Een paar uur eerder, toen het nog avond was, nog net niet helemaal donker, en wij ongeveer hetzelfde hadden gelegen, ik in zijn arm, hij op zijn zij, een hand op mijn buik of mijn schouder of misschien ook wel op mijn linkerborst, hadden we gehoord hoe er ergens, in een van de huizen achter, waar ook een raam openstond, omdat het weer daarom vroeg, een vrouw was klaargekomen. We hadden gelachen, gegiecheld eigenlijk, en gezegd hoe de hele wereld leek te vrijen en dat dat alles met ons te maken had, dat wij daarvoor zorgden.

Ik stak mijn arm uit naar de rand van het bed en dacht aan tafelkleedjes. Ik vroeg me af of ik, als ik de zijkant van het bed te pakken zou krijgen, mezelf bij hem vandaan kon trekken met zo veel snelheid dat het snurken niet zou stoppen, dat de arm me niet naar hem toe zou halen en dat de hand niet op mijn borst zou duwen, of ik het zo snel zou kunnen dat alles op dezelfde plek zou blijven, zoals je dat ook zag bij mooi gedekte tafels waar het kleed onder vandaan werd getrokken, dat alles bleef staan als je het maar snel genoeg deed.

Ik voelde de rand van het bed. Het was een brede rand, zo breed dat er boeken op konden liggen, of dossiermappen, ontbijtbordjes, een beker koffie erbij, een glas wijn later, als het avond was, of nog geen avond, aan het einde van de middag, bijna avond. We vonden het een fantastisch bed, een bed waar je de hele dag niet uit hoefde omdat alles binnen handbereik was. Zo'n bed wilden we ook wel, straks, als we een huis hadden waar we langer konden blijven, een huis waar niet al het bed van iemand anders stond. Over twee weken moesten we dit bed uit. We logeerden in een huis van vrienden van vrienden van vrienden van hem. Hij sliep hier nu vier weken. Ik vier-weken-min-een-dag.

Aan het begin van deze week, van de vierde week, had ik een nachtje in mijn eigen huis geslapen. Dat hadden we zo bedacht. We woonden per slot van rekening niet samen, dat zou ook gek zijn, zo snel, want hoelang kenden we elkaar nou echt? Wat eigenlijk de vraag was hoelang we nu met elkaar naar bed gingen, wat nog maar een week of negen was. Nee, zo snel gingen mensen niet samenwonen, dat zou te snel zijn, dus ging ik een nachtje naar huis. Hij zou toch een vergadering hebben die avond, van een van zijn tig bestuurtjes.

Zo had hij het tegen mij gezegd. 'Ik heb tig bestuurtjes.' Het had geklonken als een verzameling en ik had het voor me gezien, hoe hij aan een tafel zat, een stapel dossiers voor zich met daarbovenop een boek met het woord *Bestuurtjes* erop gedrukt in glimmende letters. Ik zag hoe hij met een pincet een bestuurtje oppakte als een postzegel, even een beetje van zich afhield, hoe hij zijn arm iets langer maakte, strekte, om het bestuurtje goed te kunnen zien en hoe hij het daarna in het album schoof.

Ze namen nogal wat tijd in beslag al die bestuurtjes, had hij mij gezegd. Hij zou er wat wegdoen. 'Ik denk dat ik de meeste wegdoe. Dat ik er dan drie overhoud. Dat kan toch wel, drie bestuurtjes?' Hij wilde het rustiger aan doen. Al dat harde werken moest maar eens afgelopen zijn. Hij had er net acht jaar in de gemeenteraad op zitten, naast zijn gewone werk als advocaat. Het werd tijd voor andere dingen, leuke dingen, tijd voor ons. Toch?

Ik had gezegd dat drie me een mooi aantal leek. Beter dan tig.

De dag dat ik thuis sliep, zou hij me bellen als de vergadering afgelopen was. Ik was na het werk naar huis gegaan, had de kaas weggegooid en voor de zekerheid de grapefruits, had boodschappen gedaan, gekookt, gegeten, televisiegekeken en gewacht op zijn belletje. Het werd negen uur, half tien, tien uur, het werd de tijd dat de vergadering van tig bestuurtjes allang afgelopen moest zijn.

Ik keek ondersteboven naar de telefoon en voelde me onzeker. Hij leek me niet iemand die zich niet aan afspraken hield. Maar wat wist ik van hem? Misschien was *ik bel je na de vergadering* wel helemaal geen afspraak, of misschien wel, maar had hij besloten er toch maar van af te zien, van het bellen, van mij, misschien wilde hij weg, of beter gezegd terug, wat eigenlijk heel logisch was, wilde hij toch maar niet een bed met een brede rand, met mij, ondanks het feit dat ik zijn kinderen al kende en zijn vrienden en hij al zo vaak, al veel meer dan tig keer, had gezegd dat hij van me hield.

Ik had een tijd met mijn vingers op de planken van de vloer getikt, pink, ringvinger, middelvinger, wijsvinger, duim, *hij belt heus nog wel, hij belt heus nog wel, hij belt heus nog wel*, pink, ringvinger, middelvinger, wijsvinger, duim. Met een knoop in mijn maag was ik naar bed gegaan en met een knoop in mijn maag was ik opgestaan en onder de douche had ik begrepen, besloten, dat dit het dan was.

Zodra ik op het werk aan mijn bureau ging zitten, rinkelde mijn telefoon. In het display zag ik zijn naam en drie cijfers, zijn interne nummer. Ik nam op, zei mijn naam. Hij zuchtte er een *daar ben je* uit.

Ik was naar beneden gegaan, met de trap, naar zijn kamer op de hoek, en hij had me in zijn armen genomen en elke keer als ik een stap naar achteren wilde doen, had hij me weer naar zich toe getrokken. *Blijf.*

Hij was mijn nummer vergeten, vertelde hij. Hij had me al zo lang niet meer gebeld, had me überhaupt maar weinig gebeld, al die weken, een stuk of negen, omdat we altijd samen waren, dus hij wist mijn nummer niet meer, alleen de eerst vier cijfers dan en de laatste drie cijfers een beetje. Daarom had hij niet gebeld. Hij had het wel geprobeerd, tig keer, met de eerste vier cijfers, en dan steeds drie andere als laatste drie, maar het was niet gelukt. Hij was met een knoop in zijn maag naar het bed met de brede rand gegaan en met een knoop in zijn maag uit het bed met de brede rand opgestaan en onder de douche had hij begrepen, besloten, dat hij dit niet wilde.

’s Avonds, toen we thuiskwamen na het werk, had hij me het briefje laten zien. Bovenaan stonden de eerste vier cijfers van mijn telefoonnummer, daaronder alle combinaties die hij geprobeerd had met de laatste drie getallen. ‘Wel heel aardig’ stond er achter een nummer. 'Opgehangen' achter een ander. 'Boos!' las ik en 'Haha!' Hij had veel Amsterdammers aan de telefoon gehad. In de kantlijn, waar het papier rafelde, stond tig keer de eerste letter van mijn naam.

Ik bewaarde het briefje in mijn portemonnee.

Ik bleef.

Mijn hand lag met gespreide vingers op de brede rand. Ik kon net niet bij het einde, kon mezelf net niet als een tafelkleedje onder hem vandaan trekken. Ik dacht weer aan de vrouw in het huis hierachter, het huis waar ook een raam openstond, en ik dacht aan hoe we lachten, aan hoe we praatten over de vrijende wereld en hoe wij daarvoor zorgden en aan hoe hij toen, met mij in zijn arm en onder zijn hand, vertelde hoe hij nog met haar naar bed geweest was, nog een laatste keer, een paar weken terug, toen hij al van me hield, tig keer.

Stil was ik, en hij ook, maar ik voelde hoe zijn arm me naar hem toe trok, hoewel ik al heel dicht bij hem lag, en hoe zijn hand die op mijn buik lag, of op mijn schouder, of misschien wel op mijn linkerborst, me nog een beetje verder naar beneden duwde.

Ik zag voor me hoe het gebeurd moest zijn, hoe het gegaan was, daar in dat moratorium van ze. In mijn hoofd zag ik een metalen tafel, koud en kaal, waar ze op lagen, nog maar net uit de koelruimte gehaald, eruit geschoven, het kleine deurtje stond nog open. Ik vond het geen prettig gezicht en rilde. Ik wilde omhoogkomen, het dekbed dat tot halverwege mijn kuiten kwam over me heen trekken, over ons heen. Het was een warme dag geweest, maar nu werd het toch echt wel koeler. De arm en de hand hielden me tegen. Ik rilde nog meer en probeerde te bedenken of ik boos was of verdrietig of misschien wel bang, walgde of jaloers was, maar ik kwam er niet uit. Ik was alleen maar koud, maar de arm en de hand hielden me op mijn plaats. *Blijf.*

'Ik wil niet dat dit een ding wordt tussen ons. Jij mag hier niets van vinden.'

Opeens zat ik rechtop. Ik boog naar voren, naar mijn schenen, pakte het dekbed beet en keek om.

Hij praatte verder. Over dat zoiets normaal was, na twintig jaar, dat het niets zei over ons, dat het normaal was, dat ik dat van hem aan kon nemen, dat hij het achteraf liever ook niet gedaan had, maar dat het normaal was. Hij deed me denken aan zichzelf, in de rechtbank, pleitend, voor een machinist die door een rood sein was gereden. Ik wilde een grapje maken, over hoe langdradig hij deed, maar het gonsde in mijn hoofd dat ik er niets van mocht vinden en het enige wat ik uit mijn mond had kunnen krijgen was een *jawel* geweest, dus zei ik niets, trok het dekbed mee terwijl ik weer met mijn nek op zijn arm ging liggen, voelde zijn hand op mijn borst en klemde mijn kaken op elkaar tot ik gesnurk hoorde bij mijn slaap.

'Jij knarst op je tanden, wist je dat?'

We zaten in een koffiehuis dat Koffiehuis heette, op een hoek tussen de Egelantiersstraat en kantoor. We hadden samen over de grachten gefietst.

Ik was opgestaan met een zere nek, maar had die onder de douche al van me afgespoeld. Wel voelde ik me moe. Hij had gevraagd of we nog even ergens koffie zouden drinken. Hij noemde dat spijbelen. *Zullen we nog even spijbelen?* De afgelopen weken, sinds we uit de richting van de Jordaan kwamen, vanuit de Egelantiersstraat, stelde hij de vraag meestal ergens in de buurt van het Spui, als we al bijna bij het kantoor waren, maar nu was de uitnodiging eerder gekomen, we hadden nog maar een paardensprong gemaakt op de grachten, twee stukken vooruit op de Prinsengracht en dan naar links de brug over.

Daar zaten we nu.

Ik liet mijn tanden even tegen elkaar tikken en klemde ze daarna op elkaar.

'Ik hoorde het vanmorgen vroeg. Toen het net licht begon te worden.'

Ik knikte. Ik wist het.

Herengracht

Ik lag in bed. Op de verkeerde helft. Of eigenlijk de goede. Sinds een paar weken, sinds de watertaxi, lagen we weer zoals we begonnen waren zeventien jaar geleden, hij links, ik rechts, vanaf het voeteneind gezien. Zo kon hij makkelijker opstaan. Of in ieder geval opstaan, zich een beetje afzetten als ik hem omhoogduwde. Aan de andere kant van het bed zou hij over zijn zere arm, zijn zere schouder moeten rollen. Zijn zere sleutelbeen, wist ik nu.

We hadden al eens eerder geruild, jaren geleden, naar de verkeerde helft. Toen had hij een hernia. Weliswaar een dubbele, aan twee kanten, maar toch was ik naar de linkerkant verhuisd, kon hij makkelijker opstaan als hij rechts lag. Ik had er erg aan moeten wennen.

Ik keek naar de stapel boeken aan zijn kant van het bed. De stapel kwam ver boven me uit. Ik kende de titels uit mijn hoofd, zo lang lagen ze er al, te wachten op minder drukke tijden, of op een vakantie, dan gingen ze mee in de koffer, naar het zuiden. De meeste kwamen daarna weer op het nachtkastje terecht.

Bovenop lag een op een kwart opengeslagen boek, een biografie van Churchill. Hij had er al een tijdje niet meer in gelezen. In ieder geval niet meer sinds we van helften waren gewisseld.

Ik had de stapel boeken laten liggen daar, op zijn nachtkastje. Het zou toch maar voor even zijn, dat we zo lagen, tot dat wat gekneusd was, verdraaid, gescheurd, gebroken, vast morgen weer over en anders iets met gips, voorbij was. Nu ik wist dat het niet meer voorbij zou gaan, dat we alleen nog maar zo zouden liggen, aan deze kanten van het bed, overwoog ik kort om de stapel te verplaatsen, om mijn ene boek en mijn ene boek-in-de-wacht om te ruilen met zijn stapel. Meteen daarna besefte ik dat hij de boeken niet uit zou lezen. Behalve misschien Churchill.

Gisteravond was ik gaan zoeken naar een prognose en nu, in bed, dacht ik weer aan kleincellig en niet-kleincellig, aan de afkorting die ik had geleerd, gemetastaseerd NSCLC, aan de vier stadia, aan behandelingen, en nu ik alle variabelen weer van alle kanten bekeek en ze dit keer ook naast zijn leestempo legde, begreep ik dat het weleens krap kon worden met Churchill.

Mijn wekker had ik ook niet verplaatst. Mijn telefoon was nu mijn wekker. Die lag naast me, net als zijn toestel. Als hij gebeld werd, in de nacht, omdat er iets was in de stad of met de stad of met iemand in de stad, kon ik sneller opnemen. Ik zat eerder rechtop, had sneller het toestel te pakken, kon sneller op het groene telefoontje drukken.

Nu wilde ik ook op het knopje drukken, op mijn telefoon, of de zijne, om te kijken hoe laat het was, maar ik was bang dat het licht hem uit zijn slaap zou halen. Toen ik zojuist wakker was geworden, was ik een beetje overeind gekomen, voorzichtig, om over hem heen te kijken, mijn wekker te zien, voorzichtig, half vijf, voorzichtig, en daarna was ik weer gaan liggen, voorzichtig. We hadden een smal bed, lagen dicht bij elkaar. Nu we geruild hadden, lag ik aan de kant van het gebroken sleutelbeen. Een paar weken geleden was ik tegen hem aan gebotst midden in de nacht. Misschien draaide ik, misschien trok ik het dekbed over me heen, misschien deed ik het wel allebei tegelijk. Hij had het uitgeschreeuwd. Daarna was ik gestopt met bewegen. Zoals ik eerst altijd tegen hem aan lag, met een schouder, een hand, een bil, een voet of soms alleen een teen, zo sliep ik nu met mijn vingers tussen het matras en de rand van het bed gehaakt, of met mijn grote teen ertussen. Daar hield ik mezelf op mijn plaats.

Ik kwam omhoog, voorzichtig, keek nog een keer naar de wekker. Vijf uur. Ik hoefde niets meer vast te haken. Ik voelde dat ik niet meer zou slapen.

Ik dacht aan gistermiddag, aan hoe we thuis waren gekomen, aan hoe ik in de lift tegen hem gezegd had dat hij het nog niet aan de oudste moest vertellen, dat we moesten wachten tot ze er alle drie waren, en dan aan het einde van de middag aan zijn oudste twee. Dat vond hij ook. Boven vroeg de oudste wat ze hadden gezegd, in het ziekenhuis, of hij gips kreeg. Hij haperde. Ik zei dat ze er nog niet helemaal uit waren, dat we morgen nog even terug moesten, dat gips me onwaarschijnlijk leek. Daarna vroeg ik of zij misschien de andere twee uit school kon halen. Ik wilde dat hij nog even zou oefenen.

Zodra ze weg was, kauwde ik het hem weer voor. Dat hij ziek was. Dat hij longkanker had. Dat hij daaraan dood zou gaan.

'Dat is natuurlijk nog niet helemaal zeker.'

Ik probeerde mijn hoofd recht te houden.

Hij ging zijn secretaresse bellen. Toch? Dat moest toch nu? Nu toch? Ik knikte. Dat leek me wel. Ik dacht aan hoe hij weleens to-dolijstjes maakte, aan hoe hij daar ook dingen opzette die hij al had gedaan, om ze door te kunnen strepen, om aan zichzelf, aan mij, aan ik weet niet wie te laten zien dat hij al hard gewerkt had. Terwijl hij zijn mobiel voor zich op de keukentafel legde en op het groene telefoontje tikte, haalde ik in mijn hoofd de twee lijstjes er weer bij. In het rechter, direct onder het kopje *aan wie we het moeten vertellen*, schreef ik de naam van zijn secretaresse en streepte hem meteen weer door.

Sinds de watertaxi belde hij op speaker. Hij belde niet met rechts. Met rechts wilde hij kunnen schrijven. Op de momenten dat hij er was, liepen we allemaal stilletjes de keuken in, luisterden we voor we geluid maakten.

Zijn secretaresse nam op, zei haar naam, hij de zijne. Even was het stil, toen vroeg ze hoe het was geweest. Ik luisterde voor ik geluid maakte, ik luisterde naar hoe hij sprak, praatte, vertelde. Ik luisterde, maar ik begreep er helemaal niets van. Ik was erbij geweest, in het ziekenhuis, ik had zijn binnenkant bekeken, twee keer van boven naar beneden en weer terug, de woorden van de artsen gehoord, de gevolgen overzien, maar toch snapte ik niet waar hij het nu aan de telefoon over had, begreep ik niet wat hij haar duidelijk probeerde te maken, anders dan dat zijn longen misschien niet zo goed waren en dat dat jammer was.

'Wacht even,' hoorde ik zijn secretaresse zeggen, 'wat bedoel je nou precies?'

Daarna luisterde ze nog een keer voor ze geluid maakte, voor ze het weer zei: 'Wacht even.' En toen: 'Heb je een tumor?'

'Ja!' riep ik. Goed geraden, dacht ik erachteraan en ik dacht aan de kinderen en of zij straks ook zouden moeten raden wat er met hun vader aan de hand was.

Ze kwamen binnen met hun tassen en winterjassen met touwtjes door hun mouwen en rode wangen en verbaasde blikken omdat er zomaar twee ouders thuis waren midden op een doordeweekse dag en ik dacht aan drie zwangerschapstesten en hoe het was om het nog even in je eentje te weten, om nog even de enige te zijn, maar hoe straks alles anders voor hen was, alles anders zou worden, nooit meer hetzelfde, hoe ik dat al wist en zij nog niet, en ik keek naar hun vader omdat er in dit geval al twee mensen op de hoogte waren, maar toen ik hem zag en terugdacht aan het telefoongesprek dat hij zojuist voerde, voelde ik dat ik toch echt de enige was die het al wist.

Ik wilde uit bed, naar de keuken, en begon te schuiven, langzaam, steeds een beetje verder naar de rand, terwijl ik probeerde het dekbed niet te laten bewegen. In slow motion trok ik mezelf eronder vandaan. Pas toen ik bijna over de rand viel, ging ik rechtop zitten. Ik keek even achter me, nu niet over hem heen maar naar zijn gezicht, naar zijn dichte ogen, en ik verbood mezelf te denken dat hij er straks ook zo bij zou liggen. Met onze telefoons in mijn hand sloop ik de kamer uit, de gang door, de huiskamer in, waar de bank en de stoel stonden, waar zij hadden gezeten en ik.

Hij was begonnen en ik had naar ze gekeken, hoe ze daar zaten met z'n vieren. Ik wilde ze in de gaten kunnen houden, daarom zat ik in de stoel. Eerst met mijn benen onder me gevouwen, maar al snel met mijn voeten op de grond, klaar om op te springen, in te springen, als dat nodig was.

Rechts van me, in de vensterbank, stond Machiavelli, in brons, of ijzer, iets zwaars in ieder geval. Hij kreeg hem drie jaar geleden, het was een prijs voor zijn heldere manier van communiceren. Ik had hem voor het raam gezet. Bij de laatste verjaardag, die van de middelste, drie maanden terug, was er om zijn nek een cadeaulint met een ballon gebonden. Het plakband bleek op, de winkels waren al dicht, daarom hingen we de ballonnen op met lintjes. De nek van Machiavelli was lang en smal, gemaakt voor cadeaulint. Na de verjaardag was de ballon eraf geknipt, het lintje was gebleven. Ik zag nu dat het op een sjaal leek, een wapperende sjaal. Machiavelli stond in de wind, hij had het koud.

Ik keek weer naar de bank.

Ze begrepen niet wat hij bedoelde.

Er was weer iets met longen, er was weer iets jammer en er waren vooral tig verkleinwoordjes. Ze keken alle drie naar mij, en daarna alle vier, en ik zag hoe ze op elkaar leken, hoe de vier gezichten bewogen als ze dingen niet begrepen.

Ik vertelde het ze, alle vier. Dat hij ziek was. Dat hij longkanker had. Dat hij daaraan dood zou gaan. Hij zei nog even dat ze zoveel konden tegenwoordig, dat ze nog van alles gingen proberen, dat hij er misschien nog wel gewoon heel lang zou zijn en daarna waren er tranen en paniek en ik zag hoe hij troostte, met zijn rechterarm.

Ik liep door naar de keuken, deed het licht aan, perste sap, maakte koffie, en daarna ging ik aan de keukentafel zitten en zette mijn laptop aan. Het was stil in huis. Ik gaapte en hoorde mijn kaak knakken.

Willem de Zwijgerlaan

De deur van het autoverhuurbedrijf zat al op slot, maar we mochten de sleutel in de brievenbus gooien. We kwamen een busje terugbrengen. Toen ik aan hem had gevraagd waarom we helemaal hier een busje gingen huren, en niet ergens dichterbij, dichter bij mijn huis of dichter bij de plek waar we mijn spullen naartoe zouden brengen, zei hij dat hij het hier kende. Hij woonde hierachter, had hierachter gewoond, kwam hier vaker, zo ver was het niet.

We stapten in zijn vierhoekige auto, die opeens laag leek na het busje waarin het gevoeld had alsof we over de hele stad konden uitkijken, of in ieder geval over de weg.

Toen ik de autogordel vastmaakte, voelde ik hoe moe mijn armen waren. We hadden veel gesjouwd. Mijn bed, mijn wasmachine, mijn koelkast, mijn fornuis, mijn bank, mijn tafel en mijn stoelen. Met z'n tweeën hadden we alles van mijn appartement naar het busje gebracht, naar beneden over twee smalle, steile trappen. We vonden onszelf bijzonder sterk.

Op de plek die hij geregeld had, de plek waar we konden blijven, voorlopig in ieder geval, voorlopig zo lang als we wilden, hadden we alles uitgeladen. Daar waren minder trappen. Vier treden naar de beletage, een laddertje naar een vide en nog een trap naar beneden, het souterrain in, waar we zouden slapen. We konden het allebei niet zeggen zonder te glimlachen. Souterrain.

'Morgen is het de veertiende,' zei hij.

Ik keek hoe hij de autoaansteker indrukte. Mijn hoofd ging op en neer. Morgen waren we drie maanden samen.

Hij keek even opzij. 'Zullen we het gaan vieren?'

Wibautstraat

De dienstauto was verruild voor een personenbusje. Daar kon hij makkelijker uitstappen, bijna pijnloos. Het busje was hoog, de schuifdeur kon ver open, hij hoefde zich er alleen maar uit te laten glijden, de stoep op. Het was de eerste keer dat we erin zaten. Het busje had er opeens gestaan, even daarvoor, toen we naar buiten liepen om voor de derde keer deze week naar het ziekenhuis te gaan.

Deze ochtend was het busje opgehaald door de chauffeur. De dag ervoor, toen die hoorde wat er aan de hand was, had hij de dealer gebeld. Het leek hem beter, zei hij terwijl we erheen liepen. Het was ook beter, al bij het instappen.

We hadden een tijdje om ons heen gekeken, in het busje, naar de ruimte die er was, en hadden ons vakanties voorgesteld, alles achterin en dan nog plek zat. We hadden geknikt, dat zou wat zijn. Daarna had hij de blauwe map opengeslagen waar *donderdag* op stond, vandaag. Er zat één A4'tje in, een brief aan de stad, aan de Amsterdammers. Hij was geprint op wit papier, de brief was nog maar een concept, geschreven door iemand van zijn kabinet, bekeken door een ander, en daarna vast door nog twee mensen, voordat het in de donderdagmap beland was. Morgen, vrijdag, zou hij geprint worden op het briefpapier met de drie kruizen en het adres van de gemeente en zou hij hem tekenen, zodat het een echte brief werd, die op de bus gedaan zou kunnen worden en bezorgd aan alle inwoners van de stad, aan alle Amsterdammers. Ik zag weer de twee lijstjes voor me, twee keer *aan wie we het moeten vertellen.* Er stonden plotseling achthonderdduizend namen in het rechterrijtje. Ik schudde mijn hoofd even, heel zachtjes, millimeters heen en weer.

De brief zou gescand worden, ergens op een website gezet, zonder postzegel. Er zou er niet een worden verstuurd. De achthonderdduizend namen werden weer de stad. *Aan wie we het moeten vertellen*. De raad. De stad. Ze waren nog niet doorgestreept.

Links stonden al wel strepen. We waren de dag ervoor begonnen met bellen.

'Wat vind je?'

Ik keek naar de brief op mijn schoot, naar de randjes van de blauwe map, en toen naar de pen in mijn linkerhand. Hij had er eerst naar gekeken, naar de tekst, en geprobeerd om er dingen bij te schrijven, dingen te veranderen, te verplaatsen, maar het lukte hem maar half. Hij kon niet tegelijkertijd het blaadje en de pen op hun plaats houden. Of zichzelf. Hij had zijn rechterhand opgetild, de hand met de pen, en ik had ook zijn linkerarm een beetje omhoog zien gaan, de arm in de mitella. Even leek het alsof hij zich overgaf, handen in de lucht, maar toen zag ik dat hij mij de ruimte gaf om de map te pakken.

We zaten ver van elkaar af, verder dan in de dienstauto. In dit busje was achterin geen bank, maar zaten we op stoelen, los van elkaar. Ik tilde de map van zijn schoot, klemde het blaadje ertegenaan met mijn duim. Voor ik hem op mijn schoot legde, hield ik hem een beetje op, schuin, naar hem toe. 'Zal ik verder gaan?' Hij knikte, zijn handen gingen weer naar beneden en hij gaf mij de pen, stak zijn rechterhand uit, naar mij toe, en ik pakte hem aan, met links. Het was een balpen, blauw aan de onderkant, bij het puntje, zilvergrijs van boven, waar het clipje zat.

Hij had altijd een vulpen gehad, een zwarte, al toen ik hem leerde kennen, een vulpen met de naam van het advocatenkantoor erop, in kleine kapitalen, hoofdlettertjes, en daaronder het jaartal waarin het kantoor was opgericht, allemaal in zilvergrijs, maar in de loop der jaren meer grijs dan zilver en op een gegeven moment alleen nog maar grijs. Ze hadden hem zichzelf cadeau gedaan, toen ze begonnen, bij de oprichting, ieder een vulpen. Hij had hem sindsdien altijd gebruikt, zijn stukken ermee gecorrigeerd, zijn handtekening gezet, aanheffen en afsluitingen geschreven, soms ook een boodschappenlijstje, *koffie, kaas, groente, fruit, sigaretten*, en een enkele keer een briefje aan mij, een briefje dat hij in een envelop stopte, die hij dicht likte, waar hij mijn naam op schreef en die ik niet openmaakte.

'Waarom lees je het niet?'

'Ik weet wat er staat. Ik bewaar het voor als ik het niet meer weet. Het is fijn het achter de hand te hebben.'

'Wat staat er dan?'

'Dat je van me houdt. Of woorden van gelijke strekking.'

Soms waren de vullingen op. Dan schreef hij met een balpen, waarnaar hij zocht zonder te zoeken, waarvoor hij één laadje opentrok, één deurtje, *er zijn hier in huis ook nooit pennen*, zodat ik een pen voor hem pakte, uit een ander laadje, achter een ander deurtje. Hij mopperde over de pen tot een van ons tweeën de tijd had gevonden de stad in te fietsen, nieuwe vullingen te halen, in een winkel op de hoek van twee smalle straatjes. *Als een van ons tweeen binnenkort weer in de stad is, moet diegene even vullingen meenemen.* Een van ons tweeën was ik. Ik zei een keer dat het me deed denken aan iets wat hij verteld had over zijn vader, dat die altijd zei, over zijn vrouw en zichzelf: 'Als een van ons tweeën doodgaat, ga ik in Parijs wonen.' Hij vond dit iets anders.

Een paar jaar terug was de vulpen stuk, er was iets met de schroefdraad, die was lam, zei hij, de pen wilde niet meer dicht, de dop bleef loszitten. Ik bracht hem weg. Toen de vulpen terugkwam, gerepareerd, hij kon weer dicht, hadden ze de letters opnieuw opgevuld, ongevraagd. 'We hebben hem een beetje opgepoetst.' De hoofdletters en het jaartal eronder waren nu goudkleurig. Ze glommen zelfs een beetje. Hij vond het vreselijk ordinair. Ik ging ermee terug. Een week later waren de letters weer zilvergrijs en mat.

Vorig jaar was hij de pen kwijtgeraakt.

'Heb jij mijn vulpen gezien?'

'Welke?'

Hij had zijn tong naar me uitgestoken.

'Ik kan hem niet vinden.'

'Ligt hij in de keuken? Op je nachtkastje? Is hij meegegaan in een van de tassen? Heb je hem vastgemaakt aan een map? Heb je naast je bed gekeken? Tussen het nachtkastje en het bed? In het jasje van een ander pak? Onder de keukentafel? Heb je een bespreking gehad beneden? Ligt hij in de dienstauto? In de deur daar? In de middenarmleuning?'

Ik had gedaan alsof ik buiten adem raakte. Hij had gelachen.

'Hij zal wel op het stadhuis liggen dan, denk je niet?'

Ik was op de grond gaan liggen, had mezelf opgekruld en was met mijn armen om mijn benen geslagen zachtjes gaan jammeren.

's Avonds zei hij dat het stadhuis ondersteboven was gekeerd. Zijn vulpen was niet tevoorschijn gekomen.

Hij hield nog wekenlang hoop, vroeg nog vaak of ik hem gezien had, zijn vulpen, sprak uit dat hij geloofde dat hij nog wel ergens tevoorschijn zou komen, op een plaats die logisch was, maar waar hij nu gewoon even niet aan dacht, een plaats als de middenarmleuning van de dienstauto of de ruimte tussen zijn nachtkastje en ons bed, maar dan ergens anders in huis, of op het stadhuis, of ertussenin. Op een dag zou ik hem bellen, of zijn secretaresse, of zijn chauffeur, *ik heb je vulpen.* Het was gewoon een kwestie van tijd. Ik krulde mezelf niet meer op.

Na een paar weken hield het op, het speculeren over de pen, het vragen.

Hij sprak er nooit meer over.

Ik probeerde netjes te schrijven, achter in het busje, deed mijn best rechte pijlen te tekenen, duidelijke verwijzingstekens te maken, strakke doorhalingen te maken. De goede woorden te kiezen. De juiste woorden. Zijn woorden. Op de rechte stukken ging het, bochten zat ik uit, bij de rode verkeerslichten schreef ik sneller. Straks op de ring kon ik tempo maken, we hoefden nog maar één rotonde en wat bochten.

We wilden niet langer wachten. Ik wilde niet langer wachten. We hadden het de kinderen gezegd en daar de boodschap aangeplakt dat ze het niet verder mochten vertellen, nog niet. Dat we eerst wilden weten wat het precies was. Precies precies, niet ongeveer precies. Dat we niet met een half bericht wilden komen, aan de raad, aan de stad, en dan later nog een keer eroverheen moesten, met een wijziging, een aanvulling. De raad moest het natuurlijk als eerste weten. En de stad. Van hem. Niet op een andere manier. Niet via een vriendinnetje, naar een ouder, naar een buurvrouw, naar een krant. De kinderen hadden het begrepen, ze hadden het altijd begrepen, dat je je mond houdt, niets vertelt. Ikzelf begreep het opeens niet meer.

Ik was erover begonnen toen ze op bed lagen, de eerste avond dat ze het wisten, de eerste avond dat alles anders was, nooit meer hetzelfde, voor ze. Ik had me verbaasd over hoe het op elkaar leek, het naar bed brengen, het tandenpoetsen, het voorlezen, de woorden, 'slaap lekker, ik hou van jou', 'tot morgen', 'welterusten', 'dag', precies hetzelfde, precies precies, niet ongeveer precies, alsof er niets voor altijd veranderd was voor hen, alsof vandaag nog hetzelfde was als een dag eerder.

Ik was teruggelopen naar de keuken, waar hij zat, waar alles wel anders was dan een dag eerder, of misschien ook niet, het was nog steeds een keuken, het was nog steeds een man, er was nog steeds een stoel tegenover hem. Daar was ik gaan zitten, op de stoel tegenover hem.

'Ik denk dat het niet goed is. Zo. Dat ze niet mogen praten.'

Hij had gezegd dat het niet anders kon. Ik had gezegd van wel. Hij wilde uitslagen afwachten, volledig informeren, ik had gezegd dat dit te groot was, voor ze. Hij had *begin volgende week* gezegd, ik had *waarom niet morgen* gevraagd. We kwamen uit op vrijdag. Ik dacht even dat ik *vanavond nog* had moeten zeggen, de onderhandelingen nog hoger in had moeten zetten, met een arm in een mitella kon je toch geen wegwerpgebaar maken.

'Maar als het dan nog niet duidelijk is?'

'Het is nu al duidelijk.'

'Niet helemaal.'

'Dit is geen juridische kwestie.'

'Nee.'

'We kunnen het ook vanavond nog doen?'

Hij had gelachen. Ik ook.

Ik keek naar twee woorden in de kantlijn. Ik kon ze niet lezen, kon ze ook niet opmaken uit de rest van de zin. Met mijn vinger bij de woorden strekte ik mijn armen naar hem uit. 'Wat staat hier?'

'Een poosje.'

Nu ik het zag, snapte ik wat het moest worden. *Ik blijf graag nog een poosje uw burgemeester.*

De pen hing boven het poosje. Ik vroeg me af of ik het opnieuw moest schrijven, een poosje, een streep moest zetten door zijn poosje en mijn poosje ervoor in de plaats moest zetten, zodat degene die straks op het stadhuis de brief in orde ging maken niet zou hoeven staren naar de woorden die in een auto, in een busje, in een bocht waren geschreven door een rechterhand terwijl iemand met zijn linkerhand, een linkerhand in een mitella, het papier op zijn plaats had proberen te houden. En zichzelf. Ik kneep mijn ogen even samen en probeerde door mijn wimperharen heen te zien of het leesbaar was wat hier stond, of het logisch was, of het te begrijpen was, of, wanneer iemand de woorden eromheen zachtjes uit zou spreken, voor zich uit, de onleesbare woorden meegetrokken zouden worden, vanuit de longen, langs de stembanden, een mond uit: *ik blijf graag nog een poosje uw burgemeester.*

Ik wilde zien of het vanzelf sprak.

In mijn oren klonken de telefoongesprekken van de dag ervoor, en van vandaag, en ik zag zijn telefoon op de keukentafel liggen, tussen ons in, zijn wijsvinger die voor de verbinding had gezorgd nog zwevend boven het toestel. Ik hoorde de telefoon overgaan en daarna de verbazing aan de andere kant van de lijn, vrolijke verbazing. Hij belde zelden het linkerrijtje. Hij vroeg hoe het ging, de andere kant vertelde, en ik dacht weer aan zwangerschapstesten en het nog even in je eentje weten, vrolijke verbazing, maar ik voelde ook dat de andere kant zichzelf straks zou schamen, voor de vertelde verhalen, voor de trivialiteiten. Dit kun je niet maken, dacht ik, doe ze dit niet aan, maar toen ik naar hem keek begreep ik dat het anders zat, begreep ik dat hij ondertussen wat anders aan het doen was. Hij nam een aanloop, om te springen. Dat kende ik. Ik zag mezelf als klein meisje bij een sloot staan, net buiten het dorp, in de polder, en ik voelde hoe onder mijn voeten de grond schuin afliep, naar het water. Ik wilde eroverheen springen, en nam een aanloop. Door het gras was ik achteruitgelopen, eerst een paar passen, toen nog een paar, steeds meer, en telkens voelde ik maar niet dat het genoeg was, dat ik zo, met deze afstand, voldoende snelheid zou kunnen maken om de overkant te bereiken. Ik liep maar en ik liep maar, achterstevoren, tot ik bijna aan het einde van het weiland was, bij de andere sloot. Pas daar durfde ik het aan, of misschien had ik op die plek gewoon geen keuze meer, maar tegen die tijd was mijn aanloop zo lang geworden dat mijn snelheid er al bijna uit was toen ik bij het water kwam. Ik haalde de overkant niet.

Aan de andere kant, aan de overkant van de keukentafel, werd steeds opnieuw achteruitgelopen. Je wordt nat zo, wilde ik zeggen, zoals ik ook nat was geworden.

Al toen mijn voet nog op de kant stond, waar het schuin naar beneden liep, had ik gevoeld dat ik de overkant van de sloot niet ging redden, en toen ik loskwam, door de lucht zweefde, een kort moment, had ik geweten dat ik dood zou gaan, dat ik zou verdrinken. Ik kon niet zwemmen. Zwemles begon pas na de zomervakantie. Het was lente. Even had ik angst gevoeld, boven het water, daarna nam schuldgevoel het over. In mijn buik, in wat ik toen nog mijn buik noemde, alles van mijn heupen tot aan mijn schouders, allemaal buik, voelde ik welk verdriet ik de achterblijvers aan zou doen, de mensen die straks naar de deur zouden lopen als er werd aangebeld, die het bericht zouden horen en die zich op hun beurt schuldig zouden voelen, omdat ze er niet bij waren geweest om me tegen te houden of om te zeggen dat mijn aanloop te lang was of om erachteraan te springen toen ik in de sloot viel, en van de gedachte aan hun schuldgevoel werd mijn schuldgevoel nog groter.

Ik was met mijn vingers gaan tikken, terwijl ik in de lucht zweefde, alsof ik op een tafel tikte, typte, of op een bovenbeen, van buiten naar binnen, pink, ringvinger, middelvinger, wijsvinger, duim, pink, ringvinger, middelvinger, wijsvinger, duim, pink, ringvinger, middelvinger, wijsvinger, duim, terwijl ik telde. Dat is wat ik deed, ik telde, ik telde de lettergrepen van de woorden die mensen uitspraken, van de zinnen, of van de woorden die ik zelf dacht, in mijn hoofd. Ik telde lettergrepen door met mijn vingers te tikken, om beurten, op een tafel of op een bovenbeen of in de lucht, en als het aantal lettergrepen uitkwam op vijf, of een veelvoud van vijf, als de laatste lettergreep voor mijn duim was, dan kwam het goed, alles, dan kwam alles goed, als mensen spraken in vijf lettergrepen of als ik dacht in vijf lettergrepen, of een veelvoud ervan, dan kwam alles goed. Als het niet uitkwam, als ik eindigde bij een andere vinger dan mijn duim, dacht ik er woorden achteraan, maakte ik de zinnen van andere mensen af, tikte wat er bedoeld was, eigenlijk, echt, wat de anderen eigenlijk hadden willen zeggen, zodat alles goed zou komen, toch nog, omdat het uitkwam op vijf.

Bij mezelf deed ik het ook. Ik paste mijn gedachten aan om te zorgen dat het goed kwam. Ook boven de sloot. *Ik ga dood*, dacht ik, maar dat waren er geen vijf. *Ik ga dood, sorry*, tikte ik terwijl het water dichterbij kwam, pink, wijsvinger, middelvinger, wijsvinger, duim, *ik ga dood, sorry, ik ga dood sorry, ik ga dood, sorry*, en zo belandde ik in de sloot, schuldig, met mijn vingers tikkend, zo zou ik verdrinken.

Maar de sloot was ondiep. Ik landde met mijn voeten in de modder, wankelde, en om mijn evenwicht te bewaren, te herstellen, gingen mijn handen ook naar beneden, de modder in. Zo stond ik even, op handen en voeten, tot mijn knieën en ellebogen in het water, mijn schuldige buik nog boven het wateroppervlak.

Ik was het water uit gelopen, naar de slootkant gewaad, naar de schuine kant waar ik vandaan was gekomen, niet naar de overkant waar ik heen wilde, en ik was in het gras gaan liggen, eerst een tijdje op mijn rug en daarna op mijn buik, totdat de pijpen van mijn broek en de mouwen van mijn trui weer droog waren en het schuldgevoel verdwenen was.

Ik luisterde naar de verhalen die uit de telefoon kwamen, naar het alledaagse, en met mijn gezicht en handen maakte ik hem duidelijk dat het tijd werd om te springen, mijn hand tekende een boogje en ik deed hetzelfde met mijn hoofd. Hij begreep het, maar ook hij gebaarde, zijn hand maakte een zigzagbeweging en zijn hoofd een cirkeltje. Ik snapte wat hij bedoelde, wat hij wilde zeggen, *ik kan ze niet zomaar onderbreken*, wat waar was, want dat hoorde niet, maar daarna gebaarde ik weer, alleen met mijn hand dit keer, een accolade, waarmee ik zoiets zei als *denk eens aan al die keren dat je mij onderbrak* en hij hield zijn hoofd schuin, als om te zeggen, grijnzend en met een uitroepteken: *ook waar*. En zo waren we elkaar gebarend aan het begrijpen en begrijpend aan het gebaren tot hij, ogenschijnlijk zonder aanloop, toch sprong. Dan keek ik naar zijn buik, verscholen achter de mitella, en ik vroeg me af wat er allemaal nog meer in zat, of zijn buik ook vol zat met schuldgevoel, op de plekken waar geen vlekken zaten, of misschien juist daar en of hij ook dacht aan de mensen die straks naar de deur zouden lopen als er werd aangebeld, aan de mensen die achter zouden blijven, aan mij, en daarna vroeg ik me af hoelang geleden ik had moeten waarschuwen dat zijn aanloop te lang werd, dat als hij zo door zou gaan, met achteruitlopen, hij in de sloot zou belanden. Even krabde ik aan mijn hoofd, in de buurt van mijn waarschijnlijkheidsbewustzijn.

De stemmen aan de andere kant van de lijn vielen steeds net niet stil. Er kwamen nog woorden uit het toestel, vaak per twee. *Wat erg. O, afschuwelijk. Mijn God. Ach, lieverds*. Daarna kwamen ze als vraag. *Wat nu? En nu?* Soms zaten er drie woorden in een vraag. *En wat nu?*

De antwoorden waren langer en gingen over onderzoeken, behandelingen, waarschijnlijk chemo, misschien bestralen, iets tegen de pijn, tijdrekken, wie weet hoelang en dat in volzinnen, met lidwoorden en voegwoorden en voorzetsels en vragende wenkbrauwen mijn kant op: het klopt toch, wat ik zeg? Ik knikte en dan zei hij ja zodat het leek alsof hij zijn eigen verhaal bevestigde en dan ging het verder, heen en weer, korte vraag, lang antwoord, korte vraag, lang antwoord, knikken, ja, en dan: op de hoogte houden, sterkte, dag, een wijsvinger die naar beneden ging, de verbinding verbrak, die naar achteren bewoog, zich van tafel wilde verwijderen, weg, maar die ik tegenhield, op de volgende wees, op de lijst die ik voor me zag, *aan wie we het moeten vertellen*, en die steeds langer werd, de raad, de stad, het land, de wereld, het universum.

In het busje, terwijl ik naar het poosje staarde, besefte ik welke vraag er niet werd gesteld. Niet in groepjes van twee: *en werk?* Niet in groepjes van drie: *en je werk?* Zelfs niet als enkel woord: *werk?*

Het sprak vanzelf.

Ik probeerde me de woorden te herinneren die wij erover gesproken hadden, hij en ik. In mijn hoofd zocht ik naar een gesprek dat we misschien al tussen de spreekkamer en de draaideur van het ziekenhuis moesten hebben gevoerd, misschien voor de kinderen thuiskwamen, misschien nadat ze naar bed waren, misschien aan de randen van de dag, 's morgens, in de keuken, bij het aanrecht, tussen de sinaasappelpers en het koffiezetapparaat, terwijl ik perste en hij melk opwarmde of kort daarna, terwijl ik boterhammen smeerde en hij nog een keer melk opwarmde, terwijl alles precies precies hetzelfde leek, of 's avonds voor we naar bed gingen of terwijl we in bed lagen, of ertussenin, in de gang, die lang was, in de lange gang, misschien daar. Ik zocht, maar ik vond de woorden niet. Ik hoorde ze niet terug. Ze waren waarschijnlijk gezegd met boogjes en accolades en uitroeptekens, met handen en met hoofden, met gezichten, zonder woorden, woordeloos. Het sprak vanzelf.

Een dag eerder, thuis, of eigenlijk niet thuis, maar wel in de ambtswoning, op de tweede verdieping, een verdieping lager dan waar wij woonden, was de vanzelfsprekendheid er ook geweest. Hij had me meegevraagd, naar beneden, hij ging het aan zijn kabinet vertellen. Zijn secretaresse wist het al, net als zijn kabinetschef, nu moest de rest. Daarna zouden we weer naar het ziekenhuis gaan. 'Ga je mee naar beneden?' Door zijn vraag wist ik weer dat niets precies precies hetzelfde was, niet eens ongeveer precies. Naar het ziekenhuis was ik altijd meegegaan, naar zijn kabinetsoverleggen nooit.

Ik was meegegaan naar beneden. Er werd naar me gekeken alsof ikzelf het slechte nieuws was, mijn aanwezigheid de onheilstijding. Het was alsof we beter rechtsomkeert hadden kunnen maken, terug naar boven, of meteen maar naar het ziekenhuis. *Ze weten het al.* Maar we gingen zitten, aan de ovale vergadertafel, aan de tafel die zo groot was dat de kinderen hem in de weekenden gebruikten als podium, om hun dansjes op te doen, of als catwalk, om hun modeshows op te lopen, en ik hield weer een pen boven een stuk papier, boven een lijstje, om een streep te kunnen zetten door het kabinet, en hij nam een aanloopje en sprong. Ik had mijn pen horen krassen.

Ook hier vielen de stemmen net niet stil, stelden de woorden zich op in rijen van twee, soms zelfs van een, maar slechts eventjes, want al snel werden de zinnen langer, werd er vooruitgekeken, naar hoe nu verder. Verder sprak vanzelf.

'Ik vind een poosje zo'n fijn woord.' Hij keek naar me en naar de pen die nog boven het poosje hing, boven zijn poosje. 'Het doet me denken aan Winnie de Poeh. Het klinkt als een woord dat hij zou gebruiken.'

Ik knikte. Het zou best kunnen dat die beer dat zei, *een poosje.* Ik zag de boeken voor me in de kamers van de kinderen. We hadden het niet, Winnie de Poeh, nooit gehad ook. Wat raar eigenlijk, dacht ik, hij had het al vaker zijn favoriete kinderboek genoemd. We hadden wel Nijntje gehad. Meerdere zelfs. Die noemde hij altijd een stom konijn. Later werd het dat klotekonijn. Dat was nadat een rompertje met het beestje erop was herkend als Nederlands, en daarna als van een kleinzoon, waarna er iemand werd opgepakt en er iets gruwelijks aan de hand bleek met heel veel kinderen in rompertjes.

Met mijn pen vlak bij het woord van Winnie de Poeh dacht ik terug aan jaren daarvoor, aan de tijd dat het stomme konijn veranderde naar dat klotekonijn. Ik dacht aan hoe kapot hij was en aan hoe we toen eens, vlak na kerst, een paar weken na de ontdekking van het Nijntje-rompertje, de stad in gereden waren, vanaf de Ring, en ik bij iedereen die ik zag opeens het besef had, wist, voelde: als er met jou iets is, ga je voor. Elke voetganger, elke fietser, elke man achter een raam of vrouw in een winkel: als er met jou iets is, ga je voor. Jij gaat voor. Jij gaat voor. Jij gaat voor. Jij gaat voor. Jullie gaan allemaal voor.

Met mijn hand zwevend boven het poosje, voelde ik weer hoe waar dat was, en ook hoe vanzelfsprekend, toen al. Ik had mijn accolades voor mezelf gehouden, en mijn boogjes, ik had het woordeloos gelaten.

Ik liet het poosje staan, liet zijn poosje staan, maakte het niet het mijne.

We kwamen bij de rotonde. Ik keek hoe hij zich vasthield aan de leuning van zijn stoel en zag hoe hij probeerde zichzelf op zijn plaats te houden. Daarna boog ik me weer over de brief en schrapte de zinnen waarin werd gevraagd ons met rust te laten.

'Wat doe je?'

Ik liet hem zien wat ik doorhaalde. 'Dit wil jij niet.'

Hij knikte. 'Klopt.'

Oudezijds Voorburgwal

Het zeil op de vloer van het souterrain golfde. Ik had mijn voet erop gezet en het bewoog als de zee, op en neer. Van schrik trok ik mijn voet terug. Ik keek even naar beneden, met mijn hiel op de rand van het bed, maar ik zag niets geks, het was gewoon het zeil. Ik liet mijn voet weer zakken, met mijn teen naar beneden, alsof ik het water in een badkuip wilde voelen. Toen ik het zeil raakte, golfde het weer.

Ik was net wakker geworden, hij lag nog te slapen. Wel had hij de wekker gehoord. Ik had die uitgedrukt en toen ik me weer omdraaide, naar hem toe, zag ik dat zijn arm mijn kant op was geschoven. Hij lag bijna overdwars, die arm, maar zijn hand had het niet gered, had mij niet bereikt, de slaap had gewonnen.

We gingen steeds te laat slapen, raakten uitgepraat noch uitgevreeën, als we stopten met het ene, begonnen we met het andere. We hadden elkaar altijd iets te zeggen, nog iets, het laatste, dit ook nog, en dit, en wat vind je hiervan, en daarvan, en ik wil dat je dit weet, over mij. Al maanden was er toch nog iets, ook als we echt, nu echt, het licht hadden uitgedaan. *Slaap je al?* Soms was *ik hou van jou* het laatste wat ik hoorde, soms was het zijn lach, soms was het het midden van zijn zin: 'Ik heb ooit, toen ik... Wacht even, even denken...' Ik hield van zijn stem.

Ik moest eruit. Hij ook. We zouden zo naar ons werk gaan. Ik fietste inmiddels ergens anders heen, had eind augustus ontslag genomen bij het kantoor met zijn naam. 'Moet je weg?' werd er gevraagd. 'Dat moet je niet pikken, hoor,' werd er gezegd. Ik snapte niet waar ze het over hadden. Het was anders gegaan.

'Ik denk dat ik iets anders ga doen.'

'Ja?'

'Ja. Het is tijd om te gaan.'

'Wat ga je doen?'

'Dat weet ik nog niet. Maar dat komt wel goed.'

'Natuurlijk komt dat goed.'

Hij zei nog dat hij ook weg kon gaan, bij het kantoor, dat hem dat wel wat leek, thuisblijven, voortaan, en zorgen dat het eten op tafel stond als ik binnenkwam. Ik antwoordde dat ik het in overweging zou nemen. Daarna zetten we onze fietsen op slot en kochten we gehakt, waar we later, 's avonds, ballen van draaiden, die we bakten en aten en waarvan hij er eentje, die niet opging, in de koelkast bewaarde, waardoor ik een paar dagen lang elke keer als ik de koelkast opendeed schrok.

Ik duwde nog een keer met mijn grote teen tegen het zeil, iets harder nu. Het klotste. Ik keek achterom, naar het trapje naar boven, het souterrain uit, en daarna naar de stoel aan zijn kant van het bed. Hij deed dienst als nachtkastje, er lag een stapeltje boeken op. Het bovenste had ik een maand daarvoor voor mijn verjaardag gekregen, van hem, 's ochtends bij de koffie en het sap. Ik had het uitgepakt, netjes de plakbandjes losgepeuterd en daarna het papier opengevouwen, de woorden op de kaft gelezen, de naam, de titel. Ik dacht dat hij een grapje maakte, een grapje dat ik niet snapte, maar wat vast leuk zou zijn. Ik voelde hoe mijn mond wilde bewegen, woorden wilde maken, maar tegelijkertijd een beetje openstond, van verbazing, vrolijke verbazing, nog.

'Ken je het al?'

Toen bewoog mijn mond helemaal niet meer.

'Heb je het al gelezen?'

Anderhalve maand eerder had ik het boek al eens van hem gekregen, de dag voor we met vakantie gingen. Hij had een stapeltje boeken gekocht, het stapeltje dat nu op de stoel lag, en ook een boek voor mij, hoewel ik gezegd had dat ik er wel genoeg had voor de vakantie.

Daar moest het aan gelegen hebben. Het was een boek dat hij had meegepakt, snel, omdat hij even aan me dacht in de boekwinkel, me iets wilde geven, snel, dus dan maar het boek met de sticker van de internationale prijs, maar met zijn hoofd was hij misschien al bij zijn koffer, zocht hij slippers of wegenkaarten.

Ondanks mijn zelfbedachte verklaring, voelde ik teleurstelling, voelde ik me onjarig. Ik zei hem dat ik het boek al kende. 'Jij hebt het me gegeven. Ik las het in Italië.' Ik lachte erbij, toch maar, want kijk, wat een goeie grap, en hij lachte ook en vroeg hoe ik het boek had gevonden.

'Goed.'

'Ja, ik heb smaak.' Hij grijnsde.

Ik grijnsde terug en nam een slok koffie die eigenlijk nog te heet was.

'Je zou het eens moeten lezen.'

's Avonds vierden we mijn verjaardag en iedereen die vroeg wat ik had gekregen, moest lachen om het boek dat ik al had. Aan het einde van de avond gaf ik het weg, mijn vakantie-exemplaar legde ik op zijn stapel.

Het was het eerste boek dat ik had gelezen in de vakantie. De andere boeken die ik had meegenomen, die ikzelf had uitgekozen, moesten maar even wachten. Ik had me er in de auto naar het zuiden, met op de achterbank zijn kinderen, al op verheugd. Precies zoals ik het me had voorgesteld las ik het in de schaduw van een parasol, met hem naast me, net naast de parasol. Hij was verdiept in een ander boek.

Maar alles wat fijn en licht was om me heen, was zwaar en donker in het boek, dat ging over een man die in ongenade was gevallen omdat hij een verhouding kreeg met een veel jongere vrouw.

Af en toe keek ik op van mijn boek, naar hem, dan keek hij terug en blies me een kus toe door zijn lippen te tuiten, of hij glimlachte naar me, wat fijn was, maar eigenlijk verwachtte ik een grijns en dat hij zou zeggen dat het een grapje was, dat boek, dat hij me ermee had willen plagen. Maar er kwam geen grijns, dus ik zocht naar een verklaring en de enige reden die ik kon bedenken waarom hij mij dit boek had gegeven, was dat hij het moest hebben meegepakt, snel, vanwege een sticker, snel, met een hoofd al bij koffers en slippers en wegenkaarten.

Ik las het uit. Het werd niet beter. Toen hij het die avond zag liggen, weer bij de andere boeken die ik had meegenomen, naast mijn koffer, vroeg hij hoe ik het had gevonden. 'Goed,' zei ik. 'Dank je wel.'

Ik keek naar zijn slapende gezicht. Hij was nog steeds bruin. Hij had uren in de zon gezeten in Italië. Ik had me erover verbaasd hoe alles tot stilstand was gekomen.

Zijn kinderen hadden verstoppertje willen spelen, met z'n allen, de middag nadat ik het eerste boek uit had. Ik was er meteen voor in geweest. Hij had verbaasd gekeken maar ook geamuseerd. 'Wat ben je toch een vrolijk konijn.'

Een paar dagen later had ik hem een konijn genoemd. We konden wel even op en neer naar Rome in een dag, had hij ingeschat, pizza eten, het Colosseum zien en dan weer terug, maar de reis duurde langer dan gedacht. Hij redde de terugweg op koffie, bracht ons in het donker, over de linkerbaan, terwijl rechts een lange rij vrachtwagens naar het noorden reed, veilig terug. In bed was hij zo wakker en alert dat hij me tot na zonsopgang uit mijn slaap hield. Hij raakte niet uitgepraat, had me zoveel te zeggen, nog iets, het laatste, o, dit ook nog, tot hij opeens, midden in een zin, in slaap viel.

Ik moest denken aan het roze konijn met een trommel voor zijn buik dat in mijn jeugd bij een familielid op de vensterbank stond. Het was het Duracell-konijn van de televisiereclame. In zijn lijf zat een batterij en als je het knopje dat onder zijn twee achterpoten zat opzijschoof, begon het konijn te bewegen en te trommelen. Af en toe mocht ik het konijn aanzetten. Eventjes maar. Nooit lang. Nooit zo lang als ik wilde. Zeker niet zo lang als in de reclame op televisie, waarin er allemaal roze konijnen stonden te trommelen die een voor een stilvielen, het ene na het andere, met een pootje boven de trommel, of twee, stilgevallen in de lucht, behalve het konijn met de Duracell-batterij, die ging door, tot het einde.

De volgende ochtend toen we wakker werden, hij uitgeruster dan ik, vertelde ik hem dat hij me daaraan deed denken, aan een Duracell-konijn. Hij lachte.

Ik zette mijn voeten naast elkaar naast het bed en duwde opnieuw op het zeil. De vloer bewoog weer. Toen de golven het einde van het zeil bereikten, zag ik het water eronder vandaan komen en zachtjes tegen de plinten klotsen.

Ik zei zijn naam. Ik hoorde mezelf zijn naam zeggen. Het was de raarste naam die ik kende, maar hij was me inmiddels het meest vertrouwd. Hij had me verteld, laatst, nadat we echt, nu echt, het licht uit hadden gedaan, dat hij op de lagere school een meester had die zijn vriendjes berispte omdat ze zijn naam afkortten. De leraar had het zonde gevonden. Ik had me direct voorgenomen zijn naam nooit af te korten.

Ik zei zijn naam een paar keer, tot hij wakker werd, zijn ogen opendeed. Hij keek me aan, nog niet helemaal uit zijn slaap. 'Goeiemorgen.'

‘Er staat water hier.’

‘Wat?’

‘Er staat een laag water hier.’

Hij ging rechtop zitten en keek om zich heen.

‘Moet je horen.’ Ik stampte met mijn voeten op de grond. Het golfde en klotste.

Hij zette ook zijn voeten op de grond, liep om het bed heen en kwam naast me zitten. Samen tikten we met onze voeten op het zeil.

‘Dit is niet goed.’

‘Nee.’

‘Het souterrain is ondergelopen.’

Ik fronste overdreven mijn wenkbrauwen. ‘Echt?’

Hij gaf me een zetje. ‘Konijn.’

Ik zag hem peinzen. Hij tikte nog een keer op het zeil, keek naar de muren, naar mij. ‘Misschien wordt het tijd om te gaan.’

Panamalaan

We zaten in zijn vierhoekige auto. Op mijn schoot had ik een map van de woningbouwvereniging. Even hiervoor hadden we ongeveer acht appartementen bekeken in een hoog gebouw met schuine hoeken dat terwijl er nog niemand woonde al twee bijnamen had. Het was de bedoeling dat we nu onze voorkeur opgaven. Ik had het formulier voor me liggen, de plattegronden van de appartementen had ik ook uit de map gehaald. Ergens bij appartement drie was ik het overzicht al kwijtgeraakt. Ze waren allemaal anders, maar niet heel veel anders, niet anders genoeg om ze uit elkaar te houden, of om een keuze te maken.

Hij had de auto neergezet langs de kant van de weg, in het gras, om mee te kunnen kijken. We wilden het formulier in een moeite door bij de woningbouwvereniging in de bus doen. Aan hoe hij door de plattegronden bladerde, zag ik dat hij het ook niet meer wist.

Ik had niet echt mijn best gedaan. In ieder geval niet meer na de tweede woning. We werden met een groep mensen door het complex geleid en toen we een voor een, hij en ik in de achterhoede, over de drempel van appartement drie stapten, en ik een woning zag die precies, of ongeveer precies, leek op de vorige, voelde ik dat het mij niet uitmaakte, de ene of de andere.

Ik had gekeken naar de andere mensen. Zij hadden allemaal iets te maken met de woningbouwvereniging, had hij mij gezegd. Zo waren wij hier ook terechtgekomen. Voor een klein deel van het woningaanbod gold dat medewerkers en relaties in de gelegenheid werden gesteld om als eerste hun interesse kenbaar te maken. Hij deed werk voor de woningbouwvereniging en wij mochten komen kijken of er iets voor ons bij zat. Het ging om een stuk of acht dure huurwoningen waar om geloot zou worden.

'Wat handig,' had ik gezegd.

Terwijl ik in appartement vier, of appartement zeven, in een badkamer keek dacht ik terug aan hoe hij gereageerd had. Hij was zo fel geweest dat ik ervan schrok. Er was niets handigs aan. Dit was volgens de regels. Dit mocht gewoon. We kregen niets cadeau. Als ik dacht dat hij dat soort dingen deed, dan had ik toch echt de verkeerde voor me. Of misschien had hij dan wel de verkeerde voor zich.

In zijn oren had het geklonken alsof ik hem beschuldigde van iets schimmigs. Zelfs toen ik zei dat ik het zo niet had bedoeld, dat ik het anders had bedoeld, duurde het lang voor hij weer zacht werd.

Ik keek uit een raam, in appartement vijf, of misschien toch nog vier, en probeerde me voor te stellen dat ik hier woonde, met hem, dat we hier woonden. Het was zo anders dan het uitzicht vanuit het souterrain. Daar keek ik graag naar de onderbenen die langsliepen, naar de broeken, de kousen, naar de schoenen. Hier zag ik water en straten en huizen. Nieuwe huizen. Niet de huizen zoals ik ze kende in de Rustenburgerstraat.

Ik dacht terug aan hoe ik daar terecht was gekomen, mijn eerste plek in Amsterdam, aan hoe mij de huur was opgezegd, aan hoe graag ik naar de stad wilde, aan hoe ik had gevraagd en gezocht en gevraagd en gezocht en aan hoe ik uiteindelijk een briefje met een telefoonnummer kreeg, aan hoe ik twee dagen later in een restaurant stond, voor openingstijd, een restaurant waar in een hoek aan een tafeltje een meisje servetten vouwde en waar een man achter de bar shoarma van een spit sneed en waar de eerste vraag van de eigenaar was of ik wist wat de naam van zijn restaurant betekende. Ik kende de naam, wist dat het een rivier was, uit de Bijbel, maar voor de zekerheid zei ik alleen maar rivier. Daarna legde hij uit dat het volkomen volgens de regels was om de verdieping aan mij te verhuren, dat het mocht. Hij bezat het hele pand en de ene keer moest hij een woning verhuren aan iemand op de wachtlijst en de volgende keer mocht hij zelf iemand kiezen. Alhoewel de wachtlijst nu aan de beurt was, werden er uitzonderingen gemaakt voor familieleden, dus hij zou opgeven dat zijn dochter in het appartement ging wonen, dan kon ik er gewoon intrekken. Wist ik misschien ook waar de rivier lag?

Hij had naar het meisje met de servetten gewezen toen hij het over zijn dochter had. Ik keek naar haar terwijl ik nadacht. Ik wist het niet precies. 'Het Midden-Oosten.'

'Heel goed van jou.'

Hij keek waar ik naar keek. 'Zij woont thuis.' Hij zei het met meer volume.

Ze was ouder dan ik. Ze zou waarschijnlijk nog wel een tijdje thuis wonen.

De eigenaar en ik liepen naar de Rustenburgerstraat. Hij praatte over de rivier. Het was al bijna donker. Ik tikte mee met zijn woorden, tikte zijn lettergrepen op mijn bovenbeen. Hij ging me voor, de twee steile trappen op en het appartement in. Alleen in de keuken hing een peertje aan het plafond, de rest van de woning was schemerig, schimmig. Op de tast bekeek ik het appartement, aan de voorkant en de achterkant duwde ik even mijn neus tegen het raam en keek naar de huizen aan de overkant van de straat en naar de huizen aan de binnentuin. Bijna overal brandde licht. Ik nam het.

De huur moest ik de dag erna naar het restaurant brengen, net als de borg, en vanaf dan elke eerste dag van de maand, precies de eerste, niet ongeveer precies. Het restaurant was zeven dagen per week open. Als ik een huurcontract wilde, moest ik dat zelf maar schrijven, als ik een kwitantie wilde ook. Dat deed ik. Die avond nog. De naam van de dochter leerde ik voor de zekerheid uit mijn hoofd.

De groep liep over de galerij. Ik keek naar beneden, over de rand, de binnentuin in. Het zou een kijktuin worden, nu lag het nog vol bouwmateriaal. Ik voelde hoe hij aan mijn mouw trok. Hij lachte er verontschuldigend bij en draaide cirkels met zijn hoofd om te zeggen dat hij er duizelig van werd, dat hij bang was dat ik viel. Zijn hand gleed langs mijn mouw naar beneden en pakte mijn hand. Hij liet pas los toen we appartement zes in stapten, of drie. Hij liet me voorgaan.

Ik had hem nog niet verteld hoe ik er hier tussen was gekomen, in de stad. Van hem wist ik het wel. Hij was gaan studeren, eerst in Brussel, toen in Amsterdam. Zijn vader had een huisje voor hem geregeld in West en de huur voor hem betaald.

'Helemaal?'

'Ja, helemaal.'

Hij vertelde dat hij ook een toelage kreeg. Ik weet niet precies hoe ik had gekeken, maar hij had er snel achteraan gezegd dat hij veel deed, naast zijn studie, dat hij meteen al druk was, in de buurt, bij de rechtswinkel, en met politiek ook al, veel met politiek, zo veel dat zijn vader er na meer dan zeven jaar rechtenstudie genoeg van had gehad en hem had gevraagd of het geen tijd werd dat Den Uyl zijn toelage ging betalen.

Ik moest lachen. Hij was stil geweest en had me lang aangekeken: 'Hij zou je leuk hebben gevonden. Mijn vader. Maar Den Uyl vast ook wel.'

Hij deed het licht uit, we gingen echt, nu echt, slapen, maar daarna vertelde hij hoe hij na zijn vaders opmerking over Den Uyl, in drie maanden was afgestudeerd. 'Cum laude. Maar dat vertelde ik hem niet. Ik had geen zin in trots gedoe.' Zijn vader hoorde het op het afstudeerfeestje, van een vriend. Hij was naar hem toe gelopen, enthousiast, wilde hem feliciteren, maar dat werd weggewoven, weggeworpen, nonchalant, doe normaal, het stelt niets voor.

In het donker, in bed, vertelde hij dat hij daar nog steeds spijt van had, dat hij zich ervoor schaamde. Het stelde wel iets voor, in ieder geval voor zijn vader.

'Hij heeft niet lang meer geleefd daarna.'

Ik vond het een verdrietig verhaal. Voor hen allebei.

Hij trok me naar zich toe. 'Hij zou je leuk hebben gevonden.'

Hij sorteerde de plattegronden op het dashboard, verschoof ze, ruilde, bracht een volgorde aan, sprak zijn voorkeur uit. Hij vroeg wat ik ervan vond. Ik reageerde enthousiast. 'Precies wat ik in mijn hoofd had.'

Hij las de nummers op, de huisnummers, in de juiste volgorde, ik schreef ze op. We vonden onszelf bijzonder efficiënt.

Voor hij de motor startte, keken we nog een keer om ons heen, schuin naar achteren, naar waar het gebouw stond en naar de rest, naar de buurt, waar we misschien binnenkort zouden wonen. Hij spreidde zijn armen. '*One day this will all be yours.*'

Ik keek opzij. Hij klonk Duitsig. Sinds we in Italië waren geweest, sprak hij soms Engels met een Italiaans accent, als een maffioso uit een film, om mij aan het lachen te maken. '*You...*' zei hij dan, dreigend, priemend met zijn wijsvinger, '*you...*' Dan moest ik al lachen, maar zijn vinger priemde door, hij keek er vuil bij: '*You make'uh me happy, huh.*'

Ik dacht dat hij het nu weer geprobeerd had, een Italiaans accent.

'Dit was hem niet, hè?'

Ik lachte. 'Nee.'

Hij schraapte zijn keel, spreidde weer zijn armen. '*One day this will all be yours.*'

Ik lachte harder. 'Nog erger.'

Hij lachte nu ook, zei het nog een keer, nu zonder accent.

'Wat precies is straks van mij?'

'Dit alles. De stad. Ik geef je de stad.'

Hij noemde het huisnummer dat hij bovenaan had gezet. 'Die in ieder geval.'

Het werd een ander huisnummer, een appartement in het allerhoogste puntje, onder het schuine dak. We keken uit over de hele stad. Een dag voor kerst verhuisden we, het was een zondag. Weer huurden we een busje op de Willem de Zwijgerlaan en toen we dat aan het einde van een lange dag hadden teruggebracht, konden we nog net vier kipfiletjes bij de supermarkt halen. Die aten we met kerst, met z'n vieren – hij, zijn kinderen en ik – op mijn tweepersoonsbankje, ieder met een bord op schoot. De tafel was nog niet in elkaar geschroefd.

Wertheimpark

Aan zijn stem hoorde ik dat hij dorst had. Het klonk alsof er iets plakte in zijn mond, alsof hij terwijl hij sprak zijn tong steeds even los moest trekken van zijn gehemelte, alsof zijn wangen tegen zijn kiezen kleefden. Ik luisterde nauwelijks naar wat hij zei, zijn toespraak over haat en hoe die bij de eerste stap de kop in te drukken had ik die ochtend al gehoord in de keuken. Ik had suggesties gedaan en hij had ze erbij geschreven, woorden, halve zinnen, of soms alleen maar strepen, door woorden heen of juist eronder, als er iets benadrukt moest worden, íédere, diréct, éérste. Ik had de neiging onderdrukt het papier naar me toe te halen, *laat mij maar even,* om te vragen of ik zou schrijven, *zal ik?* In plaats daarvan keek ik hoe hij voorovergebogen zat, ver genoeg om zijn hand die uit de mitella stak op het papier te laten rusten. Het gaat nog best, dacht ik, en daarna keek ik naar die *nog*, het gaat *nog* best, en ik vroeg me af wat die te betekenen had. Na het schrijven en het schrappen had hij de toespraak nog een keer voorgelezen met de klemtonen erbij, íédere, diréct, éérste.

Nu hoorde ik alleen het plakken en het kleven en ik dacht aan de vijf treden die hij straks weer moest nemen, naar beneden, het podium af. Naar boven was goed gegaan. Naar boven was makkelijker. Ik keek naar de leuning aan de rechterkant van de treden. Als hij naar beneden ging, zou die links zitten. Dan kon hij zich niet vasthouden. Het maakte me ongerust.

Het was koud in het park. Mijn tanden klapperden.

Ik keek naar het keppeltje in zijn krullen. Vanaf hier zag ik de speldjes zitten waarmee ik het hoofddeksel aan zijn haren had vastgemaakt, net. De koffer had klaargelegen op de bijrijdersstoel, de koffer met de keten en het keppeltje, dat zwart met zilver was, glimmend, satijnig. Ik had geprutst met de keten, niet geweten of hij onder of boven de mitella moest. Achter in de auto had ik hem eerst eronder, toen erboven, en toen toch maar weer eronder gedaan. Het stond slordig. Ik had gedacht aan al die keren dat hij hem omdeed, achterin, even bukken en hup. 'Zit hij goed?' vroeg hij dan. Meestal zei ik ja, soms verschoof ik wat. Als we uitstapten, deden we het nog een keer. Eerst zijn vraag, *zit hij goed*, en dan mijn *ja*, of mijn vingers die de keten even anders legden, iets rechter, iets breder. *Zo zit hij goed.* Net, achter in het busje, had hij het niet gevraagd. Hij zat niet goed, dat wisten we, maar hij had naar het keppeltje geknikt dat op mijn schoot lag. *Doe die maar*. Ik had de drie haarspeldjes die naast elkaar aan de rand van het keppeltje zaten eraf gehaald en het ronde lapje stof op zijn hoofd gelegd, de afstand van het hoofddeksel naar zijn oor bekeken, ingeschat of het er aan de andere kant hetzelfde uit zou zien, of daar net zoveel ruimte tussen zijn oor en het keppeltje zou zitten. De speldjes had ik een voor een weer vastgeklikt, met telkens een lok ertussen, een krul.

Ik zat zelden aan zijn haar. Alleen voor het keppeltje of als er iets in zat, een pluisje, een blaadje. Dan moest ik het aankondigen, wijzen, *er zit iets in je haar*, en dan langzaam met mijn hand erheen, *zal ik het er even uithalen?* Als ik het onverwachts deed, mijn hand uitstak zonder waarschuwing, trok hij zijn hoofd terug, snel, narrig. Het was te veel gebeurd, had hij me uitgelegd, er hadden te veel mensen aan zijn hoofd gezeten toen hij klein was, toen hij kind was, de krullenbol was onweerstaanbaar geweest, moest geaaid worden, door iedereen, bekenden, wildvreemden, door zijn zussen, *wat een mooie krullen*. Hij wilde geen handen meer aan zijn hoofd. Ik snapte het, maar toch wachtte ik nog steeds op de dag waarop hij zou zeggen dat ik het wel mocht, dat voor mij andere regels golden, dat ik er, bij nader inzien, niet vaak genoeg aan zou kunnen zitten.

'Kijk eens naar me.'

Hij had zijn gezicht naar me toe gedraaid.

'En de andere kant op.'

Hij had naar buiten gekeken.

'Recht?'

'Ja, recht.'

'Dank je wel.'

Hij had naar me geknipoogd. Voor de zoveelste keer had ik me afgevraagd hoe mannen met minder haar dat deden, mannen met minder krullen, hoe zo'n keppeltje dan bleef zitten, zeker als het waaide, of ze dan misschien lijm gebruikten of iets anders wat plakte, kleefde. Daarna had ik aan chemo gedacht. Twee minuten later waren we het busje uit gegleden, de stoep op.

Er hadden veel mensen gestaan, op de stoep, bij de ingang van het park, ik vond het druk, nu al, terwijl de stoet nog aan moest komen. Er werd van alle kanten naar ons gekeken.

Twee dagen eerder, op vrijdag, was het rechterrijtje doorgestreept. De raad. De stad. *Aan wie we het moeten vertellen.* Iedereen wist het nu.

We waren op het stadhuis geweest, toen, rond het middaguur. Hij zou het aan de wethouders vertellen, tegelijkertijd ging de brief eruit, de brief met het poosje, aan de raad, aan de stad, aan iedereen. Later die middag stond er weer een afspraak in het ziekenhuis.

Ga je mee? Ik was nog nooit mee geweest naar een collegevergadering. Ook al niet.

Het was weer hetzelfde geweest, de blikken, het zien dat ik het slechte nieuws was, dat we wel weer naar huis konden, of meteen naar het ziekenhuis. Ze wisten het al. Ik voelde schaamte. Zijn aanloop was kort geweest dit keer. Misschien was ik zijn aanloop wel: kijk eens wie ik heb meegebracht, het is mijn vrouw, voor al uw onheilstijdingen. Ik had gedacht aan hoe hij me vaak voorstelde in gezelschap, grappend, naar voren vluchtend: dit is mijn veel te jonge vrouw.

Ook in de collegezaal was het aanvankelijk stil geweest, tot de woorden weer kwamen, per twee, of in hun eentje, als vloek.

Een kwartier later, een kwartier na de vloek, was mijn telefoon gaan piepen, achter elkaar door. Ergens in het gebouw had iemand op een knop gedrukt, op knoppen gedrukt, de brief was eruit gegaan, een persbericht erachteraan. De woorden in het rechterrijtje waren doorgestreept: de raad, de stad, het land, de wereld, het universum. *Aan wie we het moeten vertellen.* Iedereen wist het nu. Ook op mijn telefoon kwamen de woorden per twee.

Terwijl ik luisterde naar het plakken in zijn mond en keek naar de trap waar hij zo af moest, speelde ik met mijn kaken. Als ik ze ontspande hoorde ik het klapperen, hoorde ik hoe mijn kiezen tegen elkaar tikten. Als ik mijn kaken op elkaar klemde, rilde de rest van mijn lichaam, geluidloos maar hevig. Ik wisselde het af, kaken op elkaar, kaken los, kaken op elkaar, kaken los. Kaken op elkaar voelde het koudst. Mijn handen hield ik diep in mijn zakken.

Ik keek naar het glas waar straks de bloemen op zouden liggen, kransen vooral, maar ook losse bloemen, zo veel dat de scherven niet meer zichtbaar zouden zijn, de glasplaat helemaal bedekt, en ik dacht aan hoe het er nu uitzag thuis, in de ambtswoning, op de derde, hoe een groot deel van de vloer in de huiskamer aan het oog onttrokken werd door de bloemen die er stonden.

Vrijdagmiddag was het begonnen, waarschijnlijk al kort na het piepen van mijn telefoon moest de deurbel zijn gegaan in de ambtswoning. Bloemen. Tegen de tijd dat we thuis waren, lagen de eerste bossen al in de lift, toen we terugkwamen uit het ziekenhuis, aan het begin van de avond, was het aantal vervijfvoudigd, de volgende dag, zaterdag, was er steeds opnieuw aangebeld. Ik had alle vazen gebruikt die ik kon vinden, die van ons, die van de ambtswoning, en daarna was ik overgestapt op karaffen uit de keuken beneden. Ik liet er eentje staan, voor als er bijeenkomsten zouden zijn dit weekend. Ik was er niet zeker van, zag de gasten een voor een met hun glas naar de kraan in de wc lopen, dat zou geen pas geven, maar met één karaf zouden ze gered zijn, die liet ik staan. De rest van de bloemen zette ik in emmers, met drie bossen tegelijk. Aan het einde van de dag fietste ik naar Blokker.

Ik gaapte. Het klapperen stopte even, maar aan het einde van mijn gaap knalden mijn kaken terug op elkaar. Het maakte lawaai, maar niemand keek op, of om, ze luisterden naar de toespraak. Misschien dreunde het wel alleen in mijn hoofd.

Hij was op zijn schouders geslagen toen we van het busje naar het glas en het podium liepen, steeds opnieuw. Wat erg voor je, *slag*, wat erg voor je, *slag*, wat erg voor je, *slag*. Het hele rechterrijtje sloeg hem op zijn schouders, de raad, de stad, het land, de wereld, het universum. Bij elke slag zag ik hem in elkaar krimpen, maar hij gaf geen kik, nam de blijken van medeleven in ontvangst, wat erg voor je, *slag*, dank je. In mijn hoofd zag ik zijn sleutelbeen tegen het botvlies tikken, klapperen. Ik was aan de andere kant van hem gaan lopen, aan de verkeerde kant, had me breed gemaakt, maar het hielp niet, ik stond niet in de weg, de slagen kwamen nog steeds, dreunden door, het bleef klapperen. Hij hield zijn kaken op elkaar geklemd.

Het college zou taken van hem overnemen had hij geschreven, hadden ze toegezegd, *graag, we helpen je, tijdens het poosje*. Maar niet vandaag. Vandaag wilde hij geen hulp. Deze kon hij niet afzeggen, deze wilde hij zelf doen, moest hij zelf doen, hij was er elk jaar bij geweest, had elk jaar gesproken, dus ook nu.

Deze was belangrijk.

Deze ging over de oorlog.

Ik dacht aan Churchill, thuis, op het nachtkastje, aan de boeken eronder, aan de boeken in de boekenkast, de boeken op de boekenkast, de boeken voor de boekenkast, op stapeltjes, op stapels, ik hoorde het geluid als er een kind tegenaan botste, eerst het schuiven van de stapel, dan het vallen, dan de *sorry* van het kind, en het opnieuw stapelen, het ene boek op het andere, en daarna hoorde ik zijn stem, hoe hij klonk, in de verte, als ik al half in slaap was, toen we nog niet zo lang samen waren, zeventien jaar terug en we elkaar voorlazen in bed. Het was begonnen met een boek waarvan de titel het uitlokte, hij had gekeken wat ik in mijn handen had, naar het woord *voorlezer* op de kaft, en hij had gevraagd of het wat was, dat boek. Toen ik geknikt had, had hij hetzelfde gedaan, hij had ook geknikt, naar de titel. 'Doe dan.'

Ik had teruggebladerd naar het eerste hoofdstuk en was gaan lezen, hardop, over een vrouw die haar kousen aantrok. Hij vond het heerlijk. Ik ook. Sindsdien lazen we elkaar om de beurt voor, dag om dag. We lazen tot de ander in slaap viel. De dag erna begonnen we een stukje terug, zochten we wat er nog gehoord was, waar de ander in slaap was gevallen. *Weet je dit nog? En dit dan?* Dan hielden we een vinger bij een woord, bij een zin: *kijk, ga hier maar verder*. Na het eerste boek volgden er meer. Hij koos er een uit, en ik, toen hij weer, toen ik. Soms was hij zo vertrokken als ik voorlas. Dan hoorde ik hoe zijn ademhaling zwaarder werd, maar als ik ophield met lezen, aan het einde van een zin of zomaar in het midden, klonk meteen een *ik ben nog wakker*. Pas als hij snurkte kon ik stoppen. De volgende dag was ik aan de beurt.

Het was de fijnste manier van in slaap vallen, mijn onderbenen tegen de zijne, of nog meer opgekruld, als zijn haren, zodat mijn voeten tegen zijn bovenbenen lagen, en mijn hand tegen zijn zij, op zijn heup, of hoger, bij zijn schouder, of ergens ertussenin, in ieder geval daar waar ik het vroeger buik noemde. Dan luisterde ik naar zijn stem, die warm was en zacht, waar je je niet aan kon stoten, en die me meenam het verhaal in, en daarna verder, de slaap in. Het was zelfs zo prettig dat toen hij aan de beurt was om een boek uit te kiezen en een biografie koos van tweeduizend pagina's, in twee delen, over de leider van nazi-Duitsland, ik het maar liet en langer dan me lief was bleef luisteren. Al snel vroeg ik, de volgende dag, of hij verder wilde lezen, ook al stond ik op de rol, en dan zei ik dat hij niet terug hoefde, dat hij door kon lezen waar hij gebleven was, dat ik het verhaal kende, in grove lijnen, dat ik het weer op zou pikken, dat ik wist hoe het afliep. Dan krulde ik me op en liet me meevoeren op zijn stem zonder te horen waar hij over sprak.

Op een dag was het gestopt.

'Je volgt het niet meer, hè?'

'Nee.'

'Vind je het erg als ik zelf doorlees?'

'Nee. Tuurlijk niet.'

'Ik vind het interessant.'

'Ik weet het.'

De twee delen van de biografie lagen lang op het nachtkastje en gingen mee met vakantie, mee met meerdere vakanties, daar waren ze dik genoeg voor. Ze gingen mee in de koffer, met de andere boeken, zijn boeken, de mijne. Hij zou het met een aktetas hebben afgekund, of een grote handtas, een supermarkttas. Zijn andere boeken las hij niet, ik ook niet, die waren voor niets mee. Alleen de dikke delen kwamen uit de koffer. Het papieren omslag met daarop een grote foto van de man om wie het ging en zijn naam in koeienletters van boven naar beneden, had hij andersom, binnenstebuiten, om het boek heen geslagen. Dat hoefde hij niet te zien. Dat hoefde niemand te zien.

Hij las ze in de zon, de twee boeken. Romans las hij niet meer. Toen niet, en later ook niet. Hij las over de oorlog. Hij las over de oorlog zoals hij een dossier las. Grondig, precies, uitputtend, alsof hij voor een rechtszaak stond en elk detail, elke snipper informatie van belang kon zijn.

'Ooit spijker ik een bordje op mijn deur,' zei hij vaak. *Advocaat*, zou er op het bordje staan, misschien *mediator* erbij, eronder wellicht, of erachter, tussen haakjes, maar verder niets, zeker geen andere namen, alleen de zijne, hij zou voor zichzelf beginnen, in zijn eentje, geld verdienen, genoeg om van te leven, en in de tijd die hij overhield zou hij een boek schrijven, over de oorlog, over hoe we waren in de oorlog, dat we niet grijs waren, niet onverschillig, dat de cijfers daar misschien op wezen, maar dat die cijfers ook een vertekend beeld gaven, dat alles ook te maken had met deportatiequota, die voor de landen om ons heen echt heel anders waren, dat we hier ook geen *Modellprotektorat* waren, dat hier een SS-bestuur en een grote Duitse politiemacht waren, dat zoiets een enorm verschil maakte, en vergeet de tyfusepidemie niet, vergeet zeker de tyfusepidemie niet.

Ik vergat de tyfusepidemie niet.

Ik zei nooit dat hij in herhaling viel. Wel dat hij klonk als een advocaat.

'Ooit spijker ik een bordje op mijn deur.'

Het waren gesprekken die we voerden in de zomer, of pleidooien die hij hield, meer nog, in het licht van de ondergaande zon, of vroeger op de dag al, op een plek waar het zonlicht de aarde op een andere manier raakte, op een plek waar hij de dingen anders zag, in een ander licht. Het waren pleidooien over hoe hij het allemaal anders zou doen, hoe hij minder hard zou werken vooral. Ergens tussen zomer twee en drie wist ik dat het zo niet in elkaar stak, dat hij zo niet in elkaar stak. In welk licht dan ook.

Afgelopen zomer had hij het ook nog gezegd, had hij ook nog gepleit, in Italië. Er zou een bordje komen, op zijn deur, *advocaat*, haakje openen, *mediator*, haakje sluiten, en een boek over de oorlog. Hij was teruggevlogen naar Amsterdam die vakantie, precies in het midden ervan, voor de Gaypride, dat kon echt niet anders, dat hoorde, dat had hij nou eenmaal toegezegd, vorig jaar al, dat hij er de volgende keer wel weer bij zou zijn, want dat hoorde, daar moest hij staan, dat hoorde. Ik had gezegd dat hij in herhaling viel.

Twee jaar eerder was hij ook teruggegaan midden in de vakantie, voor iets anders. De kinderen en ik hadden hem naar het vliegveld gebracht en ik had de zenuwen gevoeld op de achterbank, de onzekerheid, of het wel veilig was om te vliegen nu er zomaar vliegtuigen uit de lucht vielen, uit de lucht geschoten werden, en hoewel de Oekraïne ver weg leek, was die tegelijkertijd dichtbij.

We hadden het nieuws gevolgd, de twee dagen ervoor. Nieuws dat begon met een Twitterbericht, daarna voor piepende telefoons zorgde, en uiteindelijk alle toeters en bellen af liet gaan. Hij werd op de hoogte gehouden, hoorde over de Amsterdamse slachtoffers, hoeveel het er waren, wie het waren, en liet een ticket terugboeken, naar de stad, naar de mensen die achterbleven. Hij ging naar ze toe.

Toen we hem drie dagen later ophaalden, was alles wat er bruin en uitgerust aan hem was weer bleek en moe, alsof hij opnieuw moest beginnen, terug naar start, of verder nog, drie stappen terug, een opmaat voor de start.

's Avonds in bed kwamen de verhalen. Het was donker, veel donkerder dan in onze slaapkamer in Amsterdam. Ik kon zijn gezicht niet zien.

Afgelopen zomer brachten we hem weer naar het vliegveld, toen hij terugging omdat het hoorde, omdat hij het had toegezegd. De achterbank was niet zenuwachtig. Hij reed, ik keek naar buiten.

Na het inchecken dronken we nog koffie, de kinderen aten een chocolade-ijsje, en daarna brachten we hem tot aan de douane. Met zijn linkerarm deelde hij omhelzingen uit, in zijn rechterhand hield hij een boek over Churchill vast, voor in het vliegtuig. Er stak een kassabonnetje van de Coop uit. Toen hij een stap naar achteren deed, zag ik een chocoladevlek op zijn overhemd. De kinderen zagen het ook. We zeiden niets. De volgende dag reed ik met ze naar het stadje met de torens. We beklommen ze een voor een. Dat kon, nu we met z'n vieren waren.

Twee dagen later haalden we hem weer op. Die middag, terug bij het huisje, aan de rand van het zwembad, begon hij maar weer eens zijn pleidooi over het bordje op de deur en het boek. Zijn tweede termijn was net begonnen, een mooi moment om het wat rustiger aan te doen, nu echt, het moest anders, nu echt, tot het tijd was voor het bordje op de deur en het boek.

Ergens in zomer vier of vijf was ik gestopt met meedromen. Ik had een grote fantasie, maar wat mijn hoofd ook allemaal verzon, in de kern moest het wel waar kunnen zijn, moest het echt kunnen gebeuren. Hierin kon ik meegaan, met hem. Toch liet hij het nooit na om te vragen wat ik ervan vond, van zijn plannen met het bordje en het boek. De eerste jaren, na zomer twee of drie, had ik wat gehumd, instemmend, omdat ik zag dat hij het echt geloofde. Daarna was ik daarmee gestopt.

Zijn mond werd steeds droger, het plakken en het kleven werd erger. Hij was bijna aan het einde van zijn toespraak. De trap wachtte. Ik klappertandde nog steeds en dacht aan de oorlog en aan bordjes op deuren en terwijl ik hoorde hoe hij ook hier weer, op het podium in het park, aan het pleiten was, dacht ik aan de rechtszaak van jaren geleden, die tussen de columniste en de documentairemaker, die acht jaar duurde, de columniste die zijn cliënte was, de documentairemaker die een onderduiker om het leven had gebracht, hem elf keer met een stuk hoogspanningskabel op zijn hoofd had geslagen, die dat een daad in het belang van het verzet noemde en die iedereen die hem ervan betichtte dat het een roofmoord was geweest de mond probeerde te snoeren. Zo ook de columniste. Het was een zaak die van de Raad voor de Journalistiek, naar de rechtbank, naar het gerechtshof en naar de Hoge Raad was gegaan, en die belangrijk voor hem was geweest, die ging over de oorlog en vrijheid van meningsuiting en persvrijheid, maar voor hem misschien wel vooral over goed en kwaad.

Ik had veel getikt in die zaak, conclusies, pleitnota's, want hij begon te laat, elke keer weer, het weekend ervoor pas echt, en ik kon het niet aanzien, de twee vingers die op het toetsenbord landden, traag, zoekend, die nog geen honderd aanslagen per minuut haalden, die voorbij het weekend zouden tikken, voorbij het volgende weekend ook nog wel, en dan hield ik mijn vingers voor zijn gezicht, wiebelde ermee, *kijk, ik heb er tien*, en ik zei erbij dat hij het wel mocht dicteren, dat hij het wel in mocht spreken.

'Dat hoeft niet.'

'Jawel.'

'Je hebt wel iets beters te doen.'

'Dat is waar.'

Dan sprak hij het in. En ik luisterde het af, hoorde zijn stem, en terwijl ik tikte, zijn woorden opschreef, leidde hij me het verhaal in, terug in de tijd, naar de oorlog, naar een badkamer in de Beethovenstraat, naar een lichaam dat in een zijsloot van de Boerenwetering werd achtergelaten, naar bankbiljetten die te drogen werden gehangen in de stadsschouwburg, naar de zus van de verdachte die omgang had met de SD-chef. Zijn dicteerstem klonk anders dan zijn voorleesstem, die warm was en zacht en waar je je niet aan kon stoten. Op het bandje klonk hij koud en hard. En stootbaar. Het was alsof de woorden in het dicteerapparaatje werden gespuugd. Hij klonk boos, hij was boos, op de documentairemaker die iedereen verbood over de moord te praten, maar er zelf over opschepte. Alleen als hij de naam van de onderduiker dicteerde, klonk zijn stem eventjes zachter. Als hij niet dicteerde, maar met mij over de zaak sprak, had hij het over de arme onderduiker. Of over de arme, arme onderduiker.

Hij was bijna zo lang ik hem kende boos op de documentairemaker. In het souterrain al, waar hij 's avonds, 's nachts eigenlijk, na een voorlopig getuigenverhoor bij de rechter-commissaris de rust niet had om in bed te blijven liggen, telkens weer opsprong, heen en weer liep aan het voeteneinde en weer en weer en weer moest vertellen wat er die dag gebeurd was, dat de documentairemaker het had gehad over de Amsterdamse rechercheur die belast was geweest met het onderzoek naar de moord, maar die halverwege de zaak werd gedeporteerd naar een concentratiekamp en daar overleed. Omdat hij de zus van de documentairemaker wilde verhoren, werd er gezegd, de zus die het deed met een SD'er. Omdat hij corrupt was, zei de documentairemaker, die eraan toevoegde dat het wat hem betrof de *logische Werdegang* van de rechercheur was.

Als hij die woorden uitsprak leek hij telkens even op te zwellen, uit te dijen, groter te worden, daar aan het voeteneind, *logische*, zwelling, *Werdegang*, zwelling. Het idee dat het iemands begrijpelijke, verklaarbare, vanzelfsprekende weg was in een concentratiekamp terecht te komen, dat iemand zoiets durfde te beweren, maakte hem zo kwaad dat ik bang was dat hij zijn hoofd zou stoten aan de balken in het souterrain. Dat gebeurde niet. Hij trommelde door, tot diep in de nacht. Later sloeg hij de documentairemaker er in elke conclusie, in elk pleidooi, tot aan de Hoge Raad, mee om de oren, *logische Werdegang*, en tikte ik de twee woorden met tien vingers, of nee, met zes, met zes vingers, weer en weer en weer, blind, snel, sneller, snelst, zodat er nog iets over zou blijven van onze zondag, van onze zondagmiddag, van onze zondagavond, tot we in bed lagen, na middernacht, en mijn vingers nog doortikten op zijn heup, of hoger, op zijn schouder, of ergens ertussenin, in ieder geval ergens daar waar ik het vroeger buik noemde.

'Ik voel me schuldig.'

'Geef me maar een bontjas.' Ik tikte het woord bontjas met twee vingers in zijn zij. De zus van de documentairemaker had een bontjas gehad. Naast me hoorde ik iemand grinniken.

'Dat zou je nog staan ook.'

Daarna ging hij door, praatte voor zich uit, naar boven, naar het plafond, vertelde me over zijn ouders, die in het verzet hadden gezeten en die ooit met de vraag hadden geworsteld of er iemand doodgemaakt moest worden, die daarover overlegd hadden met de andere leden van de verzetsgroep, en nog eens, en nog eens, en die het niet hadden gedaan, uiteindelijk. De documentairemaker praatte onzin, zei hij, als hij beweerde dat hij het in gemeen overleg had gedaan. Er was nooit overleg geweest. 'Hij liegt.'

Ik tikte met twee vingers *hij liegt* in zijn zij en hoorde hoe zijn ademhaling langzaam weer rustiger werd, zijn ademteugen dieper, langer.

'Uiteindelijk draait het altijd om de vraag of je bij iemand kunt onderduiken, onthoud dat.' Daarna viel hij in slaap.

Ik onthield het, vergat het niet. Deportatiequota, Modellprotektorat, SS-bestuur, tyfusepidemie, onderduiken.

Jaren later stelde de Hoge Raad de columniste in het gelijk. Hij liet acht jaar aan uren, van zichzelf en zijn collega's, afboeken. Ze zou de rekeningen nooit hebben kunnen betalen.

Tussen ons werd het een grapje, na een tijdje. Als ik hem wilde plagen, haalde ik de woorden *logische Werdegang* erbij. Ik zei ze het vaakst in de zomer, na zomer vijf of zes, nadat het instemmend hummen was gestopt, dat het mij niet zijn *logische Werdegang* leek, zo'n bordje op de deur, rustiger aan doen. Dan deed ik alsof ik mezelf liet wegzinken in een bontjas, trok de revers op tot mijn kin en stak mijn tong naar hem uit. Hij duwde me het zwembad in, met bontjas en al, en ik bleef op mijn rug liggen, bleef drijven met mijn oren in het water terwijl ik naar de hemel boven me keek.

Deze zomer had ik het ook nog gedaan, aan de rand van het zwembad. Nadat ik hem van het vliegveld had gehaald, na de Gaypride, en hij zijn pleidooi had gehouden, zei ik dat het mij niet de *logische Werdegang* leek, een bordje op je deur als je burgemeester-af bent, dat burgemeesters-af vaak andere dingen doen, of niets, maar geen bordjes met *advocaat*, haakje openen, *mediator*, haakje sluiten op hun deur spijkerden. De tong liet ik achterwege, hij duwde me niet het zwembad in.

'Nee, hè?'

'Nee.'

'Wat denk je dan dat ik ga doen?'

'Dat zien we tegen die tijd wel.'

'Ik wil niet altijd zo hard blijven werken.'

'Nee,' zei ik. Jawel, dacht ik erachteraan en ik voelde zeventien jaar zomerse beloften tegen mijn strottenhoofd duwen. Ik slikte. Hij was die ochtend gestopt met roken.

Ik zag hoe hij de trap af liep, de andere trap, aan de andere kant van het podium, ver weg van de katheder, de trap waar de leuning aan de andere kant zat, zodat hij zich vast kon houden. Ik keek naar de weg die hij aflegde, naar zijn *Werdegang*, naar mij. Hij probeerde zich langzaam te laten zakken op de stoel rechts naast me, zijn sleutelbeen tussen ons in, maar toch werd het een plofje, aan het einde, het laatste stukje was er geen kracht meer, waren zijn benen niet sterk genoeg en ik zag zijn gezicht even vertrekken.

Mijn hand legde ik op zijn been.

Hij keek even opzij. 'Hoe ging het? Deed ik het goed?'

Hij hield zijn tanden op elkaar, zijn kaken, terwijl hij sprak. Zo deden we dat als we iets tegen elkaar wilden zeggen waar het eigenlijk niet kon. We leken op buiksprekers op die manier. Met lippen die nauwelijks bewogen en minimale mimiek maakten we onszelf verstaanbaar voor de ander. Als ik mijn best deed kon ik een pop op zijn schoot zien zitten, naast mijn hand, een mannetje met een klein keppeltje op, een ketentje om, een mitella, dat sprak tegen de pop op mijn schoot, een vrouwtje, dat ik een bontjasje had aangetrokken waar ze diep in weg kon zinken. Mijn buikspreekpop had het niet koud.

Ik knikte naar hem. Ja, hij had het goed gedaan. 'Heb je dorst?' Ik voelde hoe mijn lippen een beetje opzij trokken, meer bewoog er niet.

'Hoe weet je dat?'

'Ik hoorde het.'

'Anderen ook?'

'Nee, verder niemand.' Het rechterrijtje hoorde andere dingen.

We keken weer naar voren, naar het podium, en even later naar het glas. Ik hield mijn kaken op elkaar. Mijn lichaam rilde, geluidloos maar hevig. Kaken op elkaar voelde het koudst.

De Ruijterkade

We stonden aan het IJ. Ik leunde op het stuur van mijn fiets, hij had die van hem neergezet bij een lantaarnpaal, niet ertegenaan, maar op de standaard. We waren onderweg geweest naar huis, het huis in het allerhoogste puntje, onder het schuine dak, waar we nu een paar maanden woonden, waar we voor het eerst de lente meemaakten, die onze tweede lente was.

Vorige week hadden we gevierd dat we een jaar samen waren. We hadden met z'n tweeën gegeten tegenover het grote gebouw met het schuine dak, en daarna waren we teruggewandeld, naar huis, over de verbindingsdam, en hadden we naar rechts gekeken, naar het IJ, en, toen ik mijn hoofd terugdraaide, naar elkaar. Thuis bleek de deur op slot, vanbinnen. We konden er niet in. Zijn zoon had per ongeluk de haken erop gedaan. Een paar keer hadden we aangebeld, we hadden de telefoon over laten gaan, maar we wisten eigenlijk meteen al dat we geen kans maakten, we wisten dat als zijn zoon eenmaal sliep er meer nodig was dan een deurbel of een telefoon. Hij had in zijn zakken gevoeld, zijn fietssleutel tevoorschijn gehaald, gevraagd of ik de mijne had, maar mijn zakken waren leeg, de sleutel lag binnen.

We fietsten naar de binnenstad, ik bij hem achterop, op zoek naar een hotel. Ik stak mijn handen in zijn jaszakken, leunde met mijn vuisten op zijn bovenbenen, vlak bij zijn heupen, en voelde hoe zijn benen op en neer gingen. Mijn gezicht, mijn oor, legde ik tegen zijn rug, alsof ik zijn hartslag wilde horen, zijn longen, het ademhalen, maar ik hoorde alleen hoe mijn oor langs zijn jas schoof. Ik was moe, had het koud en was niet gekleed op een nachtelijke fietstocht achterop.

We vonden een hotel, op een gracht, op een hoek. Ik had bij zijn fiets staan wachten terwijl hij naar binnen ging en even later was hij knikkend naar buiten gekomen: er was plek. De receptionist vroeg of we bagage hadden. Die hadden we niet.

Hij begon het uit te leggen, hoe het kwam dat we hier stonden zonder bagage, na middernacht, dat zijn zoon, ziet u, de haken, weet u, een diepe slaper, begrijpt u, maar ik zag aan het gezicht van de man achter de receptie dat hij precies wist waarom de man zonder bagage en het meisje zonder bagage na middernacht in zijn lobby stonden. Ik schudde langzaam mijn hoofd van nee, als om te zeggen dat hij net zo goed kon stoppen met praten, dat de man het toch niet zou geloven, dat hij een stapje achteruit moest doen en kijken hoe het eruitzag; een man zonder bagage en een meisje zonder bagage na middernacht in een lobby, dat daar niet tegenop te praten was. Het hielp niet. Ik hoorde hem zeggen dat wij echt bij elkaar hoorden, echt, alles in het nette, echt, dat we al een jaar bij elkaar hoorden, echt, toevallig, vandaag, net gevierd, met z'n tweetjes en toen die haken, echt, dus daarom, snapt u? De man legde een kamersleutel op de balie, wees naar de lift en zei niets meer.

Eenmaal boven, in een kamer met uitzicht op de gracht, had ik zo hard en zo lang gelachen dat ik er buikpijn van kreeg.

'Je lacht me uit!'

'Ja, absoluut.'

Ik kon niet stoppen. Ik had een kussen gepakt uit het rechterbed en was lachend in het linker gekropen, bij hem, tegen hem aan. Hij voelde me schudden elke keer als ik in mijn hoofd zijn pleidooi weer hoorde, zijn lobbypleidooi, en zijn blik weer voor me zag, de wanhoop erin, de lichte paniek.

Na een tijdje schudde hij mee.

De volgende ochtend waren we vlak na zonsopgang op zijn fiets gestapt en teruggereden. Dicht tegen elkaar aan, met onze ruggen tegen de balustrade, hadden we gewacht tot er open werd gedaan.

'Maakt het je uit wat mensen over ons denken?' vroeg ik.

'Natuurlijk niet.'

Ik rook het IJ. De geur zat tussen vies en lekker in, het ene moment rook het naar zee, naar strand, de volgende vlaag bracht rotting met zich mee en deed mij naar het water kijken, waar ik vissen verwachtte, dikke witte vissen, die met hun buiken naar boven in het water dreven. Ze waren er niet. Ik zag alleen de kleine golfjes die ik beneden me tegen de kade hoorde klotsen.

Hij zwaaide. Ik keek weer omhoog. Voor onze neuzen, op het IJ, voer een schip voorbij, een cruiseschip, heel langzaam. Op het dek, op het voordek en het achterdek, en aan de zijkant van het schip tegen de reling, stonden mensen te zwaaien, kleine poppetjes hoog boven ons.

'Wil je er ook een?'

Hij stak een sigaret op. Ik knikte. De brandende sigaret kwam mijn kant op, hij stak een nieuwe op, voor zichzelf. De geur van zee, van strand, was weg. De geur van rotting ook. Ik inhaleerde diep.

We hadden de scheepstoeter gehoord, waar we net waren, in de binnenstad, en we waren iets sneller dan we van onszelf kenden naar het IJ gefietst. Daar had het schip net zijn draai gemaakt, zijn U-bocht, een schouwspel dat we thuis vaak bekeken, voor het raam, onder het schuine dak. Het paste maar net, de cruiseschepen overdwars op het IJ. Het ging ook langzaam. Vaak deden we tussen het kijken door iets anders. Koffiezetten. 'Het is los van de kade.' De krant lezen. 'Het gaat nu schuin.' Als het zijn draai had gemaakt, achter de gebouwen aan de overkant, stonden we op, deden het raam open en keken hoe het schip wegvoer. Dan spraken we onze verbazing uit over hoe groot zo'n schip was, hoger dan de gebouwen nog, en dat het niets voor ons was, zo'n vakantie.

'Nooit, hè?'

Ik leunde tegen de balustrade en deed alsof ik niet voelde hoe hij me vasthield aan het lusje van mijn broek. 'Nee, nooit.'

De rook waaide naar rechts, uit zijn mond, uit de mijne, de poppetjes gingen naar links, in de richting van het kanaal, en verder, daarachter, naar de sluis.

'Waar zullen ze heen gaan, denk je?'

Ik dacht aan de plaatsen, de havensteden waar het vaartuig aan zou meren, zag het schip het zeegat uit varen en dan naar boven varen, naar het noorden, of andersom juist, naar het zuiden, naar beneden, maar daarna zag ik het schip zelf voor me, de bestemmingen daar, op het schip, de tussenstops die er waren, de bioscoop, het casino, het zwembad, het restaurant.

'Naar het lopend buffet.'

Hij had gelachen en daarna deed hij alsof er een rilling over zijn rug trok. 'Nooit, hè?'

'Nee, nooit.'

Hij nam een trekje, inhaleerde, blies de rook uit.

'En als ik het over tien jaar nou opeens wel wil? Of over twintig jaar? Dat ik je dan voorstel om een cruise te gaan maken.'

'Dan ga ik bij je weg,' zei ik.

Hij nam nog een trekje, kneep daarna met zijn duim en wijsvinger net onder de vuurkegel in de sigaret en draaide hem heen en weer tussen zijn vingers tot het gloeiende stukje eraf viel. De peuk hield hij vast.

'Wil je met me trouwen?'

Vijzelgracht

Ik was nog niet aan de beurt. Er waren twee mensen voor me in de apotheek, twee vrouwen. Op het bankje bij het raam was ik gaan zitten, netjes rechtop. Omdat het bankje geen rugleuning had en er tussen het bankje en het raam nog een verwarming zat, een ouderwetse, zo'n dikke, was de afstand te groot om tegen het glas aan te leunen. Ik had het best gewild, achterover hangen, liggen, bijna, met mijn hoofd tegen het raam om zo te voelen hoe mijn voeten langzaam naar voren schoven, gleden, over de vloer, tot mijn benen bijna recht waren, mijn knieën nog maar een beetje gebogen. Met ogen die steeds een beetje meer dichtgingen zou ik kijken hoe mijn voeten verdwenen in de verte, voorbij de twee vrouwen, over de toonbank, langs de apothekerskasten, tot de muur achter in de zaak, of verder zelfs nog, door de muur heen, door de huizen die erachter stonden, steeds maar door, richting het stadhuis, naar de raad, door de stad, het land en de wereld, tot ik languit lag, uitgerekt, uitgesmeerd, met mijn hoofd tegen het raam van de apotheek en mijn voeten zwevend in het universum.

Ik deed het niet. Ik wachtte. Netjes rechtop.

Tussen mijn voeten hing een plastic zak. Een supermarktas. Ik had mijn handschoenen door de hengsels gehaald en hem daaraan opgetild, aan de handschoenen, in mijn ene hand de lege vingers, in mijn andere hand de lege polsen. Het was lente, sinds een dag, maar nog wel handschoenenweer. Zachtjes wiegde ik de tas heen en weer, van voren naar achteren, langs mijn schoenen.

In de tas hoorde ik de doosjes schuiven. Ik kwam medicijnen brengen, terugbrengen, de verkeerde kant op, naar de apotheek in plaats van ze te halen en ze dan mee naar huis te nemen, naar de keuken, naar het plankje, het hoge plankje, buiten het bereik van kinderen.

De pillen in de doosjes in de tas waren niet langer nodig. Ze waren maar heel kort nodig geweest. Het waren pillen tegen bijwerkingen.

Het was het tweede geweest wat ik had gedacht, in de spreekkamer van de arts in het allerergste ziekenhuis, meteen na *jij gaat dood*, op hetzelfde moment, bijna: *jij gaat overgeven.*

Mijn derde gedachte was dat ik dat niet wilde.

Ik was bang voor overgeven.

Het was me als kind twee keer gebeurd dat ik moest overgeven. De eerste keer was ik acht jaar oud, de keer daarna dertien. Ik vond het het allerergste wat er was.

Toen ik acht was, hadden de woorden me ontbroken, het woord. *Misselijk.* Ik kende het woord wel, wist ervan, dat het ergens in je buik zat, maar dat dat was wat ik voelde, wist ik niet.

'Wat is er met je?'

'Ik weet het niet.'

'Heb je pijn?'

'Nee.'

'Wat voel je dan?'

'Ik weet het niet.'

'Ga maar weer naar bed dan.'

Later werd er gezegd dat ik misselijk was geweest. Dat was nadat ik uit bed was gestapt, naar de gang was gelopen en mijn eten uit mijn buik omhoog was gekomen, uit wat ik toen nog mijn buik noemde, door mijn slokdarm, langs mijn strottenhoofd, mijn mond uit, en op de grond was beland, op het zeil. Het was gebeurd nadat ik had gedacht dat ik dood zou gaan, en me niet schuldig had gevoeld, die keer, omdat het nou eenmaal niet anders kon, omdat dit geweld niet te overleven viel, omdat ik doodging buiten mijn schuld, buiten alle opzet.

'Je was misselijk.'

Vijf jaar later gebeurde het weer. Het was ander zeil en ik kende het woord dat erbij hoorde, misselijk, maar verder was alles precies precies hetzelfde.

'Ik was misselijk.'

Beide keren had ik een kat gezien. Terwijl ik voorovergebogen stond, keek hoe het zeil vies werd, er een spat zat op de nagel van mijn linkerringteen en op een stukje plint, en ik wist dat ik dood zou gaan, was er in mijn ooghoek een kat langsgelopen, langs de viezigheid, met een staart die rechtop stond.

'Er was een kat.'

'Hè?'

'Ik zag een kat.'

'Er is hier geen kat. We hebben geen kat.'

'Nee, maar...'

'Doe niet zo gek.'

Ik had me voorgenomen om nooit meer over te geven. Als het woord langskwam, aanklopte, deed ik niet open. Ik wachtte, netjes rechtop, tot de misselijkheid afzakte, wegzakte, naar een ander stuk van mijn buik, maar bovenal voorkwam ik dat ik misselijk werd. Ik dronk nooit te veel, pakte altijd de achterste pakken in de supermarkt, deed niet aan kliekjes.

Ik dacht aan de gehaktbal, als vierde, mijn vierde gedachte, in de spreekkamer van de arts in het allerergste ziekenhuis, na *jij gaat dood*, na *jij gaat overgeven*, na *dat wil ik niet*, dacht ik aan de gehaktbal, in de koelkast, jaren geleden, en aan hoe ik ervan schrok, een paar dagen lang, elke keer als ik de koelkast opendeed.

'Mag-ie weg?'

‘Hij is toch nog goed?’

‘Mag-ie weg?’

We hadden in bed gelegen. Ik was voor de derde avond op rij van de gehaktbal geschrokken en had in het donker uitgelegd waarom ik de gehaktbal weg wilde hebben, had hem verteld van de twee keer en van mijn voornemen het daarna nooit meer te doen.

‘Zoiets kun je niet besluiten.’

‘Jawel. Het was een wilsbesluit.’

Het was te donker geweest om zijn gezicht te kunnen zien, maar ik wist dat hij grijnsde om mijn wilsbesluit.

Ik had verteld van mijn angst om over te geven, van mijn overtuiging dat ik dood zou gaan, van het geweld. Hij had gewezen op alle mensen van de hele wereld, op de cijfers, op de onwaarschijnlijkheid, dat zoiets zelden gebeurde, eraan doodgaan, en daarna had hij gevraagd of ik nog meer gekke dingen had.

‘Ik heb buffetangst.’

‘Wat?’

‘Een lopend buffet, dat durf ik niet. Buffetangst.’

‘Dat bestaat niet.’

‘Jawel.’

‘Maar dat is gewoon omdat je bang bent om over te geven.’

‘Nee, daar heeft het niets mee te maken. Het is dat ik bang ben dat mensen vinden dat ik te veel op mijn bord schep, dat ze vinden dat ik te veel neem.’

Het bed was gaan schudden.

‘Je lacht me uit, hè?’

‘Ja. Dat bestaat niet.’

‘Jawel.’

De eerste keer dat we voor een buffet stonden, zag hij dat het bestond. Ik kwam ervandaan met twee sneetjes stokbrood. De keer daarna deden we het samen.

'Wil je dit?'
'Nee.'
'Deze?'
'Nee, hoor.'
'Die?'
'Nee, dank je.'
'Ja, dit schiet niet op.'
'Je kunt het maar beter niet vragen.'

Hij vroeg het nooit meer, schepte voortaan mijn bordje vol. Als hij terug aan tafel kwam en het eten voor me neerzette, zei hij tegen het gezelschap: 'Ze heeft buffetangst.' Hij liet het klinken alsof het de normaalste zaak van de wereld was. De tafel knikte.

Ik gaf de tas tussen mijn benen nog een zetje, met mijn handschoenen, en dacht aan hoe het de laatste jaren niet meer gebeurde, een vol bordje. Er waren nog wel avonden met buffetten, meer dan genoeg, maar hij had geen tijd meer om voor mij op te scheppen. Zelf at hij ook niet, hij rolde van gesprek in gesprek. Je mocht niet praten met volle mond. Eten deden we vaak na afloop, met z'n tweetjes, in de broodjeszaak verderop.

'Heb jij ook zo'n honger?'
'Ja.'

Dan zaten we op de lage krukken, mijn jurk hing op de grond, mijn schoenen met de hoge hakken lagen bij mijn voeten, op hun zij, tussen het krukje en de tegels van de bar. We bestelden allebei twee broodjes en als ik daarna nog honger had, bestelde ik een derde. Hij zette de mosterd tussen ons in en grijnsde om mijn schoenen waarvan hij wist dat ik ze niet meer aan zou trekken, dat ik ze vast zou houden, straks, aan de dunne hakken. Hij wist dat ik naar huis zou lopen, zo, op blote voeten, terwijl hij zou zeggen dat ik moest oppassen met waar ik liep en ik hem zou antwoorden dat hij er maar voor moest zorgen dat zijn stad schoon was.

'Wil je nog een karnemelk?'

Ik dronk nooit te veel, pakte altijd de achterste pakken in de supermarkt, ik deed niet aan kliekjes. En ik bleef uit de buurt van mensen die moesten overgeven.

Het was mijn derde gedachte geweest. Ik had geluisterd naar zijn *Wij kunnen dit, meisje*, ik had geantwoord met een *ja* en daarna, of ertussendoor, had ik gedacht aan overgeven, want ik wist dat dat was wat er zou gebeuren. Al tijdens het kijken naar de scan van zijn binnenkant, tijdens het scrollen door zijn romp, begreep ik wat ze hem zouden geven, wist ik dat het op overgeven uit zou draaien. En dat ik dat niet wilde. Ik bleef uit de buurt van mensen die moesten overgeven.

In de spreekkamer maakte de gehaktbal in mijn hoofd plaats voor een zomer van een tijdje geleden, zijn eerste zomer als burgemeester. Het werd mijn vijfde gedachte. Hij was een maand en een dag burgemeester, het was het Kwaku-festival, er was een toespraak, er waren drie kinderen, en ik. En twee buikspreekpoppen, toen al.

'We moeten zo gaan,' had het geklonken tussen mijn tanden door.

'Dat kan niet.'

Ik had naar de kinderen gewezen, naar de jongste twee.

'Wat is er dan?'

'Ik weet het niet.'

Ik was onrustig. Er was iets met de jongste twee, maar ik wist niet goed wat. Ze wisten het zelf ook niet. Ze waren drie en nog geen twee, ze hadden nog niet zo veel woorden.

We hadden rondgelopen, ik was hem kwijtgeraakt. Hij was opgeslokt, tussen de mensen, door de mensen, doorgeslikt, meegenomen, bij mij vandaan. Met drie kinderen en een onrust die ik niet onder woorden kon brengen had ik daar rondgelopen. Ik was naar hem op zoek gegaan, en ik had hem ook gezien, gevonden, tussen de geuren en de geluiden en de kleuren, maar ik had niet bij hem gekund, kon alleen maar kijken, mocht alleen maar kijken, van een afstandje, vanuit de verte, hoe er op hem werd gekauwd, hoe hij werd geproefd, doorgeslikt.

Toen hij weer was uitgespuugd vroeg hij waar ik al die tijd was geweest.

Thuis gaven ze over, de jongste twee, tegelijkertijd, over de bank en het kleed en de grond.

Ik had naar ze gekeken, van een afstandje. Zijn blik was op mij gericht geweest.

'Je wilt weg, hè?'

Ik knikte.

'Ga maar.'

Ik had in de slaapkamer gewacht tot het weg was, tot het voorbij was.

Later gaf ik ze het woord, aan de middelste, aan de jongste: 'Je was misselijk.' Ze hadden het woord aangenomen, maar er nauwelijks naar gekeken.

Ondanks de pillen in de doosjes in de tas aan mijn handschoenen was hij gaan overgeven. Er was een zak zijn ader in gegaan, en daarna nog een, en thuis, de volgende dag, was ik onrustig geworden en was hij gaan overgeven. Niemand vroeg of ik weg wilde. Niemand zei dat ik wel mocht gaan. Dus ik bleef. Ik bleef en mijn onrust veranderde in een weten. *Je gaat overgeven.* Ik stond klaar met een emmer, voor hij het zelf wist, en erna zorgde ik voor een nieuwe emmer, voor hij het zelf wist, en nog een, en nog een, en ik dacht aan de bloemen die erin hadden gestaan, met drie bossen tegelijk. Ik gaf de emmers door, alsof er een brand geblust moest worden, verderop, en er alleen maar emmers waren om de klus mee te klaren, alsof het water van een sloot naar een brandend huis moest en ik in de sloot stond, een zijsloot misschien, ondiep, tot aan mijn knieën, van waaruit ik de emmers doorgaf, overgaf, door een weiland, een weg over, een tuin in, naar een brandend huis, emmer na emmer na emmer, of de keuken uit, de woonkamer door, de gang in, naar de badkamer en de enige aan wie ik ze door kon geven, over kon geven, was ik zelf. Dus ik bleef.

De supermarkttas was tot stilstand gekomen tussen mijn voeten, de doosjes schoven niet langer langs elkaar. Een van de vrouwen die voor mij aan de beurt was, liep naar de deur en trok. Ik zag aan haar dat het meer kracht kostte dan ze had verwacht. Het was een deur die automatisch openging, maar alleen het laatste stuk. Het eerste stuk van de deur was zwaar, pas daarna ging het vanzelf. Ik wist dat inmiddels. De vrouw nog niet. Ze kwam niet vaak genoeg. Ik wel. Er waren zo veel pillen. Niet alleen tegen het overgeven. De meeste pillen waren tegen de pijn. Het stelde niet eens veel voor, wat ik nu terugbracht, de meeste pillen waren er nog, in de keuken, op het plankje, buiten het bereik van kinderen.

Ik deed de pillen. Zo was het gegaan. Meteen.

'Welke moest ik ook alweer?'

Dan noemde ik de namen, het rijtje lettergrepen dat de pillen waren.

'Welke zijn dat?'

Ik was ze gaan sorteren, tellen, verdelen. Ik had ze in envelopjes gestopt, eerst, envelopjes die in zijn binnenzak konden. Zijn linkerbinnenzak. Daar kon hij ze zelf uithalen. Op de envelopjes stonden de tijdstippen, in zijn telefoon had ik alarmen gezet. *Pillen* verscheen er op zijn scherm als het tijd was. Dan haalde hij de envelopjes uit zijn linkerbinnenzak. De eerste dag had hij de envelopjes weggegooid na het slikken.

‘Waar zijn de envelopjes?’

‘Die heb ik weggegooid.’

‘Maar morgen moet je weer. En overmorgen. Elke dag. Voorlopig.’

‘O ja.’

Ik maakte nieuwe envelopjes. Schreef de tijden er weer op. Later kocht ik een doosje, bij de apotheek. In het doosje zaten zeven kleinere doosjes, van doorzichtig plastic, eentje voor elke dag van de week, en in de kleinere doosjes zaten stukjes plastic, blauw, ondoorzichtig, het waren er drie en ze dienden als schotjes, om vier momenten van de dag uit elkaar te houden, ochtend, middag, avond, nacht. Of ochtend, ochtend, middag, middag, als je meer slikte.

Ik sorteerde, telde en verdeelde op zondag. Alleen de pillen voor als ik er niet was. Ochtend, ochtend, middag, middag. De pillen bij het opstaan, in de avond, en later, voor het slapengaan, liet ik in hun doosjes. Op die momenten was ik er.

Elke ochtend keek ik of de alarmen op zijn telefoon nog aanstonden. Daarna ging ik.

Ik was weer aan het werk gegaan, kort na hem, kort nadat hij zijn poosje had laten ingaan. De vraag die hem niet werd gesteld, niet in groepjes van twee, *en werk?*, niet in groepjes van drie, *en je werk?*, zelfs niet als enkel woord, *werk?*, werd aan mij wel gesteld. Of ik het zeker wist, dat werken, gezien alles.

Ik kende de vraag. Ik had hem vaker gehoord, in een andere vorm. Het was de vraag die hem nooit gesteld werd, en mij altijd, sinds de oudste er was. Zo veel werk? Het was de vraag die zei dat het anders hoorde, dat ik een andere rol had, nu.

Hij was één maandag thuisgebleven, toen, met de oudste. Zo hadden we het afgesproken. Hij de maandag, ik de vrijdag, alsof we ieder twee kleinere doosjes van doorzichtig plastic met blauwe tussenschotjes waren. Toen ik de eerste maandag thuiskwam, was hij aardappels aan het schillen. Het was een goeie dag geweest.

De maandag daarop moest hij werken. Alle maandagen daarna ook.

Ik was er niet minder om gaan werken, had de maandag niet van hem overgenomen. De vraag die mij wel werd gesteld, had ik steeds hetzelfde beantwoord.

'Zo veel?'

'Ja, zo veel.'

Later was het nog meer geworden, evenveel, was ik ook vijf doorzichtige plastic doosjes met blauwe tussenschotjes gaan werken. Daar hield ik mijn mond over.

Nu werkte ik ook weer. Gezien alles.

Soms belde hij als ik aan het werk was. Over de pillen.

Ik was eraan gewend dat ik gebeld werd op mijn werk. Over hem. Niet door hem. Hij belde niet zelf. Dan sprak ik zijn secretaresse. Ze klonk soms alsof ze zijn naam maar niet onder de knie kreeg. 'Hij vraagt...' 'Hij moet...' 'Kun jij...' 'Hij gaat...'

'Wie?' vroeg ik dan.

'De bm. De bm wil weten of...'

Zijn naam werd niet genoemd. Het was hij. Of zijn functie. En ik was zijn vrouw. Dat was mijn functie. Alles was helder.

Nu belde hij zelf.

'Ze zijn allemaal door elkaar.'

'Wat?'

'De pillen.'

Dat wist ik wel. Het was kort na een alarm, twee minuten over elf, twee minuten over drie. Ik had geen klok nodig, want ergens in mijn buik, in wat ik vroeger mijn buik noemde, ergens tussen mijn schouders en mijn heupen, overal tussen mijn schouders en mijn heupen, ging op die momenten een wekker af.

'Ik heb het doosje laten vallen.'

Ik liep weg van mijn bureau, naar buiten, vroeg hem even te wachten. 'Momentje.'

Hij nam het doosje elke dag mee, het kleinere doosje met de tussenschotjes, het dinsdagdoosje, of het vrijdagdoosje, in de rechterzak van zijn jasje. Ik zag voor me hoe het daarin had gezeten, hoe de stof van zijn jasje een beetje opgebold was, om het doosje heen, en ik dacht aan elke keer dat ik had gezegd dat je de zakken van een jasje beter dicht kon laten. Van een broek ook trouwens. Bij elk nieuw pak zei ik het weer.

'Jij hebt zo'n dingetje, toch? Voor de zakken?'

'Je kunt ze beter dicht laten.'

'Dan kan ik er niets instoppen.'

'Nee, daarom juist. Dan blijft je pak mooier.'

'Mijn pen moet toch ergens? Mijn portemonnee? Mijn kam?'

Dan tornde ik de zakken open, zette het mesje tegen het garen aan en duwde achter elkaar elke steek kapot. Daarna pulkte ik de draadjes van de randen van de zakken. 'Zo.'

Dan kon zijn pen erin. Zijn portemonnee. Zijn kam. En nu een doosje. Elke dag.

'Zit er nog iets in?'

'Ja, maar al die blauwe schotjes zijn eruit.'

'Dus alles is door elkaar?'

'Ja.'

Ik stond zonder jas buiten. Het was koud. Ik sloeg mijn linkerarm om mezelf heen, met rechts hield ik de telefoon bij mijn oor. Voor mijn ogen zag ik de pillen, door elkaar, op een bureau misschien, een vergadertafel, op zijn schoot. Ik wist niet waar hij was, wat hij deed, nu, of toen zijn alarm afging, maar de pillen lagen voor hem en hij wist niet wat hij moest slikken.

Ik praatte hem erdoorheen, wees hem op de twee ovalen, 'Er zijn er twee ovaal, zie je dat?'. Ik vertelde hem dat hij de kleinste van de twee moest nemen, 'Heb je die?', leidde hem daarna naar de ronde bruinroze, 'Als het goed is, zijn er daar drie van,' zei ik en ik vertelde hem tot slot van de capsule. 'Die van plastic, met twee kleuren.'

'Dat is geen plastic.' Hij klonk kritisch. Ik antwoordde niet. Ik wist dat hij begreep wat ik bedoelde, met plastic. Ik wist dat hij wist dat ik wist dat het geen plastic was, maar gelatine, of iets anders eetbaars, iets wat er als plastic uitzag, maar het niet was. Ik wist dat hij snapte dat het makkelijk was om het zo te noemen, duidelijk, dat ik het deed voor hem, kijk, die pil van plastic, die springt eruit, met zijn felle kleuren en zijn niet-pilachtige materiaal, kijk, ik doe dit voor jou, het zo noemen, je pillen opsommen, je pillen sorteren, tellen, verdelen, zodat jij je er niet druk over hoeft te maken, zodat jij je druk kunt maken over andere dingen, die er wel toe doen, de raad, de stad, het land, de wereld, het universum, alle dingen die voorgaan, terwijl je plastic capsules slikt en er in mijn buik, in wat ik vroeger mijn buik noemde, alarmen afgaan die jij niet hoort. En even stond ik niet meer buiten, bij mijn werk, in de kou, met mijn linkerarm om mezelf heen geslagen, maar reed ik de stad in, vanaf de ring en zag ik weer elke voetganger, elke fietser, elke man achter een raam of vrouw in een winkel: als er met jou iets is, ga je voor, als er met jou iets is, ga je voor. Jij gaat voor. Jij gaat voor. Jij gaat voor. Jij gaat voor.

Hij verbrak de stilte.

'Die rood met witte dus?'

Ik knikte, eerst, en daarna zei ik ja.

'Ja, dat zijn ze, die drie.'

We waren weer allebei stil. Ik duwde met de vingers van mijn linkerhand tegen de ribben op mijn rug. Het deed nergens zeer. Ik zag zijn linkerarm voor me, in de mitella.

'Om drie uur moet je nog zo'n rood met witte en ook–'

Hij onderbrak me. 'Dat kan ik niet onthouden.'

'Maar als je die… blauwe schotjes terugstopt, kun je ze alvast klaarleggen.' Ik wilde plastic zeggen, plastic schotjes, maar boog af.

'Ik heb nu geen tijd. Ik bel je om drie uur.'

Ik was weer even stil, dacht aan mijn overleg van die middag.

'Zou je om vijf voor drie kunnen bellen? Ik heb om drie uur een vergadering.'

Het zou niet gebeuren, wist ik. Hij zou me niet om vijf voor drie bellen. Pas als zijn alarm afging zou hij er weer aan denken. Dan zou hij mij bellen. En ik zou opnemen.

Mijn tanden klapperden even. Ik hield mijn kaken op elkaar. Ik wilde hem iets vertellen, iets wat ik de week ervoor had meegemaakt, in het allerergste ziekenhuis, wat ik had gehoord, terwijl ik stond te wachten, op hem. Ik ademde in. De lucht zocht zich een weg tussen mijn tanden door.

Hij was naar de wc gegaan, in het allerergste ziekenhuis, op de terugweg, op weg naar de uitgang. Op de heenweg ook, trouwens, dat was al bijna standaard. Als hij binnenkwam en het ziekenhuisrestaurant rook, de geuren die ervandaan kwamen, saucijzenbroodjes, op de vroege ochtend, dan boog hij af, liet ik hem afbuigen, *je gaat overgeven,* gaf hem nog net geen zetje. Dan wachtte ik, in de hal, bij de wc's, tot hij weer terugkwam, tot het voorbij was. Ik hoefde even niets te doen met emmers.

Op de terugweg ging hij gewoon naar de wc. Alsof hij dan al gewend was aan de saucijzenbroodjes, ze niet meer rook, nu de ochtend niet meer zo vroeg was.

Hij was voor me uit gelopen, ik was op mijn vaste plek gaan staan, in de buurt van twee mannen. Ze keken hem na. 'Was dat niet…?' vroeg er eentje toen de deur achter hem dichtviel.

'Ja.' De andere man knikte.

'Weet je dat-ie gewoon doorwerkt? Hij gaat hartstikke dood. Dan ben je toch niet helemaal lekker? Dan ga je toch thuiszitten?

Leuke dingen doen? Genieten? Waar ben je dan mee bezig?'

Ik had naar ze gekeken. Zij keken niet naar mij. Dat deden ze pas toen hij terugkwam van de wc, toen zagen ze dat ik met hem was, bij hem hoorde. Op hun gezichten zag ik de schrik. Ik hield mijn mond, probeerde ze gerust te stellen met een glimlach: het geeft niet, dat jullie dat zeiden, het geeft niet, ik zal het niet tegen hem zeggen, het geeft niet, voor mij is het niet zo erg, echt niet, het geeft niet.

Ik had het hem niet verteld, niet op de terugweg, niet later, in de keuken, of 's avonds, in bed. Maar nu, aan de telefoon, terwijl ik buitenstond met mijn linkerarm om mezelf heen geslagen en hij aan de andere kant van de lijn zat met zijn pillen voor zich, op een bureau misschien, of op een vergadertafel, of op zijn schoot, wilde ik hem vertellen wat de mannen hadden gezegd, de vraag herhalen die er gesteld was, wilde ik vragen waar hij mee bezig was.

Ik ademde uit door mijn neus. We hingen op. Mijn telefoon gaf de tijd aan. Het was zeven over elf.

Om twee minuten over drie belde hij weer. Ik nam op.

De vrouw voor me was klaar. Ik haalde mijn handschoenen uit de lussen van de plastic zak en liep naar de toonbank van de apotheek.

'Ik kom wat terugbrengen.'

'Ik dacht al, ik heb niets voor je.'

De vrouw achter de toonbank wist wie ik was. Ze was iemand die wist dat ik wist hoe zwaar de deur gaat in het begin.

Ik legde de doosjes op de toonbank. 'Ze zijn niet meer nodig.'

De vrouw keek ernaar. 'Maar die kan hij over drie weken gewoon nog een keer gebruiken, hoor. Die zijn dan nog wel goed.'

'Maar ze zijn niet meer nodig.'

De vrouw bleef even stil. Toen begreep ze het. 'O, wat erg.'

Ze zei niets meer. Ik keek haar aan, zette mijn het-geeft-niet-glimlach op. 'Ze gaan nog iets anders proberen.'

Ik klemde mijn handschoenen tussen mijn ribben en mijn arm. In mijn rechterhand hield ik de tot een prop gemaakte plastic zak, met links trok ik de deur van de apotheek open.

Oosterpark

De jongste was er. Nog maar net. Hij lag in een bakje, een doosje, van doorzichtig plastic. We hadden een tijdje naar hem gekeken, eerst terwijl hij in mijn armen lag, daarna in de zijne, en daarna in het bakje. Hij sliep.

'Goed gedaan.'

'Leugenaar.'

Hij lachte. Ik had het niet goed gedaan. Voor de derde keer. Ondanks mijn voornemen het dit keer beter te doen, rustiger, was er weer de zekerheid geweest dat ik dood zou gaan, was er weer geweld geweest dat niet te overleven viel, en waren er momenten geweest waarop mij dat wel best leek, waarop ik buiten mijn schuld, buiten alle opzet, ervandoor had mogen gaan. Maar ik was gebleven.

De verpleegkundige had me aangekeken toen het achter de rug was, nadat de jongste was bevoeld en gemeten en goedgekeurd en ik ook nog even gewogen werd, en te licht bevonden. 'Dit was toch wel de laatste, hè?'

Hij had geantwoord voor mij, namens mij, had ja gezegd en daarna: 'Het plan was dat de vorige al de laatste was.'

Het was waar. Dat was het plan geweest. Ik dacht terug aan de afwas, negen maanden daarvoor, aan hoe ik waste en hij droogde, aan hoe hij praatte en ik niet luisterde, omdat ik opeens wist wat er aan de hand was, er een besef was, ik iets voelde in mijn buik, niet in alles wat ik vroeger buik noemde, maar in wat mijn buik was, precies daar, of misschien wel helemaal niet daar, maar in mijn hoofd, of ergens daarbuiten nog, erboven, ernaast, buiten mij.

'Ik ben zwanger.'

'Wat?' Hij had de theedoek en de koekenpan laten zakken.

Ik hield de afwaskwast boven water.

'Denk ik.'

Denken was niet genoeg voor hem. De volgende dag waren er strepen. Twee. 'Ik zie het.'

Na de test was ik weer bij hem in bed gaan liggen. Het huis was nog stil. In de hoek van de slaapkamer, in een houten ledikant, lag de middelste, die de jongste zou zijn, dat was het plan, geweest. Ze was net een jaar oud. Ik keek naar de schroeven in het hout, de vier schroeven die eruit moesten zodat het bedje door de deur zou kunnen. Hij had naar het plafond gekeken, gegrijnsd voorbij geamuseerd en gezegd dat ongelukjes altijd heel leuke mensen worden.

Hij was er zelf eentje, een ongelukje. Ik wist niet meer wie het mij verteld had, als eerste, hijzelf of zijn zussen. Ik had het meer dan één keer gehoord, het was een verhaal dat vaker werd verteld, door hem, door zijn zussen, al vanaf het begin. 'Ik was een ongelukje.' 'Hij was een ongelukje.' En dan werd er gelachen, over hoe dat toch kon, een vader die huisarts was en dit niet had weten te voorkomen, een nakomertje, zo laat nog, zo ver na de anderen. En dan ging het over de drieduizend bevallingen die zijn vader had gedaan, desnoods of juist vooral bij nacht en ontij, en over alle andere dingen die hij deed, voor zijn patiënten, die altijd voorgingen, jij gaat voor, jij gaat voor, jij gaat voor, jij gaat voor, dat hoorde, daarom at hij ook zo snel, tussen de middag, voor zijn patiënten, het was zo voorbij, het eten, hap, slik, weg. Daarna gingen de verhalen de andere kant op, naar de oorlog, waarin er ook mensen voorgingen, jij gaat voor, jij gaat voor, jij gaat voor, jij gaat voor, dat hoorde, ook als het oorlog was, vooral als het oorlog was, en daarna, na de oorlog, gingen de verhalen terug, naar het ongelukje, weg van de vader, terug naar hem, dan kwamen de gespalkte armen weer, de krullen, en hoe lief hij was, hoe zoet, hoe leuk. Hij werd zo verwend, zei de een, hij werd verwaarloosd, zei de ander, en dan werd er een beeld geschetst van een jongen, de laatste, omdat iedereen het huis al uit was, allang, het was een nakomertje, zie je, er was alleen nog maar een jongen, aan een tafel, met twee oude mensen, en een oorlog.

De verpleegkundige had geschrokken naar hem gekeken, hem op het hart gedrukt dat hij zoiets niet moest zeggen, nooit moest zeggen, tegen de jongste in het bakje, dat een kind zich welkom moest voelen. Hij had haar uitgelegd dat het niet gaf, dat hijzelf een ongelukje was, dat hij er niet minder leuk om was, toch? Ik had naar hem gekeken en gedacht dat het er zo dus uitzag, je welkom voelen, en daarna dacht ik aan mezelf, aan *je vader wilde het, van mij hoefde het niet*, aan dat dat anders was, en daarna keek ik weer in het bakje.

We werden alleen gelaten, om te wachten. Ergens in het ziekenhuis moest iemand zeggen dat het goed was zo, dat we mochten gaan, dat we papieren meekregen waarop stond dat hij er was, dat we de jongste uit zijn bakje mochten halen en mee naar huis mochten nemen.

Ik wilde naar huis. Het was goed zo. Ik voelde me zoveel beter dan met de oudste, toen ik na het geweld zo in de war was dat ik haar steeds bij mijn eigen naam had genoemd, alsof ik haar naam maar niet onder de knie kreeg.

Natuurlijk wist ik dat ze anders heette, dat we een naam voor haar hadden verzonnen en die net aan haar hadden gegeven, of nee, eerder nog, die ze had op het moment dat we hem voor het eerst tegen elkaar zeiden, die naam, maar elke keer als ik iets wilde zeggen, over het kind in mijn armen, in zijn armen, in het doorzichtige plastic, dan kwam mijn eigen naam uit mijn mond, steeds maar weer, waardoor iedereen naar me keek, verbaasd, bezorgd, en ik mijn mond hield en als ik wel wat zei, omdat het niet anders kon, haar *zij* noemde: zij ademt, zij huilt, zij slaapt.

Er was vaker bezorgd naar me gekeken, de tijd ervoor, toen ze nog in mijn buik zat. Sinds ik op de helft, twintig weken, tegen een boom was gereden, waren er af en toe blikken, soms op mijn buik, maar vooral op mij.

Het was een zondagochtend geweest, heel vroeg, donker nog. Het was winter. Ik reed naar het noordoosten, naar een uithoek, waar hij was, met zijn vier zussen, om hem op te halen. Dat was handig geweest, praktisch. 'Ik haal je wel.'

'Dat is wel een eind.'

'Geeft niet.'

'En vroeg.'

'Geeft niet.'

Ik hield van rijden. En van vroeg.

'Wat lief van je.'

Ergens in de polder, op de helft, was het gaan hagelen, plotseling en hard. Ik reed sneller dan ik mocht, dan was toegestaan, maar het was zondagochtend, in de polder, dus het gaf niet. Het gaf niet totdat de bui kwam. Het gaf niet totdat de bui kwam en de auto begon te slippen.

De auto cirkelde rond, ik cirkelde rond, over het wegdek, over de hagel, in het donker, en even voelde het als een afzet, voor een sloot, een loskomen, een zweven, en was er de zekerheid dat ik dood zou gaan. Een schuldige dood, was het, zou het zijn, en terwijl ik rondcirkelde, dacht ik aan tegensturen, mijn stuur omgooien, maar welke kant op, want wat was tegen, en wat was mee, en waarom wist ik dat niet, waarom had ik genoegen genomen met het enkele woord, tegensturen, waarom had ik het daarbij gelaten in plaats van te vragen wat dat dan was, tegensturen. Tegelijk met die gedachtes voelde ik de schuld van mijn dood, de schuld tegenover degenen die van me hielden, tegenover het kind in mijn buik, dat nog niet van me hield, van wie ik net wist dat het een meisje was, *jullie krijgen een meisje*, maar vooral de schuld tegenover hem, voor de schuld die hij zou voelen. Hij zou zich schuldig voelen en dat was mijn schuld.

De klap tegen de boom kwam later dan ik dacht. Er waren zo veel cirkels van gebrekkige kennis en schuldgevoel aan voorafgegaan dat de ergste snelheid, het meer dan was toegestaan, uit de auto was gedraaid. Lawaai was er wel. En er was ook pijn. En daarna de hagel op het dak van de auto.

Ik belde zelf een ambulance. Het duurde even voor de zwaailichten me hadden gevonden in het donker. Ze namen me mee naar een ziekenhuis net buiten de polder. Tegen het klappertanden kreeg ik een deken. De verpleegkundige die bij me zat, achterin, vroeg of ik niet iemand moest bellen.

Pas de vierde keer kreeg ik hem te pakken. Ik legde uit wat er gebeurd was, vertelde waarnaartoe ik onderweg was, waar ik heen werd gebracht. Hij zou komen, zei hij, en daarachteraan: na het ontbijt. Tegen de vrouw achterin zei ik dat hij heel erg geschrokken was.

Toen hij er was, niet veel later, in het ziekenhuis, waar ze me hadden verteld dat alles in orde was, met mij, met mijn buik, had hij nog niet ontbeten.

De auto zag ik later die dag terug. Het voertuig was over de volle lengte tien centimeter smaller. Hij zei dat het niet gaf.

In bed, 's avonds, in het donker, vertelde ik hem hoe ik me gevoeld had, tijdens het cirkelen, vertelde ik hem over mijn schuldgevoel, over mijn schuld voor zijn schuld. Hij begreep het niet.

'Je voelde je schuldig omdat ik me schuldig zou voelen?'

'Ja. Jij zou je toch ook schuldig hebben gevoeld als ik dood was gegaan? Omdat ik onderweg was naar jou? Omdat ik jou haalde?'

Ik hoorde hem schudden in het donker, hoorde hoe zijn hoofd over zijn kussen schoof. Hij begon over schuld en opzet, over hoe opzet de sterkste vorm van schuld was en dat er geen sprake was van opzet, zelfs niet van schuld. Hij somde de trap op, van boven naar beneden: onbewust, bewust, voorwaardelijk, waarschijnlijkheidsbewustzijn, noodzakelijkheidsbewustzijn, oogmerk. Mijn reis lag op geen enkele trede. 'Je wilde het zelf,' pleitte hij zichzelf vrij.

Ik was stil.

'Maar ik zou het natuurlijk wel verschrikkelijk hebben gevonden.'

De dagen erna werd er van alles blauw aan mij.

Een week later gaven we de oudste haar naam, die ik de eerste tijd toen ze er was niet gebruikte: zij ademt, zij huilt, zij slaapt.

Nu wist ik de naam van de jongste, moeiteloos. Ik sprak hem uit wanneer ik maar wilde, in mijn armen, in zijn armen, in het bakje. Ook hij had zijn naam al langer, al voor hij er was, alleen de tweede naam moest nog komen, daar waren we nog niet uit. Maar we hadden nog drie dagen.

Ik dacht terug aan de vorige keer, toen de middelste werd geboren. We hadden haar twee namen al, een wiegje van hout, kleren van haar zus en iets voor haarzelf, alles wat er nodig was. Hij was ziek geweest, een hernia. Een dubbele, werd er gezegd. In afwachting van een operatie lag hij in bed. Hij kon niet anders, liggen was het enige wat ging, wat een beetje ging, al het andere deed pijn.

Ik weigerde te bevallen. Het was een wilsbesluit. Ik had twee mensen om voor te zorgen, een kind en hem, een derde erbij zou het alleen maar moeilijker maken. Ze zat in mijn buik en ik vond het prima zo, vond het prima haar daar te hebben. Ik hield haar bij me tot het niet langer mocht, tot het echt tijd werd, tot ik het nog over het weekend heen mocht tillen, vooruit dan maar, maar daarna echt niet langer, echt niet, en ik me op maandag meldde in een gang, aan een balie, met een tasje in mijn hand.

'Ben je alleen?' De balie keek geschrokken. Ieder ander ook, daarna, in de kamer, aan mijn bed: 'Ben je alleen?'

Ik legde het uit, dat hij later zou komen, op het laatste moment, en daarna wees ik naar mijn rug, door mijn buik heen: daar heeft hij pijn.

Hij kwam midden in het geweld.

's Avonds trok ik drie mensen een pyjama aan, twee kinderen en hem, legde drie mensen in bed, deed de afwas, het wassen en het drogen, liet het linkerrijtje weten dat ze er was en daarna viel ik op de bank in slaap.

Twee dagen later legde ik haar in een Maxi-Cosi, trok de oudste haar jasje aan en legde de telefoon naast hem neer.

'Red je het zo?'

'Ja.'

'Misschien vernoem ik haar wel naar mezelf.'

'Vast niet.'

Met twee kinderen ging ik naar het stadsdeelkantoor, trok een nummertje en wachtte op een bankje zonder rugleuning tot ik aan de beurt was, toen stond ik op, liep naar de balie en wees naar het plastic bakje met het hengsel. 'Ik kom haar aangeven.'

'Wat bent u van het kind?'

'De moeder.'

De balie schrok, keek me aan. 'Ben je alleen?'

Ik knikte. Keek naar de *je* die er opeens stond, zocht om me heen naar de *u* die was verdwenen.

'Hoe oud is ze?'

‘Twee dagen.’ Nog niet eens, dacht ik. Op de papieren die ik had meegekregen uit het ziekenhuis, waarop stond dat ze er was, stond een tijd in de middag, het was nu ochtend.

‘De vader is ziek.’

‘Er is dus wel een vader?’

Ik stak mijn rechterhand omhoog terwijl ik ja zei, zodat de balie mijn trouwring kon zien, de *u* die er misschien wel op stond, erin gegraveerd was, of gezet als een steen. Ze keek niet.

We werden meegenomen naar een hokje, waar ik mocht zitten, samen met de oudste, in een stoel naast me, en waar de middelste – die toen nog de jongste was, want dat was het plan – tussen ons in stond, op de grond.

Ik liet de papieren zien waarop stond dat ze er was en zei de namen, allebei, zoals we ze hadden afgesproken. Even dacht ik aan hoe het ging bij de oudste, toen zij geboren was, hoe hij ging bellen, vanuit het ziekenhuis, naast mijn bed, naar het linkerrijtje, hoe hij haar naam zei en haar tweede naam, die we nog niet hadden uitgekozen, waar we nog niet over hadden beslist. Dat zei ik hem, nadat hij had opgehangen: ‘Ik dacht dat we het nog niet wisten?’ Hij had gedacht van wel. En dat was dat. Zo kwam ze aan haar tweede naam. Hij gaf hem haar, ter plekke. We vonden het allebei een goed verhaal.

In het hokje waar ik mocht zitten schoof ik onze paspoorten en de papieren van het ziekenhuis over tafel. Even later liep de balie weg, naar achteren, naar een printer.

Het klopte niet, wat er uitkwam. De namen wel, de datum ook, de tijd, maar onder aan het papier, waar de handtekening moest, stond de naam van de vader.

‘Dat ben ik niet.’ Ik schoof de papieren terug.

De balie zag het. Het klopte niet. Er werd nog een keer geprint, onderaan stond weer de vader, en nog een keer, en nog een keer, tot er even niets meer kwam, uit de printer, omdat er iemand werd bijgehaald, van een andere balie, waarna de vader er weer uitkwam, en weer, en weer, en weer.

'Het gebeurt niet zo vaak, dat de moeder het zelf doet. Die liggen meestal in bed, nu, nog, die eerste dagen.'

Ik zei dat ik ze groot gelijk gaf, die moeders, die in bed lagen, nu, nog, die eerste dagen, en mijn vingers tikten mee, op mijn bovenbeen, pink, ringvinger, middelvinger, wijsvinger, duim, *die eerste dagen*. Daarna had ik spijt dat ik mijn mond had opengetrokken, dat ik niet zijn handtekening had gezet, meteen, op het eerste velletje, hem had vervalst. Het was me vast gelukt, zijn twee voorletters, de ene keer zo scherp als sigma's, dan weer ronder, als epsilons, de streep erdoor en dan nog iets verticaals, een eindje van de voorletters af. Ik had hem zo vaak gezien, die handtekening, zag hem nog steeds zo vaak, als ik voor hem typte, met twee handen, *kijk, tien vingers, blind*, als ik door zijn stukken bladerde, de correspondentie, zijn afsluitingen, de t.t.'s, de hoogachtends en dan de krabbel, boven zijn geprinte naam, voorletters, streep, en dan nog iets verticaals.

Het was me vast gelukt.

Dan was ik gewoon de vader geworden, ook.

Er was geluid gekomen uit het plastic bakje dat op de grond stond, ik had gevoeld waar ik allemaal pijn had, gedacht aan wat de andere moeders deden, nu, nog, de eerste dagen.

Uiteindelijk kwam de moeder uit de printer, onderaan, kon ik mijn handtekening zetten, gedag zeggen tegen de balie, t.t., hoogachtend, en terug naar huis, naar het bed, waar de telefoon lag, en hij.

De hele zwangerschap van de jongste hield ik hem in de gaten, sinds de afwas, sinds de streepjes. Ik keek hoe hij bewoog, stond, zat. Of hij pijn had. Of het weer zou gebeuren. Nu ook nog. Terwijl ik op het ziekenhuisbed zat en wachtte tot we de jongste uit het plastic doosje mochten halen, keek ik hoe hij opstond, naar het bakje liep, terugkwam, bij me ging zitten, op de rand, hoe hij sprak, 'Wil je iets? Vlees?'

Ik hoefde geen vlees.

Het was stil in het plastic doosje. Ik keek naar hem. 'Ze zijn alle drie op maandag geboren.'

Hij glimlachte, knikte, knikte glimlachend. 'Het worden vast harde werkers.'

Oostelijke Handelskade

Ik stond in de rij voor de sigarettenbalie. Tussen mijn benen stonden de zaterdagboodschappen, naast me ook. Af en toe duwde ik de tassen waarin ze zaten naar voren, een stukje, een plaatsje, als ik op mocht schuiven, dichter bij mijn beurt. Voor de balie stond een krantenrek. Het nieuws ging over hem. Een dag eerder was hij beëdigd, had hij verklaard en beloofd. *Dat verklaar en beloof ik.* God had hij erbuiten gelaten.

Gisteren stond hij ook al in de kranten, zijn naam in grote letters, dat hij minister was nu.

We hadden twee kranten, zelf, die waren die ochtend al bezorgd. Ik vroeg me af of het de bedoeling was dat ik de rest nu ook zou kopen, *kijk, je staat erin, in deze en in deze, en in deze,* of dat dat niet nodig was, omdat ze allemaal hetzelfde zeiden, schreven, zijn naam, dat hij minister was nu, en daarvoor advocaat en al eens raadslid, fractievoorzitter, en dat hij een verkiezingsprogramma schreef, zeven jaar geleden, voor de Tweede Kamerverkiezingen.

Er waren veel vergaderingen geweest, toen, met dat verkiezingsprogramma, grote vergaderingen, kleine, er waren mensen die ons huis binnenkwamen, op de bank zaten, aan tafel, aan het bureau. Dat stond niet in de krant. 'Hij gaat even op jouw computer, goed?' 'Is er genoeg om mee te eten?' 'Kan wel, toch?' Er was iemand die in ons bed was gaan liggen. Ik kwam thuis uit mijn werk en hij fluisterde: 'Ga maar even niet naar de slaapkamer. Er ligt iemand in ons bed. Hij voelde zich niet zo goed.'

Mensen zeiden dingen, mensen schreven dingen en hij maakte er een verhaal van, dicteerde het, sprak het in, bandje na bandje, en ik tikte, 's avonds, na mijn werk, na het eten, met twee handen, kijk, tien vingers, blind. Ik hoorde hoe het land ingericht zou worden, zou kunnen worden, zou moeten worden, ik hoorde over zorg en onderwijs en veiligheid en staatsschuld en gas en werk en sport en groen en geld, vooral geld, en ik hoorde wat hij echt belangrijk vond en wat minder, ik hoorde zijn stem veranderen van rond naar hoekig, van hard naar zacht, van snel naar langzaam en telkens weer terug, weer anders.

'S Avonds in bed spraken we erover, over alle vergaderingen, de ontelbare overleggen. Met mijn hand op zijn heup, of hoger, bij zijn schouder, of ergens ertussenin vroeg ik: 'Hoe ging je Poolse landdag?' We spraken over wat hij gedicteerd had, over de inhoud, over de taal: 'Hufterigheid, ja, dat zeg je goed. Mag ik dat woord gebruiken?' En we spraken over alle dingen die hij onzin vond: 'Wist je dat er een Europese vogelrichtlijn bestaat? En een habitatrichtlijn? Wat moeten die beesten ermee? Vallen ze uit de lucht zonder richtlijn?' Het was ons woord voor mierenneuken geworden in de jaren erna: zit je weer te habitatvogelrichtlijnen?

Soms zei ik hem dat hij zich niet druk moest maken, dat toch niemand het zou lezen, zo'n verkiezingsprogramma. Dan wegwerpgebaarde hij mij naar de andere kant van het bed.

Driekwart jaar later verloren ze tweeëntwintig zetels. Het jaar daarop waren er weer verkiezingen en werd zijn programma nogmaals uit de kast getrokken. Ze kregen er negentien stoelen bij.

Die woensdagavond zei hij dat ik gelijk had: 'Niemand leest het.'

Ik keek naar de krant met zijn foto, naar een kop die zei hoe het was gegaan, hoe hij naar voren was geschoven. Ik dacht aan de beelden van de dag ervoor, op televisie, hij in een auto, achterin. Het was een beeld dat ik kende, van andere voorpagina's, van andere pagina's, van televisiebeelden, iemand achterin, het raampje een stukje open, een microfoon tegen de rand van het glas. Ik kende het alleen niet met zijn gezicht erin. Dat was nieuw. Dat was nieuws. Misschien moest ik ze kopen, alle kranten. Lezen hoe het was gegaan. En hoe snel.

Er was een telefoontje geweest, negen dagen eerder, op een donderdag. Zo was het gegaan. Dat was alles, negen dagen maar, en eerst een telefoontje.

We lagen in bed. Hij las een dik boek met een omslag dat binnenstebuiten zat, mijn boek, dunner, met een kaft waar ik me niet voor hoefde te schamen, was al gevallen, dicht, op het kussen, naast mijn gezicht.

Ik was net weer aan het werk, een week. De jongste, die in de hoek van onze slaapkamer lag, in een wieg die door de deur kon zonder dat er schroeven uit hoefden, de jongste die al bijna drie maanden was, of nog geen drie maanden, ging met de middelste mee. Ook op maandagen.

Ik schrok wakker van zijn telefoon die in de huiskamer ging.

'Je telefoon.'

'Ja.'

Hij kwam rustig overeind en toen opeens sneller, toen het besef er was dat het zijn oudste kon zijn, die aan de andere kant van de oceaan zat, voor wie de tijd anders was, die dus best zou kunnen bellen om half twaalf 's avonds.

Hij sprintte.

Ik hoorde dat het geluid van zijn telefoon gestopt was voor hij bij het toestel was. Even later kwam hij de slaapkamer in, de telefoon in zijn hand. Het was haar niet geweest. Hij draaide zijn toestel naar mij toe. In het scherm stond een rood telefoontje en de naam van de partijleider.

'Wat wil hij nou?'

Ik zei even niets. Hij ging weer liggen.

'Zal ik terugbellen?'

Ik was nog heel even stil. Daarna zei ik: 'Hij wil dat je minister wordt.'

Die avond hadden we televisiegekeken. Het nieuws van tien uur en wat daarna kwam. Er was een debat geweest, met de minister van Wonen, Wijken en Integratie, over een boot in Rotterdam, over een woningbouwvereniging, over geld, vooral over geld, en er waren een motie en een stemming en ik had het gezien, ernaar geluisterd en gevoeld dat het niet goed ging, daar, op televisie, gezegd dat het niet goed ging, maar tegelijkertijd waren mijn gedachten afgedwaald, naar woningbouwverenigingen, naar mijn moeder, die toen ik kind was in het bestuur zat, van de onze, van onze woningbouwvereniging, naar haar mappen die in de kast stonden, waar ik absoluut niet aan mocht zitten, omdat ze van de woningbouwvereniging waren, naar dat het bijna heilig klonk, woningbouwvereniging, net als centraalantennesysteem, dat klonk ook heilig, centraalantennesysteem, daar werd ook bij gewezen, kijk, daar, aan de overkant, op het dak van het huis daar, er is geen televisie, geen signaal, vanwege het centraalantennesysteem, ik haalde ze ook weleens door elkaar, woningbouwvereniging en centraalantennesysteem, misschien omdat ze met ontzag kwamen, allebei, misschien omdat ze een zelfde aantal lettergrepen lang waren, woningbouwvereniging en centraalantennesysteem, zeven lettergrepen lang, en daarna maakte hij me wakker, was er zijn stem die zei dat het tijd was dat we naar bed gingen. 'Het is tijd om naar bed te gaan.'

'Hoe is het afgelopen?'

'Ze hoeft niet weg.'

Hij keek van zijn telefoontoestel naar mij, zijn wenkbrauwen in een frons. Hij zei niets.

'Ze willen van haar af, ze willen dat jij haar opvolgt.'

Hij lachte. 'Natuurlijk niet.' Hij lachte harder. 'Jij hebt echt geen verstand van politiek.'

Ik pakte mijn boek, legde het achter me, op het nachtkastje, ik wilde het licht uitdoen, maar trok mijn hand terug, weg bij het knopje, draaide me naar hem toe, dacht weer aan het centraalantennesysteem, aan het verstoorde signaal.

Hij zei dat de partijleider om iets anders belde, vast, dat er gedoe was bij de provincie, om een bank in IJsland, om geld, vooral om geld, dat hij zou moeten bemiddelen, tussen de partijen, boven de partijen, en ik zag hem voor me met een hamer in zijn hand, een spijker in de andere, ik zag hoe hij een bordje naast de deur vastnagelde, *advocaat*, haakje openen, *mediator*, en daaronder, in schuine letters, *voor al uw loodgietklussen*. Zo noemden ze hem, de mensen van de partij: hij was de loodgieter. Iemand die kwam als er iets verstopt zat. Of lekte. Of als het stonk. Ik zag hem dan voor me in een overall, een grijze, een petje op met de klep omhoog, en in zijn rechterhand een buitenmodel waterpomptang, zo groot dat hij alles dicht kon draaien, met de minste kracht, of open, als dat was wat er nodig was. Nu dacht hij dat hij weer van stal werd gehaald, de *advocaat*, haakje openen, *mediator*, haakje sluiten, *voor al uw loodgietklussen*, maar ik zag hoe het doorgekrast werd, de woorden op het bordje, hoe ze verdwenen onder zwart viltstift. 'Hij wil dat je minister wordt.'

Hij lachte weer. 'Ik ken koeien met meer politiek inzicht.'

'Jij kent helemaal geen koeien. Zullen we wedden?'

Hij knikte, zei dat het goed was: 'Waar wil je om wedden?'

'Geef me maar een bontjas.'

Hij kwam naast me liggen met zijn hoofd en schouders tegen de muur, en belde de partijleider terug.

Ik luisterde, naar de ja's, naar het gehum en zag hoe hij af en toe zijn ogen een beetje dichtkneep. Eén keer keek hij naar mij, met een nog diepere frons dan net, alsof hij even niet snapte wie er naast hem lag, wie ik was, wat ik daar deed, daarna hoorde ik hem zeggen: 'Ja, is goed.'

Hij hing op, keek weer naar me, verbaasd, met gefronste wenkbrauwen. 'Je had gelijk. Hij wil dat ik minister word.'

'En dan zeg je zomaar dat dat goed is?'

'Hij vroeg of ik erover na wilde denken, daarom zei ik dat het goed was. Ik wil erover nadenken.'

Twee dagen later had hij ja gezegd. Zomaar.

Met mijn voet duwde ik de boodschappentassen naar voren, dichter bij de kranten. Gisteravond had hij in de krant gestaan met een foto waar hij de trap af liep, na afloop, de trap met de rode loper, naar een auto die voor hem klaarstond, in een grijs pak.

Hij had een berichtje gekregen de avond ervoor, over hoe het zou gaan, zo'n beëdiging, over wat hij kon verwachten, hoe laat hij er moest zijn 's ochtends en waar en wat hij aan moest. Jacquet, had in het bericht gestaan.

'Ik moet een jacquet aan.'

We hadden gegeten, de afwas gedaan, we waren net gaan zitten.

'Waar haal ik nu nog een jacquet vandaan?'

'Nergens.'

'Waarom komen ze daar nu pas mee?'

'Jij bent de nieuwe nu, hè? Ze testen je uit.'

Hij had gegrinnikt en zich daarna nog een tijdje zorgen gemaakt over wat hij aan moest, tot het nieuws naar buiten kwam over de minister die weg moest en even later de vermoedens te horen waren, de gokjes, de speculaties. Zijn telefoon ging, bleef gaan. Berichten, belletjes. Hij bekeek ze, nam op, maar reageerde nergens op, haalde zijn schouders op als antwoord. Zijn telefoon stond op speaker, hij wilde dat ik meeluisterde, ook mijn schouders ophaalde als antwoord. We deden het naar elkaar, onze schouders ophalen, alsof we allebei niets wisten, van niets wisten, alsof we allebei geen idee hadden.

Alleen de hoofdredacteur van een van de ochtendkranten kreeg een reactie. Ze kenden elkaar, maar dat was niet de reden dat er een antwoord kwam. 'Als ik morgenochtend op de voorpagina zet dat jij het wordt, ga ik dan nat?' vroeg de man.

Ik zag aan zijn gezicht dat het hem amuseerde, het omdraaien, het veranderen van de vraag. Hij grijnsde. 'Nee.'

Daarna las hij nog een keer de mail door die klaarstond, de mail aan zijn kantoor, aan de mensen daar, de mail waaraan hij de afgelopen dagen had gewerkt, geschaafd. Zijn afscheidsmail.

Hij had hem gedicteerd, aan mij, ter plekke, niet ingesproken op een bandje, maar rechtstreeks mijn oren in en via mijn oren naar mijn vingers, naar de toetsen, naar het beeldscherm, terwijl hij achter me heen en weer liep, naast me heen en weer liep, terwijl hij ging zitten, ging staan, uit het raam keek, op mijn vingers keek – 'Niet op mijn vingers kijken' –, terwijl hij een slok koffie nam, een sigaret opstak, en nog een, en tussen het dicteren door hardop peinsde hoe jammer het was dat hij de vijfentwintig jaar niet had volgemaakt, dat hij net geen vijfentwintig jaar advocaat was. Hij noemde de datum van zijn beëdiging, bijna vijfentwintig jaar geleden, rekende uit hoeveel de beëdiging van deze week te vroeg kwam. 'Heel jammer.' Ik knikte.

Daarna dicteerde hij het, de net geen vijfentwintig jaar, de jammer, hij liet het mijn vingers tikken, en vervolgens ging het over het waarom, waarom hij nu deze stap zette.

Mijn vingers speculeerden boven het toetsenbord: omdat je gevraagd bent, omdat er een beroep op je is gedaan. Daarna landden ze, op het toetsenbord, met exact die woorden: omdat hij gevraagd was, omdat er een beroep op hem was gedaan. Mijn vingers tikten zijn woorden tot hij de naam noemde van een politicus, een partijleider, een andere, van een andere partij, en dat hij daar iets tegen wilde doen, tegen die beweging, tegen het gemene, tegen het gevaar, toen hingen ze stil, boven het toetsenbord.

'Je tikt niet meer.'

'Nee.'

'Ben je de draad kwijt?'

Ik haalde mijn vingers weg van de toetsen, legde een hand op mijn been, mijn rechter, mijn linker hield ik in de lucht. Ik stak mijn wijsvinger naar hem uit. 'Weet je wat pas echt jammer zou zijn? Als je na bijna vijfentwintig jaar advocaat te zijn geweest hem in je afscheidsmail noemt.'

Hij keek me aan.

'Te veel eer. Echt. Hoe denk je dat het is, als je later tachtig bent en dit terugleest, dat je hem die plek hebt gegeven? Dat is pas jammer. Alsjeblieft, noem hem niet. Zorg dat hij een voetnoot wordt, ga als een gek tekeer straks daar, doe met hem wat je wilt, maar noem hem niet.' Ik spreidde mijn vingers, alle tien, in de lucht, alsof ik mijn handen ervan aftrok. 'En als je dat wel wilt, moet je zelf maar tikken.'

Dat hoefde niet, hij begreep het, mijn wilsbesluit, hij dicteerde nog wel het gemene, het gevaar, maar zonder een naam erbij te noemen. Ik knikte terwijl mijn vingers verder tikten.

Hij schaafde er nog aan, de dagen erna. De naam kwam niet meer terug.

Terwijl de televisie door speculeerde, verstuurde hij de mail. Daarna belde hij het linkerrijtje.

De volgende ochtend vertrok hij, reed hij weg in een grijs pak, in onze grijze auto, om in Den Haag over te stappen, in een andere grijze auto en zich te laten rijden naar de trap met de rode loper.

Aan het einde van de middag hoorde ik weer van hem. Hij was op de terugweg.

Ik was thuis geweest. Het was mijn vrije dag. 's Middags had ik de televisie aangezet en hem van de trap zien lopen, de trap met de rode loper. Ik had bloemen in vazen gezet, de telefoon opgenomen en berichtjes teruggestuurd naar het linkerrijtje, terwijl ik ondertussen voor de kinderen zorgde: ochtenddutje, fles, middagdutje, aankleden, boodschappen, uitkleden, fles.

Ik vroeg hem hoe het was gegaan, nadat hij de trap met de loper op was gegaan, en hij vertelde, over dat het grijze pak niet gaf, over de uitleg die hem werd gegeven over hoe hij moest verklaren en beloven, over hoe iemand hem kort voor het moment nog zei dat hij hem opgezocht had, gekeken had wie de nieuwe minister was, hoe hem zijn lidmaatschap van het republikeins genootschap werd voorgehouden, daar, in de kamer voor de verklaar-en-beloofkamer, 'Ik zag dat u lid bent van het republikeins genootschap?', hoe onnet hij dat vond, maar tegelijkertijd hoorde ik aan zijn stem dat het al een verhaal werd, was, bijna, een grappig verhaal, iets waarom gelachen kon worden, als een mop: en toen vroeg hij of het klopte dat ik lid was van het republikeins genootschap. Daarna vertelde hij hoe hij naar binnen was gegaan, verklaard en beloofd had, God erbuiten had gelaten en de trap met de loper weer afgedaald was.

'Sta je klaar zo?'

Er moest afscheid genomen worden, op zijn kantoor, dat zijn kantoor niet meer was. Ik kleedde drie kinderen aan en mezelf en wachtte buiten tot hij aan kwam rijden in onze grijze auto.

In twee stappen was ik bij het krantenrek. Ik pakte vier kranten en ging weer bij de boodschappentassen staan. Even later legde ik ze op de sigarettenbalie.

Dam

We zaten op de bank, de kinderen en ik, op een rijtje, een rechte lijn. We keken naar de televisie en zagen hoe hij de Dam overstak. Het was nog geen tijd om stil te zijn, maar toch spraken we niet. We hielden onze adem in.

De toespraak die hij zo zou geven had hij net nog in de keuken geoefend. Hij sprak om het jaar op de Dam en altijd hoorden we de toespraken van tevoren, net als die in het park bij de spiegels. Als het eenmaal zover was, kenden we allemaal hele passages uit ons hoofd. Andere praatjes oefende hij niet, die las hij alleen even door, van tevoren, 's ochtends in de keuken, op de achterbank, in de lift naar beneden, die deed hij gewoon, zoals ze er stonden, of zoals ze kwamen, geïmproviseerd, anders dan hoe ze voor hem waren opgeschreven.

Ik keek naar hoe het cortège liep, het plein overstak, en ik dacht aan de keitjes daar en aan hoe uit evenwicht hij was, hoe wankel, scheef ook, met zijn ene arm voor zijn buik, aan hoeveel kracht het hem soms kostte om op te staan, uit een stoel, en ik dacht aan hoe ik nu steeds op zijn rug, onderaan, mijn vingers in de lus van zijn broek haakte, zodat ik hem in evenwicht kon houden, een beetje op kon tillen als hij opstond.

Langzaam ademde ik uit en ik besloot dat als ik het zou redden, dat als ik niet opnieuw een ademteug zou hoeven nemen voor hij stond waar hij moest staan, het dan goed zou gaan, dat hij dan niet zou vallen. Langzaam liet ik de lucht weglopen, door mijn neus, terwijl ik mijn keel een beetje samenkneep, zodat ik kon horen hoe de lucht naar buiten kwam. Ik voelde hoe ik aan het einde van mijn uitademing kwam, hoorde hoe het persen begon, uit de uithoeken van mijn buik, uit alles wat ik vroeger mijn buik noemde, van mijn schouders tot aan mijn heup, het laatste restje lucht. Met een lege buik keek ik naar de laatste stappen, toen ze stilstonden nam ik een diepe teug. Naast me, in de rechte lijn, hoorde ik hetzelfde geluid.

'Ik was zo bang dat hij zou vallen,' zei er eentje.

'Ik ook.'

'Ik ook.'

'Ik ook.'

We keken naar de eerste krans, luisterden naar de trompet en naar de stilte. Ik dacht aan hoe hij straks omhoog moest naar de katheder, en naar beneden, terug naar zijn plaats en daarna probeerde ik aan de doden te denken, die er al waren, tot hij weer in beeld kwam en ik zijn jas zag, toen dacht ik aan zijn jas.

Het was de eerste keer dat hij een jas droeg op de Dam. Bij zijn eerste herdenking was hij hem vergeten, had hij er niet aan gedacht, aan hoe koud het nog kon zijn begin mei, 's avonds, dat hij een jas nodig zou hebben. De andere twee van het laatste rijtje, de laatste rechte lijn, de premier, de commissaris, trokken ook hun jas uit. Sindsdien stonden ze er zonder jas.

Hij had het koud, vaak, zo koud dat zijn vingers blauw werden. Of misschien kwam dat niet van de kou, was het alleen maar een uitingsvorm van hetzelfde, van te weinig lucht, had het bloed in zijn uithoeken te weinig zuurstof. Ik dacht terug aan onze vakantie. Twee weken geleden waren we teruggekomen uit Italië. Daar had hij het ook koud gehad.

We hadden aan de artsen gevraagd of het kon, met vakantie gaan, nu. De chemo had niet gewerkt, de volgende therapie, de nieuwe poging, was nog niet begonnen. Hij had gevraagd of het haast had ermee te beginnen, dan ging het voor, dan bleven we thuis. Het heeft geen haast, dacht ik, vakantie heeft haast. De arts had geantwoord dat we vooral moesten gaan, nu het nog ging.

Hij koos ervoor het laatste stukje van het antwoord niet te horen.

'Hoorde je wat hij zei?'

'Wie?'

'De arts, dat *nu het nog gaat*.'

'Nee, niet gehoord. Vergis je je niet? Volgens mij vergis je je.'

We gingen naar Italië. We waren er nooit in het voorjaar geweest, altijd alleen maar in de zomer. Twee weken lang zat hij met twee vesten aan binnen. Hij sliep veel, las een beetje voor hij weer sliep, en hij dicteerde, terwijl ik tikte. De stad ging door. Er moest een intentieovereenkomst worden gemaakt, zodat het stadion in de stad een andere naam kon krijgen, de naam van zijn voetbalheld. Dat ging voor.

Zijn telefoon ging vaak, belletjes, berichtjes, van de voorzitter van het stadion, van de keeper, van de vertegenwoordiger van de familie. Het toestel lag in de keuken van het vakantiehuisje, op een tafel met een marmeren tafelblad, waaraan we zaten. Terwijl ik luisterde naar de gesprekken wreef ik mijn onderarmen warm zodat ik na het gesprek weer door kon tikken, mijn iets warmere armen op het marmer kon leggen, tot ze weer koud waren, tot het volgende telefoontje.

Ik tikte op mijn laptop. Hij was oud. De e op het toetsenbord was weggesleten en de batterij laadde niet meer op, de stekker moest constant in het stopcontact zitten anders ging hij uit, op zwart, zonder waarschuwing.

Er liep een verlengsnoer over de grond naar het enige geaarde stopcontact in de keuken. Soms stond hij op terwijl hij dicteerde. Dan keek ik niet langer naar de woorden die ik tikte, naar het scherm, maar naar zijn stappen, naar zijn geijsbeer, en naar het elektriciteitssnoer dat daar op de grond lag, en dat vlak voor het aanrecht omhoogkwam, opsteeg naar het stopcontact. Het maakte me zenuwachtig en ik hield mijn adem in. Tijdens het volgende telefoontje verbeterde ik alle woorden met rode kringeltjes.

Af en toe hield hij halt voor het keukenraam en keek naar buiten. Ik vroeg me af wat hij zag, of hij naar de cipressen keek, naar de heuvels, naar het dal, of dat hij het stadion zag dat een andere naam moest krijgen, de naam van een voetballer die gestorven was aan precies dat wat hij nu had, en of hij daar iets van vond, iets bij voelde, dat de voetballer dat had en nu dood was of dat hij alleen maar de woorden zocht die de intentie weergaven: *in aanmerking nemende dat, komen het navolgende overeen, redelijke gronden.*

Terwijl hij naar buiten keek, wreef ik mijn onderarmen warm en zocht naar mijn eigen woorden, de woorden die mijn intentie weergaven, *het is de laatste keer dat je hier bent, zullen we, waarom gaan we niet, heb je misschien zin om.* Maar ik hoorde zijn antwoord al, dat langs de cipressen zou glijden, de heuvels over, het dal in: *vergis je je niet? Volgens mij vergis je je.*

Ik hield mijn mond, wreef, wachtte.

Af en toe hoorde ik zijn tanden klapperen als hij sprak.

De dag dat we ons jubileum vierden, de dag dat het kusje op mijn oor zeventien jaar geleden was, lag hij met twee vesten aan onder twee dekens in het bed van het vakantiehuisje.

'Ik kom er zo uit, hoor.'

We zouden gaan eten, samen, zoals we dat altijd deden. We hadden nooit een jaar overgeslagen.

Ik zag hem rillen en dacht aan hoe weinig hij gegeten had die dag.

'We blijven wel hier.'

Zijn hoofd ging heen en weer. 'Nee, ben je gek, we hebben iets te vieren. Je verdient het om mee uit eten genomen te worden.'

Ik was stil, zag de heuvel voor me, en daarachter het dal, gevuld met dingen die ik verdiend zou hebben sinds het kusje op mijn oor, een stapel van tijd en aandacht en nu jij en excuses en bontjassen en rust en samen, meer samen, vooral samen. Ik legde het etentje van die avond erbij, voorzichtig, spelde het op de mouw van een zachte jas waarin ik weg had kunnen zinken, een jas die er al lag, een tijdje.

'Het is goed, echt. Je voelt je niet lekker.'

'Vind je het echt niet erg?'

'Nee, het geeft niet, het geeft niks.'

Hij knikte. 'Dan vieren we het volgend jaar dubbel.' Hij keek me aan, hoopvol, vragend.

Ik probeerde ja te zeggen, te zeggen wat hij wilde horen, maar ik hoorde alleen lucht uit mijn keel komen. De ja lukte niet. 'Dat zou fijn zijn.'

Hij stak een vinger boven de deken uit, de wijsvinger van zijn rechterhand, wees ermee naar mij. '*You... You... You make'uh me happy, huh.*'

De nagel was blauwig. Hij kwam die avond niet meer uit bed.

Ik zag dat de premier ook zijn jas aanhad. Daarna dacht ik tot het volkslied aan de doden die er al waren.

De bank nam een teug toen het zijn beurt was om te praten, maar ademde net zo snel weer uit. Hij werd geholpen, naar boven, kreeg een arm waaraan hij zich mocht vasthouden. Tijdens zijn toespraak dachten we aan de weg naar beneden, of de arm er dan ook zou zijn. Het applaus drong pas door toen hij weer beneden was.

‘Ze klapten.’
‘Ja.’
‘Dat doen ze nooit, toch?’
‘Nee.’
We waren nog even blijven zitten, ademend, in een rechte lijn.

Jan Tooropstraat

De deuren van de lift gingen dicht. Ik hield mijn vinger op het knopje, het knopje naast de twee pijlen die naar elkaar wezen: dicht. Het groepje mensen waarmee ik in de lift stond, had ik net opgehaald, beneden, in de hal van het ziekenhuis. 'Geef maar een seintje als jullie compleet zijn.' Er was een seintje gekomen. Ik was naar beneden gelopen, met de trap.

Nu stond ik in de lift met de driehoek, of twee ervan, althans, de hoofdcommissaris en de hoofdofficier, de derde lag in bed, hierboven, in een bed met daarnaast toeters en bellen. Al wat minder toeters en bellen dan toen hij erheen werd gereden, een dag of vijf geleden, toen het een kakofonie was, maar nog genoeg toeters en bellen voor een melodie en een ritme.

Ik had ze één keer gezien als driehoek, de hoofdcommissaris, de hoofdofficier, de burgemeester, thuis, op de bank, of eigenlijk een op de bank en twee op de stoelen, in een keurige driehoek, zo goed als gelijkzijdig, gelijkbenig. Ik had het bijna gezegd, *jullie zijn een driehoek*, maar ik had mijn mond gehouden, gekeken naar het punt waar ik zat, ten opzichte van de driehoek, net ernaast, naast de lijn burgemeester-hoofdofficier.

Nu waren ze geen driehoek. Niet alleen omdat er een punt ontbrak, er een hoek in bed lag, maar ook omdat ze met meer waren, zoals meestal, assistenten, ambtenaren, woordvoerders. Het was geen driehoek, in de lift, het was een veelhoek, een complexe veelhoek, met zijdes die elkaar kruisten, met punten lukraak verdeeld over de lift. Ik stond op heel veel strepen.

Ze waren hier voor een vergadering. We waren op weg naar de intensive care. In de lift paste met gemak een bed, straks moest ik ze hun handen laten ontsmetten en daarna zou ik ze meenemen naar zijn kamer, want ze waren hier voor een vergadering, met hem. Ik verwachtte, wachtte, in de lift, op de juiste woorden, probeerde te gokken uit welke mond ze zouden komen, *waar zijn we mee bezig,* maar het was stil in de lift. Het was een stilte waarvan ik het idee had dat ik die op moest vullen, omdat ik de gastvrouw was, omdat ze toch bij ons op bezoek kwamen, ook al was het een ziekenhuis, ze kwamen bij ons, dus ik moest voor ze zorgen, hen op hun gemak stellen, zich welkom laten voelen, *welkom hier, op de plek waar ik niet woon, maar jullie binnenlaat, omdat we hiermee bezig zijn.* Dus ik vulde op.

'Mochten jullie straks vinden dat hij raar praat: ze hebben een tand eruit getikt toen ze hem moesten intuberen. Vandaar.'

De veelhoek keek me aan en ik zag in een veelvoud aan ogen dat ze het niet wisten, van de tand niet, maar ook van het intuberen niet, dat ze niet wisten hoe hij hier eigenlijk terecht was gekomen, op de intensive care in een bed met ernaast toeters en bellen.

Het bleef stil.

'O,' zei ik.

Het was een zondagochtend geweest, heel vroeg. Het was nog oranje in onze slaapkamer. De lampen die het pand verlichtten, buiten, die zeiden: *kijk eens hoe mooi dit wel niet is*, brandden nog, door de gordijnen heen. 's Nachts was alles altijd oranje.

Ik werd wakker van een uitroep, een gil, niet een zaterdagnachtgil of vroegezondagochtendgil, zoals die klonken, buiten, in de straten van de binnenstad, dronken gillen, uitgelaten gillen, gillen waar ik nog maar zelden wakker van werd, maar een uitroep dichterbij, naast me, een gil, met daarna een *help me*, en daarna mijn *ja*, en daarna mijn *wat is er* en daarna helemaal niets.

Ik keek naar hem, naar zijn gezicht, dat vertrokken was van de pijn, dat niet kon praten, dat oranje was, maar dan wel heel licht oranje, en ik wachtte, met mijn hand in zijn zij, tot hij weer iets kon zeggen.

'Mijn arm.' Hij bewoog zijn hoofd een beetje naar rechts. 'Er knapte iets.'

'Is-ie gebroken?' Ik dacht aan de grijze vlekken op het beeldscherm, aan dat ze altijd alleen zijn romp scanden, alleen dat wat ik vroeger buik noemde, dat zijn ledematen buiten beeld bleven.

'Ik verschoof maar een klein beetje.'

'Denk je dat-ie gebroken is?'

'Ja. Hij voelt als die ander. Erger.'

Hij wist niet meer hoe hij moest liggen. Het moest anders, dat wist hij wel. Zo had hij te veel pijn.

Ik was hem al eerder gaan stutten, in bed, met kussens. Onder zijn linkerarm twee en onder zijn rug en schouders inmiddels een hele stapel, steeds eentje erbij, tegen het benauwde, zodat er lucht was, zodat hij rechtop zat, bijna, tegen de muur. Nu had ik geen kussens meer. Die van de bank waren al deel van de stapel, die van het logeerbed, beneden, op de verdieping onder ons, waar in vroeger tijden de conciërge sliep, waar de kinderen soms logeerpartijtjes hielden, had ik ook al naar boven gehaald.

Maar zo kon hij niet liggen.

Ik pakte mijn kussen, van de verkeerde kant van het bed, tilde heel langzaam zijn arm op, schoof het kussen eronder, terwijl hij zijn best deed niet te gillen, haalde hem terug, vouwde hem dubbel, schoof hem er weer onder, *auw*, en nog een stuk, *zo, ja zo*, en daarna haalde ik twee pillen, omdat dat wel mocht nu, volgens mij, twee pillen, rond en een beetje bol, en een glas water.

Ik ging in bed liggen, naast hem, met mijn hoofd op het matras, wachtend tot het oranje licht uit zou gaan. Na een tijdje viel hij in slaap. Ik haakte mijn vingers tussen het matras en de rand van het bed en met mijn lippen vormde ik het woord 'humerus', bovenarmbot. Ik had nagedacht over een manier dat te onthouden, dat woord, toen, bij de linkerarm, ik wilde de taal spreken, de taal van het ziekenhuis, humerusfractuur, dat leek me handig, nodig misschien zelfs. Ik wilde weten wat er gebeurde. Mijn hoofd had gezocht naar een ezelsbruggetje, iets met Homerus of humeurig, maar toen zat het er al in, humerus. Het was makkelijker dan gemetastaseerd NSCLC, waarvan ik de lettergrepen verhaspelde en de afkorting door elkaar husselde. Pink, ringvinger, middelvinger, wijsvinger, duim, *humerusfractuur*.

Toen het niet langer oranje was in onze slaapkamer, gingen we op weg naar het ziekenhuis. Ik regelde een oppas, maakte de kinderen wakker: 'We moeten naar het ziekenhuis.' 'Maar het is Moederdag.' Ik zei dat het niet gaf.

Zijn linkerarm was al kapot. Het bot was gebroken, het bot waarin het zat, waar het zich een weg doorheen had gebaand. Die ochtend bleek ook het bot in zijn rechterarm gebroken. Humerusfractuur. In het ziekenhuis werd een foto gemaakt, van zijn binnenkant, een stuk binnenkant dat buiten beeld was gebleven, werd er gezien dat het klopte wat we dachten, dat de kleine verschuiving in bed het enige was geweest wat nodig was om het bot te laten breken.

Op de terugweg moest ik over hem heen leunen om zijn gordel te pakken, om hem vast te maken, hem op zijn plaats te houden. Er hingen twee armen in twee mitella's. Hij kon niets meer. 'Kun jij even een berichtje sturen?'

Ik tikte die dag, wat er nog over was van die dag, vertelde over de twee armen, en tikte over andere dingen, over alles wat voorging. 's Avonds, toen het weer oranje was geworden in huis, dicteerde ik kinderen in hun pyjama's en kleedde hem uit en aan op een nieuwe manier, nog voorzichtiger.

Sinds het sleutelbeen, sinds de watertaxi, deed hij het al niet meer zelf. Hij kon het niet, zichzelf aankleden, hij kon de bochten niet meer maken, de hoeken. Ik moest het doen. In de ochtend, in de avond en soms ook tussendoor, als er tijd was om even te slapen, als er even geen dingen waren die voorgingen.

Hem aankleden deed me denken aan een zenuwspiraal. Hij was het apparaat met de ijzeren stang, de ijzeren draad, ik de speler met de ring aan het stokje. Als ik hem aanraakte kwam er een geluid, ging er een zoemer af, in zijn keel, dan was ik af, moest ik terug naar het vorige rustpunt, zijn pols, zijn elleboog, of helemaal opnieuw beginnen: 'Gisteren deed je toch eerst die andere arm?' Het was een behendigheidsspel waarin ik mezelf razendsnel bekwaamd had. Al snel kende ik elke bocht, elke hoek in de mensvormige ijzeren stang, en kon ik het in één vloeiende beweging, van het begin tot het einde, zonder zoemer.

Ik was de enige die het mocht doen. *Zij weet hoe het moet.* Niemand anders mocht hem in zijn jas helpen, *zij weet hoe het moet*, ik moest mee naar elke CT, naar elke MRI, naar elke röntgen, om hem uit en aan te kleden, *zij weet hoe het moet, en zij weet wat ik slik en waarom ik dat slik en wanneer ik naar het ziekenhuis moet en wat ze dan gaan doen, vraag het maar aan haar, zij weet hoe het moet.*

Voor Moederdag kreeg ik een nieuwe zenuwspiraal. Nog steeds in de vorm van een mens, maar nu eentje met twee armen voor zijn buik, links voor rechts, wat nieuwe bochten gaf, nieuwe hoeken, een nieuwe moeilijkheidsgraad. De zoemer klonk vijf dagen lang, tot hij werd geopereerd, aan beide armen. Toen ik die ochtend opstond, dacht ik aan het kussen waar ik die avond weer op zou liggen.

Het had al eerder gekund, een operatie, op links, aan zijn linkerarm. Nadat ik het woord humerus leerde, onthield, opsloeg, was er verteld dat ze wel iets konden doen aan zo'n gebroken arm. Het was een arts in het niet-allerergste ziekenhuis die uitlegde dat het niet iets zou zijn met gips, maar met een pen, een stalen pen, die vanaf de bovenkant erin zou worden geslagen, in zijn arm, in zijn bot, in de humerus, een stalen pen die ze vast zouden zetten aan zijn schouder en elleboog, om de boel daarbinnen op zijn plaats te houden, om te zorgen dat zijn bot niet langer tegen zijn botvlies stootte. De arts had gebaard hoe zoiets ging, deed alsof hij een hamer vasthield en in de lucht, waar een schouder zweefde, een pen erin sloeg, *tik, tik, tik, klaar*. Ik had me afgevraagd hoe zoiets werkte, niet de operatie, maar hoe zoiets werkte als je arts was, of je er dan ook van droomde later een bordje op je deur te schroeven, te spijkeren: *arts*, haakje openen, *timmerman*, haakje sluiten.

Hij had bedankt voor de operatie, wilde eerst wachten om te zien of de nieuwe behandeling aansloeg, de behandeling die na de chemo was gekomen, de immunotherapie, waarmee hij net begonnen was, waar hij nu al zijn hoop op had gevestigd. Als die niet werkte, had zo'n operatie ook weinig zin, dan was het allemaal toch snel afgelopen. Het was alsof ik een stalen pen hoorde vallen op een houten ondergrond.

Ik had naar hem gekeken, naast me, en niets van hem begrepen, niet begrepen hoe het kon dat je over volgend jaar nadacht, over een kusje op een oor dat we zouden vieren, over de jaren daarna, met zekerheid, zonder ruimte voor tegenspraak, voor een andere kijk, en hoe je tegelijkertijd kon zeggen dat je eerst de resultaten afwachtte.

We waren naar huis gegaan na het gesprek waarin ik humerus leerde, maar de vrijdag na Moederdag waren we teruggekomen. Voor twee armen dit keer, voor twee pennen.

Ik had hem naar een kamer gebracht, op een afdeling, op een verdieping, en daar had ik hem in zijn operatiekleren geholpen.

Een blauwe jas met drukknopen was de ring aan het stokje, een ring die om twee gebroken armen moest. De zoemer was twee keer afgegaan. Nadat hij was weggereden, we tot straks hadden gezegd, ik gezwaaid had en hij niet, was ik in de hal van het niet-allerergste ziekenhuis op een stoel gaan zitten en had gewacht op het telefoontje dat zou komen uit het gebouw om mij heen, ergens van een verdieping, van een afdeling, waar hij wakker zou worden.

De *arts*, haakje openen, *timmerman*, haakje sluiten, liep eerder langs dan het telefoontje kwam. Hij zag me, stopte, vertelde dat het goed was gegaan, dat hij zo wel wakker zou worden, en daarna begon hij over de Dam, dat hij gekeken had, de mitella had gezien, had gezien hoe slecht hij eruitzag en dat hij het wachten onverstandig had gevonden, dat hij zag dat hij pijn had. 'Hij kreeg wel applaus, maar dat was niet omdat die toespraak nou zo goed was.'

Ik keek naar de arts en even stelde ik me voor hoe zijn hoofd in de lucht zweefde, hoe ik een hamer vasthield en er een pen in sloeg, van boven naar beneden, om de boel daarbinnen op zijn plaats te houden, *tik, tik, tik, klaar,* maar daarna dacht ik aan de toespraak, aan het oefenen in de keuken, aan de woorden op de Dam, aan het applaus en dat dat om iets anders ging, voor iets anders was. De arts had gelijk. 'Het was niet zijn beste.'

We knikten even naar elkaar, een tijdje, daarna vulde ik de stilte, hoewel het zijn ziekenhuis was. 'Misschien zag hij ertegen op.'

'Tegen de Dam?'

'Tegen de operatie.'

De arts knikte door, *tik, tik, tik, klaar*, en verdween in het gebouw om me heen.

Ik wachtte verder, tot hij naar zijn kamer gereden zou zijn. Ik wist niet meer hoe ik moest zitten. Mijn billen deden zeer. Ik zag mezelf in de auto, onderweg naar het zuiden, onderweg naar een vakantie, met hetzelfde zeurende gevoel in mijn billen. We gingen altijd met de auto. De eerste jaren nog met kaarten, die ik op schoot had, terwijl hij reed, later met een telefoon op schoot, de zijne, de mijne.

Ik verschoof op mijn stoel, sloeg mijn linkerbeen over mijn rechter om weer op mijn andere bil te leunen en dacht aan de eerste en laatste keer dat hij vroeg of ik het zeker wist, met die kaarten. Het was vlak voor een afslag. Ik had gezegd dat hij hem moest nemen. 'Weet je het zeker?'

Ik had mijn wenkbrauwen opgetrokken, hem vuil vragend, vragend vuil aangekeken, niets gezegd.

Hij had lachend de afslag genomen.

'Zo zijn wij niet,' zei ik na de bocht.

'Nee, hè?'

'Nee.'

'Ik zal het nooit meer doen.'

Hij deed het nooit meer.

We zouden goede rallyrijders zijn, zeiden we tegen elkaar. Er was een blind vertrouwen in het kunnen van de ander. *Wij kunnen dit, meisje.* Als ik ja zei, zou hij zijn stuur omgooien, zonder aarzelen en precies ver genoeg.

Een half uur later kwam het telefoontje. Ik nam op. Ik hoorde een vrouwenstem, er zat iets aarzelends in. De vrouw zei dat ze nog wel even met hem bezig zouden zijn, daar op de recovery, en hoewel het niet de bedoeling was, ik hem eigenlijk pas zou zien op de verpleegafdeling, want zo hoorde het, zo ging het anders altijd, maar ja, nu, maar, hij, ja, hij vroeg, naar mij, en tja, en dus.

Terwijl ik luisterde naar hoe de stukjes zin van de vrouw aan de andere kant van de lijn steeds korter werden, maakte ik een lijstje in mijn hoofd, een rijtje. *Mensen die de afgelopen jaren nee tegen hem zeiden*, schreef ik erboven. Daaronder zag ik alleen mijn naam. Ernaast begon ik aan een ander lijstje, het rechterrijtje, *mensen die de afgelopen jaren ja tegen hem zeiden,* en ik zag hoeveel namen eronder stonden, hoe lang die lijst was, hoe de namen van het papier af liepen, over de grond, het ziekenhuis uit, de stad door, het land uit, van de wereld af, het universum in.

Hij wilde dat ik kwam.

Ik luisterde naar de uitleg, hoe ik bij de deur moest komen, waar ik dan aan kon bellen, waar ze me dan binnen zouden laten, gang door, trap op, links.

'Ik kom eraan.'

Hij had zijn ogen dicht.

'Hij is er al wel weer, hoor, maar soms nog even niet. Het is goed dat je er bent. Als hij wakker is, vraagt hij naar je.'

Ik keek naar zijn gezicht, naar zijn wangen, naar zijn kaak, naar hoe ik hem geschoren had. Wel goed, volgens mij, het zag er goed uit. Ik had het zo vaak gezien, hoe hij het deed, de halen die hij maakte met zijn mesje, over zijn kaak, over zijn wangen, halen die naar beneden gingen, en naar het midden, naar zijn kin, en daarna de halen die hij andersom deed, van beneden naar boven, in zijn nek, van oor tot oor, en als laatste de huid tussen zijn lippen en zijn neus, die hij uitrekte, om zijn boventanden spande, om het strak te maken daar. Ik had het zo vaak gezien dat ik het zelf kon nu, nu hij geen armen meer overhad om zich te scheren. Vanmorgen had ik het ook gedaan, hem ingezeept, het witte schuim verdeeld over zijn kaak en wangen en nek, gedreigd met een sikje toen hij zei dat het te veel was, zo, te veel schuim, en ik had de halen gemaakt, zoals hij dat deed, eerst die van boven naar beneden, daarna die van beneden naar boven, tot alle zeep weg was, ook de zeep tussen zijn lippen en zijn neus. 'Trek eens strak dan.' Toen het klaar was, had ik zijn aftershave gepakt, het op zijn gezicht gespoten en met mijn handen zachtjes op zijn wangen geklopt. Als ik mijn handpalm tegen mijn neus hield, rook ik het nog. Als ik dat niet deed, rook het naar ziekenhuis.

Hij deed zijn ogen open.

'Je bent er.'

'Ja.'

'Al lang?'

Het klonk alsof er iets plakte in zijn mond. Ik voelde mijn billen. Er was een stoel naast zijn bed voor mij neergezet, ik was weer gaan zitten. 'Nee, nog maar net.'

Hij glimlachte. Ik glimlachte. We glimlachten naar elkaar. Hij zag eruit alsof hij net een goede grap had gehoord, een mop, over Einstein en het republikeins genootschap. Misschien zag ik er ook wel zo uit.

'Ik hou zoveel...' begon hij.

Ik zag zijn ogen weer dichtgaan, langzaam, net niet helemaal tot het einde, tot beneden, er was nog een klein randje oog te zien. '... van deze stad.'

Ik lachte zijn ogen helemaal open.

'Waarom lach je?'

'Ik vind je leuk.'

'De mensen hier zijn zo aardig.'

'Ik weet het.' *Ze zeggen nooit nee.*

Er trok een grimas over zijn gezicht.

'Heb je pijn?'

Hij knikte en bewoog zijn ogen van links naar rechts, alsof hij naar zijn schouders wilde wijzen, *tik, tik, tik, klaar*. 'Ja.'

'Hebben ze nog niet geprikt?

'Ik weet het niet. Ik denk het niet.'

Ze zouden hem prikken na het *tik, tik, tik, klaar*. Het was ons van tevoren uitgelegd, door een andere arts, hier in het gebouw, hier in het niet-allerergste ziekenhuis, door een arts die ging over narcose, en over verdovingen, over prikken. Eerst was de operatie besproken, de vraag over plaatselijk of algeheel beantwoord. Hij had gezegd dat hij niet kon liggen, plat, op zijn rug, dat hij dan stikte, en daarna had hij zichzelf gecorrigeerd: dat hij dan het gevoel had dat hij stikte, dus dat algeheel dan beter was. Ondertussen had ik gekeken naar het bordje op de deur van de anesthesist, het bordje van later, had bedacht wat zo'n man zou willen, welk woord er zou staan tussen de haakjes, iets met borduren misschien, iets waarbij je een naald door een stof kon steken, om iets moois te rijgen, en daarna had de arts een tekening gemaakt, van een hoofd, een nek, een schouder, en verder naar beneden, een buik tot bijna aan de navel. Hij had er lijnen in getrokken, drie lijnen, aan een kant, lijnen die begonnen in het hoofd en vanaf daar door de nek liepen, aan de zijkant, en die in de buurt van het sleutelbeen uit elkaar gingen, eentje rechtsaf naar de schouder, twee verder naar beneden, naar het middenrif. 'Dit zijn de zenuwen.'

Misschien moest er 'lijnrechter' op zijn bordje komen later, *arts*, haakje openen, *lijnrechter*, haakje sluiten.

Ze zouden hem prikken, na de operatie, in de zenuw die naar de schouder liep, zo zouden ze de pijn wegnemen, zijn armen verdoven, eerst de ene kant, bij het sleutelbeen, en kort erna de andere kant. Een blok, noemde de arts het. Ze gingen een blok zetten. De arts had naar de lijnen gewezen die naar beneden liepen, naar het middenrif, uitgelegd dat het om beurten moest, dat er een kleine kans was dat de zenuw van het middenrif geraakt werd, dat dat het ademhalen zou bemoeilijken, en daar zat niemand op te wachten, maar mocht het gebeuren dan was één kant genoeg, voldoende, om de longen met lucht te vullen.

Zo zou het gaan, prikken, blokken, wachten, de andere kant, pijnvrij.

Hij keek ernaar uit, had hij gezegd. De arts had dat begrepen.

Zijn ogen waren dicht geweest toen ze kwamen voor het eerste blok. Ik had weer gekeken naar de lijnen en de driehoeken en de cijfers en het roze.

Het was een andere arts dan degene die het ons had uitgelegd, een andere dan de lijnrechter, die geen dienst had vandaag. Deze arts had ook de narcose gedaan net, deze ochtend, en nu zou ze gaan prikken in zijn nek.

Klaar?

Klaar.

Ze prikte in zijn nek. Ze prikte in zijn nek terwijl hij naar me keek en ik niet weg kon kijken, niet weg wilde kijken, omdat hij naar me keek. Ze prikte in zijn nek en ik zag hoe de naald naar binnen ging en daarna zag ik in mijn ooghoek de naald op het beeldscherm, aan zijn binnenkant, op zoek naar de juiste lijn, en met mijn vingers in mijn nek dacht ik aan de hal van het ziekenhuis hier beneden en aan mijn stoel daar en hoe lekker die zat en hoe het daar ook al rook naar saucijzenbroodjes, dat het misschien in elke hal van elk ziekenhuis, overal, in de stad, in het land, in de wereld, in het universum, naar saucijzenbroodjes rook en dat mij dat niet uitmaakte, de geur van saucijzenbroodjes, ik vond ze niet lekker, maar ook niet vies, het waren gewoon saucijzenbroodjes, en hij bleef kijken en ik bleef kijken, want als hij dit kon met open ogen dan moest ik dat ook kunnen, en daarna werd de naald eruit getrokken, uit zijn binnenkant, ging de naald weg, en de arts, en begon het wachten.

Prikken, blokken, wachten.

'Ik ben zo blij dat je bij me bent.'

'Ik ook.'

Ik keek naar het beeldscherm. Het stond uit. 'Voel je al iets?'

'Ik weet het niet.'

'Minder pijn?'

'Ik weet het niet. Misschien wel.'

Zijn ogen zakten weer dicht. Lijnen, driehoeken, cijfers, roze, zere billen.

Ze kwam weer, de arts, aan de andere kant van hem dit keer. Het beeldscherm verhuisde mee. Ik moest ook aan de kant, verhuisde naar het voeteneind, waar ik stond en een hand op zijn wreef legde, op de deken, en terwijl de naald erin ging en hij naar me keek, voelde ik de wafelstructuur van de deken, over de lengte van zijn wreef, het ruwe, hoe het schuurde, en toen dacht ik aan wafels en of ze die ook verkochten, beneden, in de hal van het ziekenhuis en in de hal van het andere ziekenhuis, het allerergste ziekenhuis, en daarna meende ik saucijzenbroodjes te ruiken en dat gaf niet, dat maakte mij niet uit.

De arts nam me mee, na het prikken, bij hem vandaan, in de richting van de schuifdeur waardoor ik naar binnen was gekomen. Ze praatte zachtjes tegen me, zodat hij ons niet kon horen.

'Hij wil naar huis straks,' zei ze.

De schuifdeur ging open. Er kwam niemand binnen. Ik stond zo dichtbij dat elke beweging die ik maakte gezien werd door het oog boven de deur.

'Zo is-ie. Hij slaapt het liefste thuis.' Naast mij, wilde ik zeggen, hij slaapt het liefste naast mij.

'Wil je dat?'

Na zijn herniaoperatie had ik hem ook meegenomen, meteen, dezelfde dag nog. Na de operatie was ik bij hem, in een kamer op een afdeling op een verdieping, en ik had naar het infuus in zijn hand gekeken en geaarzeld, het eng gevonden. Ik had het gevoel gehad dat de kennis mij ontbrak, de vaardigheden, om dat aan te kunnen, om voor hem te kunnen zorgen, maar hij had gezegd dat hij het liefste naast mij sliep en gevraagd of ik dat dan niet ook wilde. 'Dat wil jij toch ook, of niet dan?' Dus ik had hem de auto in getild, de auto uit getild, de trap op geholpen thuis, hem in bed gelegd en gedacht dat ik sterker moest worden, dat dat van pas zou komen, sterk zijn.

De arts keek me aan. Ik dacht aan de stapel kussens thuis, aan mijn kussen in de stapel, en daarna schudde ik even mijn hoofd, heen en weer, heel zachtjes. De schuifdeur ging open.

We waren even stil, de arts en ik. De deur achter me was al bijna dicht toen ze knikte. Ze bewoog haar hoofd op en neer waarmee ze zei dat zij degene zou zijn die hem het nieuws zou brengen, degene die nee tegen hem zou zeggen, nee, u mag nog niet naar huis.

Morgen natuurlijk wel, wilde ik zeggen, maar achter haar begon er van alles te piepen.

Hij stikte. Dat was wat er gebeurde. Dat was wat ik zei. 'Hij stikt.'

Niemand reageerde op mij. Ze hadden het zelf ook wel in de gaten.

Ik stond weer bij zijn voeteneind, was achter de arts aan gelopen, weg van de schuifdeur, terug naar het bed, en had gezien hoe hij naar lucht hapte, maar niets te pakken kreeg, zijn longen niet kon vullen, stikte. Hij keek me aan. Hij keek me aan terwijl hij stikte en ik keek terug. Mijn hand lag op de wafels. Zijn voet was weg. Mijn vingers tikten op de deken.

Ik begreep wat er gebeurd was, wat er gebeurd moest zijn, ik zag de lijnen voor me die de lijnrechter had getekend, hoe hij zijn pen had bewogen langs een lijn die naar beneden liep, naar het middenrif: die niet. Die dus wel. Die was geraakt. Zijn middenrif was verdoofd, hij kon het niet meer bewegen, aanspannen, ontspannen, op en neer bewegen, doen wat er nodig was om adem te halen, om zijn longen te vullen met lucht. Hij stikte.

Om ons heen waren mensen aan het handelen, mensen die de kennis hadden, de vaardigheden. Iemand deed iets met een masker, kneep in een bal van doorzichtig plastic, een beademingsballon, iemand deed iets met zijn infuus, zette er een injectiespuit in, klaar voor gebruik, er werd gevraagd om een smaller opzetstuk, voor de intubatieslang, omdat de dikkere, de gewone, niet meer in zijn keel paste, maar het opzetstuk moest gehaald worden, ergens vandaan, voorbij een schuifdeur, een andere schuifdeur.

Hij keek me aan.

Hij keek me aan terwijl hij stikte.

Ik keek terug.

Ik wilde het hem uitleggen, *zij weet hoe het moet*, hem uitleggen dat het goed zou komen, dat er iemand zuurstof in zijn longen probeerde te krijgen met een handpomp, dat de injectiespuit al in het infuus zat, om hem weg te maken, weer onder narcose te brengen, zodat hij opnieuw geïntubeerd kon worden, aan de beademing kon, dat hij geholpen zou worden, maar dat ze alleen nog even wachtten op het smallere opzetstuk, omdat zijn keel te dicht zat, omdat hij vocht vasthield, *omdat je longen minder goed werken, al een tijdje, snap je*, maar dat het opzetstuk achter een schuifdeur was, een andere schuifdeur, ik wilde wijzen, daar, die schuifdeur, niet die ik net open liet gaan door mijn hoofd heen en weer te bewegen, zachtjes, maar die andere schuifdeur, maar toen vroeg ik me af hoe ik dit allemaal wist, waar ze mee bezig waren, en of het wel klopte wat ik dacht, waar ik het vandaan haalde, waar we mee bezig waren, waar ik mee bezig was, wat hij aan een schuifdeur had als hij nu doodging, hier, op deze manier, dat kon, namelijk, want waarom gingen er anders allemaal alarmen af, en waarom anders was iedereen zo aan het handelen, mensen met kennis en vaardigheden, maar wel heel veel mensen met kennis en vaardigheden, en heel veel handelingen, en hij keek me nog steeds aan terwijl hij stikte en ik keek terug en dan had je niets aan schuifdeuren, helemaal niets, en ik begreep dat ik op moest letten, want als dit het was, het hier bij zou blijven, dan moest ik het na kunnen vertellen, straks, later, *hoe ging het dan precies* zou er gevraagd worden, precies precies, niet ongeveer precies, en in mijn hoofd hoorde ik twee stalen pennen op een houten ondergrond vallen en buiten mijn hoofd hoorde ik heel veel mensen met kennis en vaardigheden heel korte boodschappen aan elkaar geven, korte zinnen, steeds kortere stukjes zin, en ik dacht aan de *mensen die de afgelopen jaren nee tegen hem zeiden*, en daarna aan saucijzenbroodjes en daarna aan rallyrijden, je stuur omgooien, precies ver genoeg, en toen, eindelijk, zei ik iets, tegen hem, *het komt goed*, zei ik, tegen hem, maar mijn korte stukjes zin gingen verloren tussen de andere korte stukjes zin, dus deed ik wat we deden als we niet met elkaar konden praten, als de buikspreekpoppen in de kast lagen, er alleen maar stilte om ons heen was, ik wees naar mezelf, prikte mijn vinger in mijn borst, duwde, liet los, draaide mijn hand naar hem toe, wees, prikte in zijn borst, die te ver weg was en daarna maakte ik met mijn vinger, mijn wijsvinger, een cirkeltje, ik begon boven, ging rechtsom, met de klok mee, naar beneden en weer terug, aan de andere kant, naar boven, tot ik weer was waar ik begon, de cirkel rond was, rond als een stuur, dicht, *alles*, en hij keek me aan terwijl hij stikte en ik keek terug en daarna was er een opzetstuk, een smaller opzetstuk, vanachter een schuifdeur gekomen, werd er een injectiespuit leeg geduwd in een infuus, keek hij me niet langer aan terwijl hij stikte, werd er een beademingsballon van een gezicht gehaald, werd er een slang in zijn keel geduwd, met kennis en met vaardigheid en meer veel meer kracht dan ik voor mogelijk had gehouden en daarna hielden de korte zinnen op, waren er even helemaal geen zinnen, was er rust en een borstkast die op en neer ging, zoals het hoorde, ook al deed hij het dan niet zelf, en was er alleen maar ik die naar hem keek, hoewel ik niet meer hoefde te kijken, want hij keek niet naar mij, maar dat wat hij kon moest ik ook kunnen en misschien zelfs nog wat meer, dat zou van pas komen, dus ik wendde mijn blik pas af toen zijn ogen waren dichtgeplakt met doorzichtig tape en iemand met kennis en vaardigheden zich omdraaide, naar mij keek en *O* zei.

Het was een langzame lift. Niet alleen nu, nu we er met zo veel mensen in stonden, de driehoek en de veelhoek, maar altijd. Het was een langzame lift.

Ik keek naar de lijnen op de vloer, naar de strepen waarop ik stond, tot de deuren opengingen. 'Deze kant op.' Ze hielden een voor een hun handen onder de pomp met alcohol en daarna ging ik ze voor over de afdeling, over de intensive care. Ik keek naar het bord dat er hing, een whiteboard, met de namen van de patiënten erop. Zijn naam stond er niet tussen. We hadden een andere naam voor hem moeten verzinnen.

Hij was naar de intensive care gereden, met de slang met het dunne opzetstuk in zijn keel en zijn ogen dichtgeplakt. Ik was een andere kant op geleid, eventjes, terwijl ze hem installeerden, om te vragen hoe het met me ging, om me uit te leggen wat er was gebeurd. Bijna had ik gevraagd of het ook andersom mocht, of ze me konden uitleggen hoe het met me ging, dan zou ik wel vertellen wat er was gebeurd. Ik deed het niet. In plaats daarvan zei ik ja en gaf iemand me een ijsje. Dat was de vraag geweest, of ik een ijsje wilde, en ik had het zo absurd gevonden dat ik ja zei, graag, ja graag, en terwijl ik het ijsje at, een waterijsje in drie kleuren, werd mij uitgelegd wat er gebeurd was en dat hij zo de nacht door zou brengen, onder narcose en aan de beademing, tot de verdoving die de zenuw die naar zijn middenrif liep had geraakt zou zijn uitgewerkt. Dan zouden ze hem wakker maken en de slang uit zijn keel halen, dan kon hij weer zelf ademhalen.

Ik haalde het ijsje uit mijn mond en knikte. Opeens voelde ik hoe moe ik was, hoe hoog mijn schouders zaten, hoe recht ik mijn rug hield. Ik keek even naar mijn middelvinger, de binnenkant ervan, streek met mijn duim over het litteken dat daar zat en rekende uit wanneer dat er was gekomen, hoelang geleden het was, vijfendertig jaar geleden, of vierendertig jaar, ik was drie jaar oud geweest, of vier jaar oud.

Mijn vinger was tussen de autodeur gekomen.

Het was een vierhoekige auto geweest, waarmee het gebeurde, nog veel vierhoekiger dan de auto waarin hij had gereden, vierkant, eigenlijk, de auto uit mijn jeugd was vierkant, een kubus. Ik zat op de achterbank. Iemand anders moest toen nog het portier voor mij dichtdoen. Als ik naast de auto stond, uitgestapt was, dan kon ik het zelf, dan was het een kwestie van heel hard smijten, er moest heel hard gesmeten worden met de deuren, anders gingen ze niet dicht, maar van binnenuit kon ik dat niet, als ik trok ging het niet hard genoeg, stuiterde het portier weer open, dus smeet iemand anders, hard genoeg, met mijn vinger er nog tussen.

Ik had heel hard gehuild. Dat vond ik zelf ook, dat ik heel hard huilde, hard genoeg, maar het was het enige wat kon, de enige manier, ik moest wel zo hard huilen om mijn eigen gedachten te overstemmen, gedachten over mijn vinger, over het bloed, over al dat bloed, over de pijn, over wiens schuld het was, de mijne, vast, en over de pijn en over de pijn en over de pijn. Ik hoorde mezelf huilen.

Ik was opgetild van de achterbank, een straat door gedragen, een gang in, een keuken in, waar ik was neergezet op een aanrecht, naast een kraan. Daar luisterde ik naar mijn huilen, dat harder was dan de stemmen om mij heen die spraken over mijn vinger, tot er een stem doordrong, een stem die bij een hand hoorde die een beker water voor mijn mond hield, een stem die zei dat ik een slok moest nemen en dat bleef herhalen tot ik het deed, tot ik een slok nam, en die toen zei dat ik er nog een moest nemen, en nog een, en nog een, waardoor het huilen stopte, door het slikken, door het drinken van het water, kon ik niet meer huilen. Mijn huilen, dat waar ik me aan vasthield, wat me hielp, was me afgepakt.

Ik wist niet dat het kon, daarvoor, dat huilen, zelfs als het hard genoeg was, kon worden gestopt door het drinken van water, dat je met het water de tranen door kon slikken en zo vanzelf kalmeerde.

Nu had ik het met ijs. Ik huilde niet, maar er werd wel iets van mij afgepakt, mijn scherpte, mijn gedachtes, dat wat ervoor zou zorgen dat ik alles nog precies zou weten, later, niet ongeveer precies, maar precies precies. Ik voelde hoe moe ik was.

Met de nagel van mijn duim volgde ik de lijn van het litteken op mijn middelvinger en in mijn hoofd hoorde ik hem vragen of ik zeker wist dat hij dicht was. 'Weet je zeker dat hij dicht is?' Ik was altijd met autoportieren blijven smijten, ook toen het allang niet meer nodig was. Als hij er wat van zei, grappend, terwijl hij deed alsof hij in elkaar kromp door het lawaai, door wat het met de auto deed, stak ik mijn middelvinger naar hem op, met de binnenkant naar hem toe, om te laten zien waar het vandaan kwam.

Ik beet in het ijsje, eventjes, heel kort, net niet helemaal door. Met mijn lippen om mijn boventanden gespannen brak ik het stukje af. Ik keek weer naar mijn middelvinger, naar het litteken, en vroeg me af wat er gebeurd zou zijn als mijn vinger eraf was gegaan, toen, of een deel van mijn vinger, de bovenkant, afgehakt door het autoportier, hoe mijn leven er dan uit zou hebben gezien, als ik niet had kunnen tikken, niet met vijf vingers op mijn bovenbeen, niet met tien vingers op een toetsenbord, wat ik dan gedaan zou hebben, of ik hem zou hebben ontmoet, waar ik dan zou zijn geweest, nu. Ik probeerde antwoord te geven op de alsdanvraag, maar er kwam niets.

Toen het ijsje op was, werd ik naar hem toe gebracht.

Op de afdeling werd gevraagd om een andere naam, voor hem, een andere naam voor op het bord, het bord met de namen van de patiënten erop, zodat andere mensen die de naam zouden lezen niet zouden weten dat het om hem ging, dat hij hier lag. Of mensen die zouden bellen, op de gok. Ik mocht trouwens ook bellen, altijd, wist ik dat?

Ik wilde zeggen dat het niet uitmaakte, dat het zo'n doodgewone naam was, dat niemand er iets van zou denken, dat niemand aan hem zou denken, ook niet op de gok, dat het een soort Jansen was, die naam, maar ik zei het niet en we noemden hem Van Mokum.

Toen ik 's avonds naar huis ging, nadat ik naar hem had gekeken en hij niet terugkeek, nadat ik had gekeken naar het roze en de lijnen en de driehoekjes en de cijfers en de slang en het doorzichtige tape en ik begrepen had dat ik op moest letten, voor hem, om het na te kunnen vertellen, straks, later, *hoe ging het dan precies?*, precies precies, niet ongeveer precies, en mijn billen zeer hadden gedaan, zelfs toen ik was opgestaan om naar huis te gaan, toen werd mij gezegd, weer gezegd, dat ik altijd kon bellen, later die avond nog, vannacht, als ik me zorgen maakte, als ik wilde weten hoe het met hem was, hoe het met hem ging, dan moest ik de naam op het bord zeggen en dan zouden ze het me vertellen, hoe het met hem was, hoe het met hem ging. Daarna kreeg ik een doosje in mijn handen gedrukt, het plastic was doorzichtig.

Ik keek ernaar. De vrouw die het me gaf ook. 'Zijn tand,' zei ze en ze deed iets met haar hand, iets wat waarschijnlijk het internationale gebaar was voor een intubatieslang die een tand eruit tikt, een net niet helemaal gesloten vuist die tegen haar gezicht knalde. Haar hoofd sloeg er een beetje van naar achteren.

'Je mag altijd bellen, hè?'

Thuis zette ik het doorzichtige doosje op de plank in de keuken, bij de pillen, buiten het bereik van kinderen. Eigenlijk wilde ik naar bed, maar ik moest nog bellen. Dat hoorde. Het was hetzelfde als met de oudste toen ze voor het eerst naar de crèche ging, om te wennen. Toen was mij ook op het hart gedrukt dat ik altijd mocht bellen. *Je mag altijd bellen, hè?* De andere ouders, de andere moeders, deden dat ook, als ze zich zorgen maakten, als ze wilden weten hoe het was, hoe het ging. Ik had geen behoefte gehad te bellen, om te vragen hoe het was, hoe het ging. Er waren daar mensen met kennis en vaardigheden, dus ik wist hoe het was en ging, maar blijkbaar hoorde het, bellen, anders zeiden ze het niet zo vaak, dus ik belde, omdat het zo hoorde, omdat dat was wat moeders deden.

Ik wachtte een half uur, aan de keukentafel, en tikte toen het nummer in dat op de folder stond die ik had meegekregen. Zijn schuilnaam liet ik achterwege.

'Ik vroeg me af hoe het ging.'

Er was niets veranderd.

Ik mocht altijd weer bellen.

Daarna kon ik naar bed. In de oranje kamer pakte ik mijn kussen van de plek waar de afgelopen dagen zijn rechterarm had gelegen, mikadode het kussen dat er het zachtst uitzag uit het midden van de stapel, ging liggen en haakte mijn vingers tussen het matras en de rand van het bed.

Ik had stoelen klaargezet, rond het ziekenhuisbed, in de vorm van een veelhoek. Hij wilde een vergadering, met de driehoek. Ik had het idioot gevonden. Nu zaten ze er, de punten van de veelhoek, iedereen op een eigen stoel. Het ging voor.

We hadden erover gesproken, een dag eerder, hij en ik, over het nut en de noodzaak. Hij kon weer praten, maar ik had gedacht aan hoe hij wakker was geworden, hoe ze hem wakker hadden gemaakt, een kraantje dicht hadden gedraaid, de volgende ochtend, terwijl de slang in zijn keel daar nog even moest blijven. 'Je kunt niet praten, want je hebt een slang in je keel.' Ik had hem uitgelegd dat ze hem er zo uit zouden halen en er was een bord geweest met letters en cijfers en ja en nee, die hij aan kon wijzen met vingers die aan handen zaten die aan armen zaten die aan schouders zaten, vastzaten, met pennen. Het wijzen ging langzaam. Hij wilde weten wat er gebeurd was, *hoe ging het dan precies*, en ik had het verteld, wat er gebeurd was, *weet je nog van die lijnen?*, ik had verteld over de naald en de slang en de spuit en het stikken en daarna ging de wijsvinger van zijn rechterhand naar de letter o. Ik vertelde niet van de schuifdeur, die openging van het schudden van mijn hoofd, heen en weer, heel zachtjes, millimeters.

Het bord met de letters en de cijfers en de ja en de nee was er maar kort geweest, tot de slang eruit werd gehaald en hij kon praten, en ademen, zelf. Daarna kwam de vraag uit zijn mond, uit zijn keel. *Hoe ging het dan precies?* Steeds weer vroeg hij het. En ik vertelde het, steeds weer. Naald, slang, spuit, stikken. Vergeten. Vragen. Naald, slang, spuit, stikken. Vergeten. Vragen. Na de vijfde uitleg had ik met de gedachte gespeeld een ander verhaal te vertellen of me van de domme te houden, *hoe ging wat precies?* Maar ik deed het niet, vertelde telkens opnieuw het verhaal, wat er gebeurd was, van schuifdeur tot schuifdeur, naald, slang, spuit, stikken.

'O.'

Terwijl we spraken over het nut en de noodzaak van een driehoek, een veelhoek, dacht ik aan hoe het geweest zou zijn als het bord er nog was geweest, nu, aan hoe ik het had kunnen verschuiven, van de ja naar de nee, als ik had gewild. Elke keer als hij met zijn vinger wilde wijzen, zijn vinger op de ja wilde zetten, *ja, ik wil een vergadering*, kon ik het bord een zetje geven: *nee*. Is het nodig? *Nee*. Gaat het voor? *Nee*. Als hij een ander woord had willen kiezen, *wel* of *zeker* of *echt*, had ik er iets anders van kunnen maken, het bord naar zijn vinger kunnen sturen in een andere volgorde, op andere plekken tegen zijn vinger aan kunnen botsen: *nee*. Als hij langere zinnen had willen maken, *ik wil het echt,* had ik door kunnen gaan, er nog een stuk zin achter kunnen plakken, ik had zijn vinger vast kunnen houden en het bord erlangs kunnen schuiven: *maar ik doe het niet, ik gooi mijn stuur om, zonder aarzelen en precies ver genoeg.* Dan zou hij moe zijn van de lange zin en hij zou me aankijken en ik zou terugkijken en we zouden niets zeggen, niet omdat hij niet kon praten, maar omdat kijken genoeg was. Dan zou ik nog één keer zijn hand pakken, nog één keer zijn vinger, ermee in zijn borst prikken, naar de mijne wijzen en dan een cirkel maken, rechtsom, met de klok mee, naar beneden en weer terug, aan de andere kant, naar boven, tot zijn vinger weer was waar het begon, de cirkel rond was, rond als een stuur, *alles*.

Maar hij kon praten. En er was geen bord meer. Zijn vingers gebruikte hij om op het groene telefoontje op zijn toestel te drukken. Hij wilde een vergadering, aan zijn bed.

Ik wees hem op waar we waren, op de toeters en de bellen rond zijn bed, op de toeters en de bellen rond elk bed hier op de afdeling, op hoe stil het hier was, op het piepen na, op hoe ziek de mensen waren.

'De anderen.'

'Ja, de anderen. Die zijn heel erg ziek.'

Ik zei hem dat hij dit niet kon maken, dat het geen pas gaf, niet hoorde, niet mocht om hier een vergadering te houden en ik wees in de rondte, toeters en bellen en daarna bracht ik mijn vinger naar mijn mond: *ssstttttt...*

Even later vroeg hij het aan de intensivist, of het mocht. Het was mijn pasgeleerde woord, intensivist. *Gemetastaseerd NSCLC, humerusfractuur, intensivist.*

Hij legde het uit aan de man aan zijn bed: driehoek, openbare orde, belangrijk, ziet u.

De intensivist knikte. Hij zag het. Hij vond het goed.

In mijn hoofd verschenen de twee lijstjes. Onder *mensen die de afgelopen jaren nee tegen hem zeiden* stond nog steeds alleen mijn naam. De intensivist kwam in het rechterrijtje terecht, *mensen die de afgelopen jaren ja tegen hem zeiden*, en ik zag hoe de man onmiddellijk onderaan van het blaadje viel, de diepte in, het universum in.

Mijn stoel stond bij het hoofdeinde. Ik kon zijn water aangeven vanaf hier, de andere dingen die hij nodig had, en ik kon de veelhoek zien, alle gezichten, alle punten die naar hem hadden gekeken toen ze binnenkwamen, bezorgd, geschrokken, in de war, maar die daarna lachten om zijn grapjes en die nu leken te zijn vergeten waar ze waren, die de toeters en de bellen niet meer hoorden, die nu vergaderden zoals mensen dat deden, ze zaten op hun stoelen en praatten.

Ik gokte niet langer uit welke mond het zou komen. *Waar zijn we mee bezig?*

Dit ging voor.

Het ging over voetbal.

Overmorgen zou Ajax in de finale van de Europa League staan, er mocht gekeken worden op het Museumplein. De dag erop volgde een huldiging, misschien, ook op het Museumplein.

Ik hoorde hem zeggen dat hij met een beetje mazzel naar huis zou mogen die woensdag.

Ik dacht aan de intensivist. Aan *mensen die de afgelopen jaren ja tegen hem zeiden.* Aan een stapel kussens. Aan mikado. Hij zou naast me slapen woensdagavond. *Dat wil jij toch ook, of niet dan?*

Er plakte iets in zijn mond. Ik keek naar hem, van opzij, het gat in zijn mond was niet te zien vanaf hier. Ik vroeg me af vanaf welk punt in de veelhoek het wel te zien was en of het te zien zou zijn vanaf een grasveld, als je naar een podium keek en iemand uitfloot.

Vanmorgen had ik de tand weggebracht, in het doorzichtige plastic doosje. De tandarts zou ermee aan de slag gaan, iets maken, voor in het gat. Ik had op de stoep gestaan bij de praktijk en gekeken naar de plek waar hij de auto had neergezet, jaren geleden, langs de kant van de weg, in het gras, om mee te kunnen kijken naar de formulieren en de plattegronden van de appartementen die we hadden bekeken. Het was aan de overkant. In mijn hoofd had hij zijn armen gespreid, *one day this will all be yours*, en daarna dacht ik aan voetbal, aan onze eerste Champions League-finale, aan hoe ik toen niet wist voor welk team hij was, aan hoe ik dat nu wel wist, aan hoe ik even niet kon bedenken wat ik liever wilde, wat mijn voorkeur had nu, of ik ze liever zag winnen of verliezen.

Ik was de praktijk binnengegaan en had de tand in het doorzichtige plastic doosje op de balie gelegd.

'Ik kom een tand brengen.'

De balie wist ervan.

Tindalplein

Mijn telefoon ging, zijn naam stond in het scherm. In een auto, ergens tussen Den Haag en Amsterdam, had hij zijn telefoon aan zijn oor. Ik keek naar mijn toestel, eerst, alleen, zonder te bewegen. Zijn naam was te lang voor in mijn scherm, hij schoof van links naar rechts, als een letterkrant. Ik had zijn naam nooit afgekort. Hij de mijne ook niet. We noemden elkaar bij de naam. En onszelf. Eén keer, we waren nog niet zo lang samen, had hij *met mij* gezegd toen hij me belde, nadat ik had opgenomen met mijn naam.

'Met mij.'

'Met wie?!'

Ik had hem verteld dat ik het raar vond, dat *met mij*, alsof ik dan maar moest weten dat hij het was, alsof alles om hem draaide voor mij.

Hij zei dat hij het wel vaker zei, tegen anderen, ook, dat hij er niets mee bedoelde.

'Zeg het dan maar lekker tegen anderen.'

Daarna hoorde ik de ingesprektoon. Hij had opgehangen. Twee tellen later belde hij opnieuw. Ik nam op met mijn naam. Hij antwoordde met de zijne.

'Beter zo?'

'Veel beter.'

Hij onthield het, zei het nooit meer, ook niet tegen anderen. In ruil daarvoor begon ik elk berichtje aan hem met een aanhef en schreef ik onderaan een afsluiting. Dat vond hij belangrijk. Iets sturen zonder aanhef en afsluiting was onbeleefd.

'Berichtjes zijn geschreven, voor mij zijn het daarom brieven, die begin je ook netjes met een aanhef.'

Ik had hem uitgelachen, gezegd dat het daar het medium niet naar was, dat het om snelheid ging, en gemak.

'Ik vind het bot.'

Ik had gedacht aan de *met mij*, aan hoe hij zijn naam zei, elke keer, omdat ik dat wilde, omdat het voor mij belangrijk was, op dat moment was ik al overstag.

'Ik ben daar gewoon heel ouderwets in.'

In de loop van de jaren had ik een heuvel, een berg aan aanheffen en afsluitingen bij elkaar verzameld. Aanheffen en afsluitingen die vaak langer waren dan het eigenlijke bericht, *eet je thuis* of *ja* of *nee* of *ik hou van jou* stonden tussen *zeer geachte heer* en *in afwachting van uw antwoord verblijf ik*, tussen *goedemorgen schat van mijn hart, prins op het witte paard, liefde van mijn leven en nog een beetje meer* en *met de hoogste achting, alle groeten en nog wat van dat alles*. Hij had nooit het idee dat ik hem voor de gek hield, alleen dat ik hem aan het lachen wilde maken. Zijn berichtjes begonnen vaak met *haha*, na de aanhef, de aanhef waarin ik lief was en waarin mijn naam stond, alsof hij me een brief schreef. Algauw had ik ook niet meer het idee dat ik hem voor de gek hield.

De letterkrant gleed voor de tweede keer over het scherm. Ik wist waarvoor hij belde, hij deed het elke avond. 'We rijden nu weg uit Den Haag.'

Het was altijd donker als hij belde. Hij kwam altijd in het donker thuis. Ook in de zomer. 's Morgens vroeg vertrok hij uit het appartement in het allerhoogste puntje, onder het schuine dak, met een loodgieterstas op wieltjes, een loodgieterstas vol met stukken, notities, brieven, concepten, en 's avonds, in het donker, kwam de tas weer mee naar boven, met nieuwe stukken, die hij las voor het slapengaan en die 's ochtends weer in die tas gingen, naar beneden, de auto in, op weg naar de plek waar ze ververst zouden worden, waar tot in het oneindige stukken werden gemaakt, geschreven, als een eeuwig bewegende machine, of een rad, een loopmolen, aangedreven door een energie die tastbaar werd op zijn nachtkastje waar de stapel boeken die hij kreeg maar niet las en die hij kocht maar niet las groeide tot aan het schuine dak, tot in het allerhoogste puntje, een stapel zo hoog dat het niet langer mogelijk was de tweedelige biografie met het binnenstebuiten gekeerde omslag van onderop te pakken zonder dat het wiegje in de hoek van de slaapkamer onder boeken bedolven zou worden.

'Het wordt echt minder druk. Ik zit nu nog in mijn inwerktijd.'

Ik had niets gevraagd, niets gezegd, maar om de zoveel tijd verzekerde hij mij dat het beter zou worden. Na het kerstreces, na het voorjaarsreces, voor de zomer, als hij negen maanden minister was, het was immers net een zwangerschap, dat inwerken, na de zomer.

Hij was tien maanden en een dag minister. Het nieuwe was er inmiddels wel af.

Ik keek van mijn telefoon naar het beeldscherm van mijn laptop. Ik zat aan tafel.

Op sommige dagen lag ik al te slapen als hij belde, was ik al wachtend op de bank in slaap gevallen, mijn telefoon in de buurt, onder mijn hand, naast mijn oor, zodat ik het niet zou missen als hij belde. Dan zei ik mijn naam en hij de zijne. 'We rijden nu weg uit Den Haag.'

Meestal vertelde hij al iets over zijn dag, over wat hij had meegemaakt, en hij vroeg naar de mijne, naar de kinderen. Op sommige avonden wilde hij weten wat we hadden gegeten, dan wist ik dat hij honger had, dat hij geen tijd had gehad om te eten. 'Lekker,' zei hij, als ik hem vertelde wat er op tafel had gestaan. 'Zeker geen kliekjes?'

'Zeker geen kliekjes. Ik kan wel een ei voor je bakken.'

Na het telefoontje viel ik vaak weer in slaap. Als ik wakker werd van de sleutel in het slot, rechtop ging zitten, langzaam, of maar gewoon bleef liggen, mijn gezicht naar de deur van de huiskamer gedraaid, achter me, dacht ik vaak aan ouderwetse leerboekjes van de huishoudschool die gingen over hoe je een goede vrouw moest zijn, een goede echtgenote, hoe je je man tevreden moest houden, dat je de oven alvast moest voorverwarmen om straks zijn bord erin te kunnen zetten, dat je je schort af moest doen, nog een kam door je haar halen, misschien zelfs even iets anders aantrekken, iets fris. Dan lachte ik om mezelf, om hoe ik daar lag.

Hij was altijd blij me te zien, opgelucht leek het zelfs. Ik schoof wat naar achteren, naar de rugleuning van de bank, hij ging op het randje zitten en met zijn vingers veegde hij de haren uit mijn gezicht, stopte ze achter mijn oor, een beweging waar hij ook mee doorging als alle haren al achter de schelp lagen. Zo namen we de dag door, ik luisterde naar zijn woorden en het wrijven bij mijn oor, hij luisterde naar de mijne, tot hij zei: 'Ik moet nog even.' De loodgieterstas met wieltjes kwam naast de bank te staan, de stukken legde hij naast zich neer. Hij las en schreef, zoals ik het kende, in de kantlijn, woordjes, zinnen, maar ook hele alinea's, op de achterkant, terwijl ik met mijn hoofd op zijn schoot in slaap viel, de eerste minuten telkens nog wakker schrikkend als hij een blaadje omsloeg, daarna in een diepere slaap waar het papier me niet meer kon storen. Soms zakte hij ook weg en vielen de stukken op mijn gezicht. Dan schrokken we allebei wakker.

'Sorry. Ik viel in slaap, denk ik.' Hij tilde de blaadjes op, plukte ze van mijn wang.

'Geeft niet.'

'Bed?'

'Bed.'

Maar op de meeste dagen als hij belde zat ik nog aan tafel, te werken.

'Je klinkt wakker.'

'Ik ben nog aan het werk.'

Ik schreef. Ik schreef voor tijdschriften, kranten, soepverkopers ook wel, als die woorden nodig hadden. Ik was ermee begonnen kort nadat hij naar Den Haag was vertrokken en ik hem alleen nog maar in het donker zag, aan de randen van de dag, op het randje van de bank, en ik al snel merkte dat het veel was, dat het eigenlijk niet ging, kantoortijden en drie kinderen in mijn eentje.

Ik was begonnen met één artikel, had gezegd dat ik dat wel kon, schrijven, dat ik dat wel wilde, zonder dat ik het ooit had gedaan. Ik had het gezegd voordat ik had nagedacht en er was iemand die mij geloofde, dus ik schreef een artikel, en daarna nog een, en nog een, en daarna zegde ik mijn baan op en schreef ik nog meer, artikel, na artikel. En folders voor soep.

Vaak kroop ik 's avonds weer achter mijn laptop, als de bank niet lokte, of niet te hard lokte. Wanneer de avond, het programma, het ritueel achter de rug was, het eten, de tanden, de pyjama's, de natte haren, de boekjes, en wanneer de afwas, die ik waste en droogde, in mijn eentje, voor twee, was opgeborgen, ging ik aan tafel zitten, deed mijn laptop open en tikte. Of ik deed een telefonisch interview, terwijl ik mee tikte, opschreef wat de mensen aan de andere kant van de lijn vertelden, hun verhalen, hun meningen. Ik liet hun stemmen mijn vingers bewegen, zoals zijn stem dat altijd deed, had gedaan, en als ik had opgehangen haalde ik weg wat overbodig was, tikte eromheen wat er bedoeld was, eigenlijk, echt.

Ik tikte omdat ik het wilde en kon, ik tikte tegen het wachten op het telefoontje in het donker, *we rijden nu weg*, ik tikte zodat mijn vingers mijn bovenbeen met rust lieten en ergens, onder aan de pagina, waar ik het zelf niet kon lezen, waar het de diepte in viel, deed ik het omdat het van pas zou komen, sterk zijn, en omdat wat hij kon ik ook moest kunnen, *kijk, ik werk net zo hard als jij.*

'Je klinkt wakker.'

'Ik ben nog aan het werk.'

Hij wilde het lezen, wat ik schreef, zei hij, hij was benieuwd naar wat ik maakte. Ik legde ze op zijn nachtkastje, de tijdschriften, de kranten, opengeslagen, omgevouwen daar waar mijn woorden stonden, zodat hij er niet naar hoefde te zoeken. De folders voor soep liet ik achterwege. Het werd een stapel naast de stapel. Een stapel die makkelijker verschoof dan die met de boeken, sneller ging glijden, omdat het papier gladder was, er een harde kaft ontbrak, vaak vielen ze van het nachtkastje, zeilden over de vloer, naar het wiegje in de hoek. Dan raapte ik ze weer op.

Op een dag gooide ik ze weg. Het kerstreces was voorbij, het voorjaarsreces, de inwerkzwangerschap, de zomer. Ik had nog even overwogen ze te bewaren, ergens anders, in een doos, in een kast, onder een bed, voor als hij tijd zou hebben, tijd zou maken, voor als hij ernaar zou vragen, maar ik stopte ze in boodschappentassen en liep ermee naar de papierbak. Daarna deed ik de boodschappen.

's Avonds vroeg hij wat er anders was in de slaapkamer. Ik haalde mijn schouders op en legde mijn vinger tegen zijn zij.

Zijn naam schoof voor de derde keer over het scherm van mijn telefoon. Ik pakte het toestel op, hield mijn duim boven het groene telefoontje.

Ik zat wel aan tafel, achter mijn laptop, maar ik was niet aan het werk. Ik las de kranten, het nieuws. Ik keek vooral foto's, foto's van mannen in jacquet en vrouwen met hoedjes. Ik zocht naar een foto van hem, maar had hem nog niet gevonden.

Het was Prinsjesdag.

De dag had zich aangekondigd in de zomer, op een zondag. De dag kwam uit loodgieterstas nummer twee.

In het weekend, op vrijdag, kwamen er altijd twee koffers mee naar boven, het hoogste puntje in. Op de plek waar tot in het oneindige stukken werden gemaakt, geschreven, waren ze gevuld. Soms paste het eigenlijk niet, maar drie tassen meegeven zou absurd zijn, het was per slot van rekening weekend, dus werd er geduwd, gepropt, zaten de papieren zo klem in de koffer dat het kracht kostte om er een vinger tussen te krijgen om ze eruit te halen.

In een van de twee loodgieterstassen had een envelop gezeten met mijn naam erop, mijn voornaam. 'Deze is voor jou.'

Ik zat naast hem, op de bank, op zondagavond, terwijl hij zijn stukken las. Op zaterdag deed hij een halve koffer. Op zondag een halve en een hele, achter elkaar door, met alleen 's avonds een onderbreking, voor een maaltijd en het sportprogramma.

Hij las alles. Elke snipper, noemde hij het. De eerste tijd zei hij nog dat het wel over zou gaan, dat minutieuze lezen, dat het met het inwerken te maken had, dat hij eerst alles wilde weten, de hoed en de rand, maar dat er later routine zou komen, dat het dan minder precies hoefde. Hij kwam daar zelf van terug, vrij snel, zag de niet-aflatende noodzaak van het lezen, van dossierkennis, van net zoveel weten als de ander, of liever nog een beetje meer, meer weten dan de persoon tegenover je, aan tafel, in de Kamer, in de wijken, ze een stap voor zijn, twee stappen zelfs, hij zag dat dat van pas kon komen, dat dat van pas zóú komen. Hij vergeleek het met een rechtszaak, zei dat je daar ook niet heen ging zonder elke snipper van het dossier te kennen. 'Ik was nou eenmaal vijfentwintig jaar advocaat.'

'Bijna.'

'Eigenlijk ben ik het nog steeds. Dat blijf je gewoon.'

'Nee, hoor.'

Hij gaf me wel vaker dingen uit de koffer. Hele stukken of dingen met zijn duim erbij: 'Dit. Dit moet je even lezen.' Dan wilde hij weten wat ik vond, hoewel het door hem verwachte antwoord soms al met zijn duim meekwam: 'Belachelijk.' of 'Goed, hè?'

Ik las het, zei wat ik ervan dacht, vroeg wat hij ermee wilde, wat hij ging doen, wat hij zag, en daarna ging het weer de koffer in, al op weg naar de plek met het rad, naar de loopmolen.

'Deze is voor jou.'

Ik had de envelop van hem aangenomen, de envelop met mijn voornaam, ik had hem opengemaakt en de inhoud eruit gehaald. Het waren twee folders en een briefje waarop stond *als je hulp nodig hebt dan horen we het wel.* Vanuit mijn ooghoek zag ik een pen die boven de marge bleef hangen, niet meer bewoog.

Het waren folders van hoedenmakers. Ik zag plaatjes van dameshoeden.

Ik bekeek ze, de plaatjes, las de woorden die erbij stonden, over wie ze waren, de hoedenmakers, en wat ze konden, hoeden maken. Ik dacht aan soep. Ik kon alles verkopen behalve mezelf.

Over soep kon ik schrijven alsof het het lekkerste was wat ik ooit had gegeten. In het echt hield ik niet van soep. Van geen enkele soep. Als kind al niet. Toen was het elke zondag soepdag, elke week een andere, tomatengroente, kippen, koninginne. Die laatste was de ergste, ondanks de vijf lettergrepen, *koninginnesoep*, maar niet heel veel erger, ze smaakten vooral allemaal naar soep. Toch wist ik er nu woorden voor, voor alle soepen, woorden waarmee ik duidelijk maakte dat ze allemaal anders smaakten, tomatengroente, kippen, koninginne. Allemaal anders. Maar natuurlijk allemaal lekker. En makkelijk ook. Soep. Lekker. Makkelijk. Ik schreef het op, het verhaal van de soep, zoals ik ook opschreef wat de mensen die ik interviewde vertelden, hun verhalen, hun meningen, maar dan die van soep. Het zou vast van pas komen, over soep schrijven, ergens goed voor zijn. *Kijk, ik werk net zo hard als jij.*

Er werden folders van gemaakt, van mijn woorden, folders met plaatjes erbij, van soep. Ze werden opgestuurd, verspreid, zodat de soep verkocht werd. Zo ging dat, met soep. En met hoeden.

Terwijl ik naar de hoeden keek, dacht ik aan hoe ik dat niet kon, mezelf aanprijzen. *Kijk eens wat ik ben, wat ik kan, wat ik maak.* Ik kon mezelf niet opdringen, door een brievenbus duwen, *zie mij, koop mij, heden soep.* Het zou wel moeten, nu ik voor mezelf werkte, het was wat iedereen deed. Ik kende maar één iemand die het niet deed, nooit had gedaan. 'Ik doe niet aan acquisitie.' Hij deed niet aan acquisitie. 'De beste acquisitie is je werk goed doen.' Dus dat deed ik, zolang ik mezelf nog niet kon verkopen.

'Wat is dat?' klonk het naast me. Ik hield de folders omhoog, het briefje dat erbij zat, *als je hulp nodig hebt dan horen we het wel.* 'Hoedjes. Voor Prinsjesdag.'

Hij reageerde door even zijn hoofd op te halen, alsof hij wilde knikken maar zich toch bedacht, halverwege de beweging. Daarna keek hij weer naar de stukken op zijn schoot, op zoek naar de hoed en de rand.

Ik legde de folders tussen ons in, op de bank, overwoog mijn laptop te pakken, ook te gaan werken, haalde mijn voeten al onder mezelf vandaan, op weg naar de grond, om op te staan.

'Je gaat niet.'

Hij keek naar me, wees met zijn pen, waarmee hij zojuist weer begonnen was de marges van het papier vol te schrijven, wees naar de folders tussen ons in.

Het verbaasde me, wat hij zei. Ik trok mijn wenkbrauwen op.

'Wat kijk je?'

'Is het niet verplicht?'

Hij tilde zijn pen weer op, terug naar de marge.

'Jawel, ik ga ook. Maar ik ga alleen.'

Ik zag de laatste letters van zijn achternaam aan de linkerkant het scherm uit glijden, de naam die ook de mijne was, al een eeuwigheid nu, zo lang dat het soms leek alsof het nooit anders was geweest, alsof ik altijd al zo had geheten, alsof de vijf lettergrepen al bij me hoorden in de tijd van soep op zondag en sloten die te breed waren en de stad die drie kwartier verderop was, als je de bus nam.

Van rechts kwamen de letters weer het scherm in, zijn voornaam. Het telefoontje zou zo naar de voicemail gaan. Ik vroeg me af of hij in zou spreken, of hij zou zeggen dat ze onderweg waren, nu wegreden uit Den Haag, zakelijk, omdat hij niet alleen was, omdat er voorin iemand zat, achter het stuur. Eenmaal thuis zou hij dan de kamer in komen, de loodgieterstas op wieltjes achter zich aan, en me vragen of ik nog steeds boos was. *Ben je nou nog steeds boos?*

Met de telefoon in mijn hand keek ik achterom, naar de muur. Hij was blauw. We hadden het hele huis wit geschilderd, het weekend van de verhuizing, toen, vlak voor kerst. In elke kamer waren vrienden in de weer met potten en kwasten en rollers. Op zondagmiddag was alles wit.

Na een paar jaar had ik er genoeg van gekregen, van al dat witte.

'Zal ik die muur in een andere kleur verven?'

'Waarom?'

'Ik vind het zo wit.'

Als ik dat wilde, moest ik het vooral doen. Ik had hem gevraagd welke kleur hij mooi vond. 'Ik vind je trui mooi.'

Met de trui aan was ik een week later naar de verfwinkel gegaan, had ernaar gewezen en gezegd dat ik graag blauwe verf wilde. Mijn mouw ging onder de scanner, een dag later hadden we een blauwe muur.

'Mooi?'

'Mooi.'

Als ik een beetje naar voren boog, zag ik de vlek op de muur, een plek waar het blauw iets donkerder leek en vanwaaruit strepen liepen, ook donkerder, straaltjes eigenlijk, van boven naar beneden, eindigend in druppels.

Ik dacht eraan dat ik de muur opnieuw zou moeten schilderen, in een andere kleur, blauw, in een andere kleur blauw. De oude verf had ik niet meer. Er had nog maar een klein restje in de pot gezeten toen ik klaar was en dat had ik niet bewaard, net als de trui, die had ik ook weggegooid nadat ik ergens aan was blijven haken en een gat in de mouw had getrokken.

'Je draagt die ene trui niet meer.'

'Welke?'

'Die van de muur.'

'Die was kapot.'

De telefoon hield op met rinkelen.

Ik had gevraagd waarom niet, waarom ik niet mee mocht. Hij zei dat ik het verkeerd zag, dat het geen kwestie was van niet mogen.

Hij had er geen zin in, zelf, om te gaan, hij zei dat hij het allemaal kokeleko vond. 'Het is allemaal kokeleko.' Hij zei dat hij geen zin had in gedoe.

Ik had gevraagd of ik gedoe was.

Zo moest ik dat niet zien. Ook al niet. Ik begreep niet hoe ik het dan wel moest zien. Hoe ik ook keek, hoe ik het ook bekeek, van alle kanten, eromheen, van boven, van onderen, ik wist niet hoe ik het moest zien. Ik had nog een keer gevraagd of ik gedoe was. Toen zei hij ja. 'Ja, als ik jou meeneem geeft dat gedoe.'

Hij vroeg of ik dat niet snapte, dat het aandacht zou trekken, ik, naast hem, gezien mijn leeftijd en alles, dat hij daar geen zin in had, dat hij het al stom genoeg vond, zo'n dag, dat hij het niet nog erger wilde maken, voor zichzelf, en dat ik toch niet wilde beweren dat het mij leuk leek, zoiets, dat ik het belangrijk vond, dat ik het wilde, voor mij hoefde het toch ook niet, zo eentje was ik er toch niet?

Ik was opgestaan, naar de koelkast gelopen en ik had voor mezelf een beker karnemelk ingeschonken. Ik vroeg of hij ook iets wilde. Mijn stem klonk alsof ik elk moment kon gaan huilen. Hij hoorde het niet, gaf gewoon antwoord op mijn vraag: 'Nee, dank je.' Hij hoefde niets. Terwijl ik het pak terugzette in de deur van de koelkast probeerde ik antwoorden te vinden op zijn vragen, probeerde ik te bedenken of ik het leuk vond, belangrijk vond, of ik het wilde, zoiets, of het voor mij hoefde, of ik er zo eentje was. Hij had het laten klinken alsof het iets was wat je niet hoorde te willen, iets wat kokeleko was, een poppenkast waar je boven moest staan. Waarom zou ik dat willen? Wat voor eentje was ik er? Ik peinsde tot het alarm van de koelkast afging, pas toen snapte ik dat ik over het verkeerde nadacht, pas toen deed ik de deur dicht.

Ik kwam terug met mijn beker karnemelk. De folders op de bank verschoven een beetje doordat ik ging zitten. Toen ik een slok nam, tikten mijn tanden tegen het steen. Ik zette de beker neer.

Ik verwachtte dat hij nog iets ging zeggen, al wist ik niet goed wat, maar de pen ging alweer naar de marge.

Ik was gedoe. Ik gaf gedoe.

Ik dacht aan mijn leeftijd.

Ik dacht aan zijn leeftijd.

'Dus als ik twintig jaar ouder was geweest dan had ik wel mee gemogen?'

Mijn stem klonk nog steeds alsof ik elk moment kon gaan huilen. Hij ademde in om antwoord te geven, een omgekeerde zucht, en ik dacht aan tien maanden eerder, aan toen hij net minister was, aan de avond waarop hij thuiskwam nadat hij die dag een mediatraining had gehad. Hij had er al geen zin in gehad, van tevoren, en ik zag hem weer zitten op de rand van de bank, na afloop, hoorde weer hoe hij het woord er bijna uitspuugde: mediatraining. Hij vond het de grootste onzin die hij in tijden had meegemaakt. Ik herinnerde me dat hij vertelde over vragen met *als* en *dan* erin, dat ze hem hadden willen leren om daar geen antwoord op te geven, op dat soort vragen, dat het een manier was om je erin te luizen, een als-danvraag. Maar hij gaf op elke vraag antwoord, ook op vragen met als en dan erin. Op de rand van de bank had hij meerdere keren het woord onzin herhaald. 'Onzin.' Je gaf op alle vragen antwoord. Want eerlijkheid ging voor tact, en zeker voor strategie. *Als* ik twintig jaar ouder was geweest had ik *dan* wel mee gemogen?

'Ja.'

Ik had hem nooit gezien als oud. Daar was ik niet mee bezig, niet mee bezig geweest. Ik wist wel dat hij ouder was, dat zag ik, maar het had geen betekenis voor me, geen waarde. Hij was gewoon wie hij was. Hij was gewoon. Ik was er niet mee bezig geweest. Af en toe maakte ik er een grapje over, over ons leeftijdsverschil, over zijn leeftijd, over de mijne. Als de kinderen alle drie tegelijk huilden zei ik hem dat hij beter een motor had kunnen nemen, toentertijd, in plaats van een jonge vrouw, en tegen de man die ons zou trouwen en die vroeg hoe het toch gekomen was, tussen hem en mij, tussen ons, zei ik dat ik op zijn lichaam was gevallen, en hij op mijn geld. Maar daar bleef het bij, verder. Ik was in de veronderstelling dat het alleen betekenis had voor anderen, ons leeftijdsverschil, dat anderen er een mening opna hielden, er iets van vonden, er een beeld bij hadden. Niet hij en ik.

Maar wel dus, hij. Het was alleen ik.

Ik had hem nooit gezien als oud. Hij zag mij wel als jong. Te jong. *Dit is mijn veel te jonge vrouw.* Hij had me gewogen en te licht bevonden. Er lag te weinig leeftijd in de schaal.

Terwijl ik achter me reikte naar mijn karnemelk ging ik door met mijn als-danvragen. Ik wilde weten hoeveel te jong ik was. 'En als ik vijftien jaar ouder was geweest?'

'Ja.'

'En veertien?' Mijn stem sloeg over, het huilerige verdween, onder iets anders. 'Twaalf? Tien? Negen?'

'Hou eens op. Waar denk je wel niet dat je mee bezig bent?'

Ik wist waar ik mee bezig was. Ik zocht het omslagpunt, de lijn, de grens, het moment, op de dag af, waarop hij zich niet voor me geschaamd zou hebben.

'Ik mag niet mee omdat ik te jong ben.'

'Nee, je mag niet mee omdat ik geen zin heb in gedoe.'

'Maar als ik ouder was geweest dan mocht ik wel mee.'

'Ja, want dan was er geen gedoe. Dat snap jij ook.'

Ik snapte het. Natuurlijk snapte ik het. *Als je hulp nodig hebt dan horen we het wel.* Ik hield mijn beker karnemelk steviger vast, klem, duwde een voor een mijn vingers in de beker, pink, ringvinger, middelvinger, wijsvinger, duim, pink, ringvinger, middelvinger, wijsvinger, duim, pink, ringvinger, *als je hulp nodig hebt dan horen we het wel,* twaalf, ik telde tot twaalf en smeet toen de beker tegen de muur kapot.

Ik wachtte tot er een piepje zou komen, uit het toestel, het signaal dat er ingesproken was, *we rijden nu weg uit Den Haag,* maar in plaats daarvan begon mijn telefoon opnieuw te rinkelen, gleed zijn naam nogmaals over het scherm, van rechts naar links, voornaam, tussenvoegsel, achternaam.

Ik dacht aan hoe ik de dag had doorgebracht vandaag, aan de bus waarin ik had gezeten. Het was de dag van het schoolreisje van de oudste. Ik had me opgegeven om mee te gaan. Ze zat nu een jaar op school. Het leek me goed als ik wat deed. Het leek me goed als ik mezelf afleidde.

De telefoon in mijn jaszak had gepiept, getingd, de hele dag. Berichtjes van mensen die me zochten, *we zien je niet*, berichtjes van mensen die wilden weten hoe ik eruitzag, *wat voor hoedje heb je op?* Ik had gekeken naar het groepje kinderen dat ik onder mijn hoede had, de vier kleuters, hoe ze klommen, sprongen, renden, in de speeltuin waar we waren. Ik had geen tijd om te antwoorden.

Ik had geen antwoord.

Terwijl ik steeds opnieuw de kleuters telde, een, twee, drie, vier, roze jas, paarse jas, blauwe jas, blauwe jas, een, twee, drie, vier, roze jas, paarse jas, blauwe jas, blauwe jas, dacht ik aan de karnemelk die langs de muur naar beneden was gelopen, aan hoe ik toen al had gedacht aan het verhaal dat het zou worden, aan het verhaal dat ik zou vertellen aan de mensen die mij nu berichtjes stuurden, aan hoe grappig ik het zou maken, alsof het een mop was, Einstein, het republikeins genootschap, kijk eens wat dom van mij. *En voor ik het wist gooide ik de karnemelk tegen de muur. Moet je nooit doen: je kunt het zelf opruimen daarna en dat is veel meer werk dan het ertegenaan smijten. Dom, hè?* Maar ik vertelde het verhaal niet, aan niemand, ook niet als grap, want dan had ik ook moeten vertellen wat er gebeurde voor de karnemelk tegen de muur spatte, *hij schaamt zich voor me,* en wat erna gebeurde, terwijl de straaltjes naar beneden liepen: *niets, hij deed niets, hij keek alleen maar, zelfs toen ik hem nog een vraag stelde, nog een als-danvraag, over hoe hij het zou vinden als ik een bedrijfsfeestje had, een kantoorborrel, en hij niet mee mocht omdat ik hem te oud vond, ik vroeg hem hoe hij zich dan zou voelen, maar hij gaf geen antwoord, hij zat daar maar, knipperde niet eens met zijn ogen*, en dat kon ik niet, dat allemaal vertellen, het hele verhaal, de mop van de karnemelk, want er viel niets te lachen, er was niets grappigs aan. Ik had geen antwoord.

Op de terugweg, in de bus, reageerde ik op de berichtjes, schreef dat ik er niet bij was, met een dubbele punt erachter en het woord schoolreisje daarna. *Ik was er niet bij: schoolreisje*. Alsof dat alles zou verklaren, het een de logische gevolgtrekking was van het andere. Schoolreisje, dus geen Prinsjesdag. *Logische Werdegang*.

Jammer, werd er geantwoord.

In de bus had ik mijn schouders opgehaald, *geeft niet*, maar ik stuurde niet nog een berichtje. Het gaf wel.

Ik telde de vier kleuters nog een keer, vlak voor ze bukten, vlak voor alle kleuters in de bus bukten. *We zijn er niet.*

Ik nam op, zei mijn naam, hij de zijne.

'Je nam niet op.'

'Nee.'

'Sliep je?'

'Ik ben nog aan het werk.' Ik klikte de website weg, de website met de foto's van mannen in jacquet en vrouwen met hoedjes, opende een document, zomaar, het document dat bovenaan stond, dat al af was, dat al weg was, dat ik niet meer wilde zien, om die reden, want wat als er een fout in stond en ik het al had opgestuurd, dus deed ik het weer weg, en daarna opende ik mijn mailprogramma. Het eerste bericht had als onderwerp *Hoed?*

Ik tikte met mijn vingers op tafel, zachtjes, zonder dat het geluid maakte, een voor een, met de vingers van mijn linkerhand, van buiten naar binnen, pink, ringvinger, middelvinger, wijsvinger, duim, steeds opnieuw, alsof ik kleuters telde.

Ik telde iets anders.

'Volgend jaar kun je mee, hoor.'

Zeven.

'Ik heb het gezien. Het stelt niet zoveel voor.'

Elf.

Ik hoorde het ruisen aan zijn kant van de lijn, het ruisen van de snelweg, *we rijden nu weg uit Den Haag*, en ik zag het raampje dat openstond, de sigaret erbij, de rook die naar buiten werd gezogen, de kegel die gloeide. Hij nam een trekje, verder was het stil.

'Ga je mee volgend jaar?'

Zes.

Ik keek achter me.

'Is goed.'

Twee.

Als je hulp nodig hebt dan horen we het wel.

Twaalf.

Piet Heintunnel

Het einde van de tunnel was nog niet in zicht. Daar reden ze altijd langzamer. Er was een hoek, een inham, rechts van de weg, aan het einde van de tunnel, en daar kon iemand staan met een snelheidsmeter. Ze wilden geen boetes, dus remden ze af vlak daarvoor, tot ze zeventig reden, om en nabij. Nu gingen we nog snel.

Voor de laatste keer zaten we achterin, hij en ik. De loodgieterstas voorin, op de stoel naast de chauffeur, het stapeltje papier op zijn schoot, de pen in zijn hand, boven het papier, ze leken iets anders te zeggen, ze leken te zeggen dat alles nog was zoals altijd, maar dat klopte niet. Het was klaar. Hij was geen minister meer.

Hij had zich vijftien maanden ingewerkt, vijftien maanden en vier dagen. Nadat hij vijfentwintig jaar advocaat was geweest, bijna. Ik keek naar de pen in zijn hand, zag tussen zijn duim en wijsvinger de zilvergrijze letters op de pen.

Ik mocht zijn pen niet gebruiken. Een vulpen gaat naar je hand staan, zei hij altijd als ik een pen zocht. Deze vulpen stond naar zijn hand. Ik had hem gezegd dat ik het niet eens wilde, zijn pen gebruiken, had hem uitgelegd dat je linkshandigen geen plezier doet met een vulpen, en ik had het hem voorgedaan, gedaan alsof ik schreef met een vulpen, hem laten zien wat er dan gebeurde, hoe mijn hand over het denkbeeldige papier gleed, hoe ik mijn eigen woorden uitwiste met die beweging, hoe ik wegwreef wat ik te zeggen had. Hij vroeg of ik dan nooit met een vulpen had geschreven en ik zei van wel, liet hem zien hoe ik dat deed, hoe dat moest, hoe ik schreef als ik een pen gebruikte waarvan de inkt nog even nat bleef als die op het papier werd achtergelaten. Ik had hem laten zien in welke bochten ik me moest wringen, in welke onnatuurlijke hoeken, om te doen wat hij deed.

'Dat schrijft toch niet lekker?'

'Nee, maar er is geen andere manier.' Onwillekeurig had ik over mijn pols gewreven, alsof ik kramp had, van het schrijven.

We kwamen van Schiphol, daar waren we net geland, teruggevlogen vanuit Sint-Petersburg.

Er waren nog wat bestuurtjes geweest waar hij in zat toen hij minister werd. Een handjevol. Het handjevol dat hij over had gelaten van de tig bestuurtjes die hij had toen we elkaar net kenden. *Ik heb tig bestuurtjes.* Het waren de bestuurtjes waar hij geen afscheid van had willen nemen, die hem het meest lief waren, maar die hij, toen hij beëdigd was, verklaard en beloofd had, God erbuiten had gehouden, uit zijn handen had moeten laten vallen. Zo zei hij het, zo voelde hij het: 'Ik moest alles uit mijn handen laten vallen.' Ook het handjevol. Ministers mochten alleen minister zijn.

Een van de bestuurtjes hield zich bezig met Sint-Petersburg. Hij was voorzitter van het bestuur, al sinds het begin. Hij noemde het zijn leukste bestuurtje. Ook dat mocht niet langer, ook daar had hij van de ene op de andere dag mee moeten stoppen. Hij had het jammer gevonden.

Er was een afscheid gepland, voor hem, voor ons, voor het bestuurtje, een afscheid van een paar dagen in Sint-Petersburg, omdat hij minister was geworden, geen voorzitter meer mocht zijn. Het had even geduurd, gepuzzel gekost, voordat het paste in de agenda die begon en eindigde in het donker. Het had zo lang geduurd dat hij zelfs geen minister meer was toen we er uiteindelijk waren. Twee dagen voor we vertrokken, in de nacht die eigenlijk al een ochtend was, hoewel het nog donker was, hoewel het natuurlijk nog donker was, had het smaldeel van de regering waar hij toe behoorde, het stukje waar hij bij zat, besloten zijn ontslag in te dienen bij de koningin. De tweede dag in Rusland werd het verleend, was hij minister-af.

Ik had op de bank gelegen toen hij me een berichtje stuurde. De avond was aan tafel begonnen, achter mijn laptop, maar ik had het niet volgehouden, was op de bank gaan liggen, eventjes. Daar werd ik wakker gepiept. Zijn bericht begon met lieve en mijn naam. Er stond niet dat ze onderweg waren, *we rijden nu weg uit Den Haag*, er stond dat het laat zou worden, dat ik maar beter naar bed kon gaan. Hij sloot af met een zoen en zijn naam. Tussen een aanhef en een afsluiting wenste ik hem succes. Toen hij me wakker maakte, zaterdagochtend, in het donker naast me kwam liggen, mijn oor opzocht, mijn oor vrijmaakte, van haren, zodat zijn woorden naar binnen konden, zei hij dat hij weer advocaat zou worden, nu, dat hij zijn vijfentwintig jaar zou volmaken.

Ik keek hem aan, met mijn ogen niet helemaal open omdat het licht van zijn nachtlampje in mijn gezicht scheen. Door mijn wimperharen heen zag ik dat hij boos was, hoewel hij het bracht als iets vrolijks, alsof hij de tweede spijker achter zijn oor vandaan haalde, of tussen zijn tanden vandaan viste, waar hij hem had vastgehouden toen hij de eerste spijker door het bordje heen in het hout van de deur sloeg, *advocaat*, haakje openen, *mediator*, haakje sluiten, *tik, tik, tik*, de tweede spijker die hij er nu in ging slaan, terwijl er uit een radio met verfvlekken die bij zijn voeten stond een vrolijk muziekje kwam en de loodgieterstas ernaast openstond en wachtte op de hamer die er zo weer in zou worden gelegd, na de tweede spijker, *tik, tik, tik, klaar*.

Door mijn wimpers zag ik hoe hij naar het plafond keek, even, en daarna naar mij. Ik deed mijn ogen iets verder open, liet zien dat ik hem zag. De rimpels tussen zijn wenkbrauwen verdiepten zich. 'Ik was nog maar net begonnen.'

Er werd een voet van het gaspedaal gehaald, we minderden snelheid, het einde van de tunnel, met de inham, de hoek, kwam in zicht. Aan mijn voeten had ik nieuwe schoenen, een soort sloffen waren het, de stof was slap, vanbinnen zat er iets wat aan wol deed denken. Hij had ook nieuwe schoenen. We hadden ze gekocht in Sint-Petersburg. Meer dan een meter sneeuw had er gelegen. We waren er niet op gekleed geweest.

De dag voor vertrek, de zondag, had hij zijn kamer op het ministerie leeggeruimd, zijn spullen mee naar huis genomen, en stapels papier, stukken, in dozen, verhuisdozen, vierentwintig verhuisdozen. Ik dacht aan bijna vijfentwintig.

'Wat veel.'

'Ja. Voor de zekerheid.'

Ik had de ladder gepakt, we hadden de dozen opgestapeld, in de gang, er een vierkant van gemaakt van vijf bij vijf met een gat in de hoek linksboven, een ontbrekend stukje.

'Staat het stevig zo, denk je?'

Ik had een zetje tegen de dozen gegeven, gedacht aan de boeken op zijn nachtkastje, de stapel, mijn tijdschriften, aan alles wat om kon vallen, en ik had naar het plafond gewezen, naar het schuine dak. 'Goed dat het zo hoog is, hier.'

Hij keek ook. 'Ja.'

'Ik denk dat het wel blijft staan.'

De volgende ochtend, vroeg, het was nog donker, hadden we wat spullen in een koffer gedaan. We kwamen aan in Sint-Petersburg zonder warme schoenen en met maar één paar handschoenen.

De chauffeur had laten weten dat hij hem kwam halen, vanaf Schiphol, dat hij weliswaar geen minister meer was, sinds dinsdag, maar dat ze nog iets hadden wat hij moest tekenen, dus dat het gewoon kon, dat het volgens de regels was, hem nog één keer rijden, het had nut, en bovendien had hij hem weggebracht en als je iemand wegbracht, moest je diegene ook weer halen, dat hoorde, dat wist iedereen.

Hij had erom gegrijnsd en het mij laten lezen, het berichtje van de chauffeur, in Sint-Petersburg, terwijl we een museum uit liepen op onze nieuwe schoenen en met ieder één handschoen, ik links hij rechts, en de vingers van de andere hand, die van hem, die van mij, hij links, ik rechts, in elkaar gestrengeld in zijn jaszak. Ik had het piepje van zijn telefoon gevoeld tegen mijn ringvinger.

Eerder die dag had hij me ook een berichtje laten lezen, een berichtje van de partijleider, terwijl we in een museum stonden, een ander museum. Er stond iets in over jagen, *ze jagen op ons*, iets over journalisten, de pers, iets over dat er geen fouten gemaakt mochten worden, dat iedereen bestuurder-af was, dat foto's van ex-ministers in dienstauto's een slechte beurt zouden betekenen, en aan het einde stond er nog een vorm van alsjeblieft.

Opeens had ik gevoeld hoe moe ik was, van alles, en daarna hoorde ik zijn kamerheer, in mijn hoofd, en ik zag ze staan, zijn kamerheer en hij, in zijn kamer op het ministerie, als hij zuchtte, moe was, van alles, maar aan de bak moest, omdat er mensen op hem wachtten, omdat er verwachtingen waren, *aller ogen zijn gericht op Kwatta, meneer,* zei zijn kamerheer dan. Dan grijnsde hij en daarna keken ze naar mij, vroegen ze of ik wel wist wat dat betekende, die uitdrukking, *de jongedame*, zei de kamerheer, *weet de jongedame wel wat het betekent*. Ze stonden klaar om het uit te leggen.

Ik liet ze het vertellen, terwijl ik de smaak van koetjesrepen in mijn mond proefde, omdat het zo gesmaakt moest hebben,

Kwatta, als koetjesrepen, die ik als kind weleens kreeg, op soepdagen, en terwijl ze spraken over soldaatjes en chocolade en slogans dacht ik aan soep. Lekker. Makkelijk.

Hij had het herhaald, een veelvoud van bijna vijfentwintig keer, *ik was nog maar net begonnen*, terwijl we naar de Russische stad vlogen, door de Russische stad liepen, in een Russisch hotel sliepen, *ik was nog maar net begonnen*. Het stopte pas in museum nummer tig, waar we keken naar schilderijen met taferelen van lang geleden, waarop te zien was wat er toen gebeurde, hoe het toen ging.

'In die tijd werd je doodgemaakt als ze klaar met je waren.'

'Ja.'

'Dan valt dit wel mee. Ik hoefde alleen maar af te treden.' Hij glimlachte terwijl hij het zei.

'Ja.'

'Ik kan weer advocaat worden.'

Zachtjes had ik hem meegetrokken, met een kleine beweging van mijn hand die in de zijne lag, naar het volgende schilderij, *kom maar*. Het was een treinstation, een afscheid, iemand die in militaire dienst ging, voor twintig jaar.

'Wat lang.'

'Ja.'

We waren van plan geweest handschoenen te kopen, voor hem, of voor mij, maar we zochten niet, keken niet om ons heen naar handschoenenwinkels. Mijn hand bleef in de zijne in zijn jaszak.

We kwamen bij het einde van de tunnel. De chauffeur remde. Ik keek opzij, naar hem, naar de vulpen die boven het papier hing en daarna naar zijn blik, die naar buiten was gericht, naar de muren van de tunnel. Hij keek alsof hij kon gaan bukken, als een kleuter in een bus, ondeugend, *we zijn er niet*.

Haarlemmerdijk

Ik haalde croissants, op de fiets, terwijl ik in mijn hoofd de punt van een passer prikte in het huis waar we woonden en een cirkel trok om een vorige cirkel heen, die om een vorige cirkel heen was getrokken, die om een vorige cirkel heen was getrokken. In de ambtswoning zat inmiddels een gat. Ik deed het langzaam, zorgvuldig, en toen de cirkel rond was, de nieuwe cirkel, de buitenste, toen het grijze puntje bij het begin van de grijze lijn was aangekomen, haalde ik de passer van het papier, kraste de naam die ik bij de vorige cirkel had geschreven door, *waar ik nu eten voor hem haal*, en schreef dezelfde woorden bij de buitenste cirkel, *waar ik nu eten voor hem haal.*

Hij at slecht. Hij was behandeld met iets anders, met iets wat ook niet hielp, wat ook niets bracht, maar het was een therapie waar je in ieder geval niet van zou hoeven overgeven, was er gezegd. Toch was het gebleven, het overgeven, was het niet gestopt. Alles kon verkeerd vallen. Al het weinige dat hij at. Hij at weinig. Hoe minder hij at, hoe groter mijn cirkels werden.

Ik dacht aan alles wat hij ooit lekker had gevonden. Ik haalde alles wat hij ooit lekker had gevonden. Op de fiets, door de stad. In een cirkel.

'Zal ik soep voor je maken?'

Hij vond mijn soep lekker. Ik kon soep verkopen. En maken. Dat ik mijn soep zelf niet lekker vond, vond hij idioot.

Hij wist het al snel, van de soep, dat ik die niet at. We hadden in een restaurant gezeten, in onze eerste zomer. Kijkend naar de kaart had hij gezegd dat ze ook soep hadden. Ik had geantwoord dat ik geen soep at.

'Hoe bedoel je?'

'Ik eet geen soep. Ik vind het niet lekker.'

'Soep niet?'

'Nee.

'Geen enkele soep?'

'Nee.'

'Hoe kan dat nou? Ze smaken toch allemaal anders?'

Hij vroeg of het iets met mijn buffetangst te maken had of met het overgeven, maar ik zei van niet, dat was het niet.

'Voor iemand die niet van vis houdt, smaakt alle vis naar vis. Dat heb ik met soep. Voor mij smaakt alle soep naar soep, heeft alle soep een soepsmaak.'

'Een soepsmaak?'

'Ja, zoals soep smaakt. Naar soep.'

Hij had gelachen, zich hardop afgevraagd wat voor gekke dingen ik nog meer had. Ik had hem verzekerd dat hij alles nu wel had gezien, dat hij verder aardig met me voor de dag kon komen. Ik vertelde niet over mijn vingers, wat ze deden, hoe ze telden, hoe ze bezwoeren, het onheil op afstand hielden, het ongeluk.

Als ik soep voor hem maakte, op de tast, bijna, en proefde in mijn hoofd, de smaken voor het soep werd, voor de soepsmaak eroverheen ging, zei hij dat ik hem echt eens zelf moest proeven.

Hij kon geen soep verkopen.

Hij vond zoveel wat ik maakte lekker, alles vond hij lekker.

'Mensen denken vast van alles, maar ik ben bij je voor je witlof.'

'Dat weet ik.'

Toch waren mijn cirkels groter geworden. Voor iemand die niet meer van eten houdt, smaakt al het eten naar eten.

Nu haalde ik croissants in de buitenste cirkel.

'Het zijn de beste van de hele stad.' Hij had het jaren geleden gezegd, de winkel aangewezen, eerst, en later waren we gestopt, had hij ze me laten proeven. 'En?'

Die van hem was al op. Ik at nog. We stonden voor de winkel. Hij zat op het zadel van zijn fiets, met een been leunde hij op de stoep, mijn fiets had ik tussen mijn benen, mijn onderarmen rustten op het stuur.

Het was een lekkere croissant. Ik probeerde te bedenken waarom deze de beste zouden zijn, volgens hem. Ik had naar ze gekeken, daarvoor, in de winkel, naar hoe ze in de vitrine lagen opgestapeld. Ze waren groot, dat viel me op, veel groter dan de meeste croissants in de stad, in de hele stad. Ik dacht dat het daarmee te maken moest hebben, met hun grootte, dat dat ze goed maakte, voor hem. Ik had het al in de gaten. Je moest gul zijn, geven, je boter, je bloem, je gist, je melk, jezelf, alles geven, en nog een beetje meer, dan was het goed, dan was het het beste, van de hele stad.

'Heerlijk.'

Hij had geknikt, een *zie je wel*, een *ik zei het toch, de beste croissants.*

Ik hield eigenlijk meer van koffiebroodjes.

Ik hoopte dat hij een croissant zou eten. Een grote. En dat hij dan niet zou hoeven overgeven.

De chemo had niet gewerkt. De volgende therapie ook niet. Dat wisten we nog niet zo lang. Hij wist het nog niet zo lang.

Hij had hoop gehad, voor hij eraan begon, toen het ons werd uitgelegd, wat ze nu gingen doen, wat immunotherapie was. Hij dacht aan tijd en zich wat beter voelen en aan iets wonderbaarlijks. *Dat kan toch?* had hij aan mij gevraagd, nadat we klaar waren, naar huis mochten, onderweg waren naar de uitgang, tijd en je beter voelen en iets wonderbaarlijks, dat kon toch? En ik had geknikt, ja gezegd, natuurlijk kon dat, tijd, beter, wonderbaarlijk.

Ik dacht niet dat het zo zou gaan, ik dacht dat het anders zou gaan, niet, zelfs, ik dacht dat het niet zou gaan, maar omdat hij had gezegd dat hij iemand nodig had, naast zich, die er ook in geloofde knikte ik, zei ik dat dat natuurlijk kon, tijd, beter, wonderbaarlijk. Zo wrong ik mezelf in bochten de draaideur van het allerergste ziekenhuis door terwijl ik met mijn hand tegen het glas van de automatische deur duwde en wegwreef wat ik te zeggen had.

We gingen een paar keer, naar het allerergste ziekenhuis, voor de volgende therapie, de immuno, die na de chemo kwam.

Ik zat naast hem, op een stoel, en hij werd aangeprikt, op bed. Terwijl de eerste zak leegliep in zijn aderen, viel hij in slaap. Daarvoor, toen hij nog niet aan de beurt was, we nog in de wachtkamer zaten, in afwachting van de zak, waren zijn ogen al af en toe dichtgevallen.

'Ik val bijna in slaap.'

'Wil je op mijn schouder, met je hoofd?'

'Wat moeten die mensen hier wel niet denken als ik in slaap val?'

'Dat je moe bent.'

'Ik wil dat niet.'

Dus speelden we een spelletje, om hem wakker te houden, zeiden we woorden, om beurten, de laatste letter van zijn woord, was de eerste van het mijne. We speelden het met etenswaren. Ik lette op wat hij zei, op zijn woorden, parmaham, *mandarijn*, noga, *aardappel*, stokbrood, *drop*, en toen hij aan de beurt was, mocht liggen, in slaap viel, maakte ik boodschappenlijstjes in cirkels, zat ik naast hem tot mijn billen pijn deden en nog wat langer, nog een beetje meer, hield zijn telefoon in de gaten, las de berichtjes die binnenkwamen, schatte in of ik hem wakker moest maken, of het spoed had, of het voorging. Soms antwoordde ik, vroeg of het spoed had, of ik hem wakker moest maken, tussen een aanhef en een afsluiting in, maar dat hoefde niet, als ik hem er maar wel op wees, als hij wakker werd, op de dingen die voorgingen.

Na drie keer zouden ze kijken, vanbinnen, of het iets deed, de immunotherapie, en na vijf keer zouden ze nog een keer kijken, omdat er sprake kon zijn van pseudoprogressie, die derde keer. *Gemetastaseerd* NSCLC, *humerusfractuur, intensivist, pseudoprogressie.*

Soms zwollen de cellen een beetje op, werden ze wat groter, voordat ze zich gewonnen gaven, had de arts uitgelegd. Het kon lijken of de boel groeide, terwijl het de keer erna, de vijfde keer, al een stuk beter was, minder was, kleiner werd. *Pseudoprogressie.* De arts had zijn handen erbij bewogen, alsof hij een bal vasthield, een ballon misschien wel, die opzwol, groter werd, waarna hij hem weer liet krimpen, tot zijn handen heel dicht bij elkaar waren, nog maar een heel klein balletje vasthielden, maar nog wel vasthielden, een balletje, of een ballonnetje, met bijna alle lucht eruit, slap, lubberig, maar nog wel een ballonnetje.

Ik had tijdens de uitleg met mijn vingers op de rand van de stoel getikt, van buiten naar binnen, pink, ringvinger, middelvinger, wijsvinger, duim, *pseudoprogressie,* pink, ringvinger, middelvinger, wijsvinger, duim, steeds opnieuw, terwijl ik dacht aan dingen die nog even heel fel brandden voor ze uitdoofden. Even had ik naar hem gekeken, van opzij, en daarna had ik gedacht aan de lampen thuis, in de ambtswoning, aan hoe die hetzelfde deden, *pseudoprogressie,* aan hoe ze eerst fel gingen branden voor ze ermee ophielden, het licht zo scherp dat je ogen vanzelf wat meer dichtgingen, spleetjes werden, en dan was er een pats, en bleef er een geblakerd bolletje over, zwarte aanslag aan de binnenkant van het glas, dat ik weggooide nadat het was afgekoeld.

'Weer een?'

'Ja.'

Er was iets met de elektriciteit, boven in de ambtswoning. Misschien beneden ook wel, waar de kroonluchters hingen, misschien knalden die ook wel om de haverklap, wat nog veel meer werk zou zijn, maar daar was ik niet bij, die hoefde ik niet te vervangen, dat deed iemand anders, ik was druk met het vervangen van de lampen boven.

Soms hoorde ik een *O* als hij een lamp aandeed, in de huiskamer, naast de keuken, waar ik zat. 'O.' *Pats.*

'Weer een?'

'Ja.'

'Waar zijn de bolletjes?'

'Op hun plek.'

Ik zag hem voor me, in de kamer naast me, waar ik hem nu niet kon zien, ik zag voor me hoe hij daar stond, in het donker, bij de lamp, het felle licht van de pseudoprogressie nog in zijn ogen, knipperend, vragend, peinzend.

'Ik doe het zo wel.'

Soms kwam hij thuis, 's avonds, in het donker, aan de rand, en vroeg hij waarom het zo anders leek, hier.

Dan wees ik hem op een lamp die stuk was, waar nu een bolletje in zat uit een andere lamp, die een bolletje had uit een andere lamp, die een bolletje had uit een andere lamp en dan wees ik op de laatste lamp, verderop, in de hoek, die uit was. 'De bolletjes waren op.'

'Het is donker daar nu.'

'Ja.'

'Er moet wel een nieuwe komen.'

Dan zei ik niets, wat moeite kostte, vroeg hem hoe zijn dag was geweest, met mijn haren vast, achter op mijn hoofd, zodat er geen hand hoefde te zijn die ze achter een oor stopte, daar waren ze al, ik luisterde al, en vertelde, daarna, over de mijne, over mijn dag, wat ik had gedaan, *werken, kinderen, tanden, pyjama's, natte haren, boekjes, afwas*, 'en die bolletjes dus'.

Ik vertrouwde de elektriciteit daar niet. In het allerhoogste puntje, onder het schuine dak, sprongen de lampen nooit, hier liet ik de kinderen zonder nachtlampje slapen, omdat ik het woord *kortsluiting* in mijn hoofd hoorde, en daarna het woord *brand*. Tegen het donker liet ik de gordijnen voor ze op een kier, zodat het oranje licht van buiten, van de lampen die het pand verlichtten, die zeiden *kijk eens hoe mooi dit wel niet is*, nog beter naar binnen kon schijnen. 's Nachts was alles altijd oranje.

De arts had verder verteld, over de therapie, over hoe het zou gaan, elke keer, dat hij eerst bloed moest laten prikken, die dagen, dat ze daarna pas de zakken zouden laten komen, omdat ze duur waren en niet voor niets mochten worden gehaald. Ergens kwam een vraag bij me op, met *sowieso* erin, en *voor niets*, en daarna nog een vraag met *als* en *dan*, maar ik hield ze voor me, de vragen, wat geen moeite kostte, en ik luisterde naar de bijwerkingen, die minimaal waren, en naar de vraag, naast me, van hem, een vraag met *overgeven* erin en *niet*. Ik hoorde de bevestiging van de arts, ook weer met *overgeven* erin en *niet*, dat hoefde niet, dat hoefde niet meer, dat zou niet meer gebeuren, maar ik dacht aan hoe je langs het ziekenhuisrestaurant moest als je bloed wilde laten prikken, dat er geen andere route was dan langs het eten, en ik wist zeker dat hij niet voorbij de saucijzenbroodjes kon komen zonder te sneuvelen en bijna vroeg ik *Wedden?* Ik zag de emmers voor me, die ik aangaf, weghaalde, aangaf, en ik was weer terug in de ambtswoning, bij de patsen die daar klonken, *pats, pseudoprogressie*, maar ook bij de tikken die ik daar hoorde, soms, in de herfst, in de winter, tikken, eerst, en daarna plokken, *plok*.

De eerste keer dat ik het hoorde was het november. Het was de eerste herfst daar, onze eerste herfst. Ik zat in de keuken, die klein was, waar ik het liefste was, en waar hij ook zat, aan de randen van de dag, 's avonds soms en 's ochtends meestal, bij de koffie en het sap. Overdag zat ik er alleen.

Ik tikte, ik tikte eerst mee, met iemand die sprak, aan de telefoon, en daarna tikte ik zelf, tikte ik wat er bedoeld was, en daarna hoorde ik plotseling iets anders tikken, tussen mijn aanslagen door, regelmatiger dan mijn vingers, maar veel minder vaak, bijna zoals zijn vingers, die voorbij een weekend konden tikken, voorbij een volgend weekend ook nog wel, en ik vroeg me af wie het was die daar tikte en ik stond op, liep naar de kamer, waar niemand was, natuurlijk, ik was alleen, ik was alleen en wachtte tot ik weer een tik hoorde, en nog een, ik liet me leiden door het geluid, door het tikken, liep ernaartoe, naar waar het geluid vandaan kwam, keek naar de vloer, naar het plafond, en zag het water naar beneden druppen, *tik, tik, tik*.

Het lekte. Er zat een gat in de ambtswoning, alsof iemand erin had geprikt, in het huis, met een passer, om een cirkel te trekken, eromheen, en nog een, en nog eens, steeds groter.

Ik pakte een emmer, zette hem op de vloer waar het nat was, en daarna hoorde ik een plok, en nog een, en nog een, *plok, plok, plok*, in de emmer, tussen mijn tikken door, alsof er iemand tegen me sprak, op me reageerde, met lange tussenpozen maar wel regelmatig. Later hoorde ik het weer tikken, tussen de plokken door en tussen mijn tikken, het kwam ook ergens anders door het plafond. Ik zette nog een emmer neer en toen werd er van twee kanten tegen me gesproken. Voor de derde plek waar het tikte, had ik geen emmers meer. Er waren nog niet zo veel bloemen geweest, nog niemand gaf over. Ik legde een dweil op de grond.

Op de stoep, tegenover de winkel met croissants, stapte ik van mijn fiets. Ik bukte om hem op slot te zetten, voelde hoe mijn billen zeer deden van het zadel en ik dacht aan de vijf ochtenden dat ik zere billen had gekregen, de vijf keer dat de zakken zijn aderen in waren gegaan, vijf ochtenden die middagen waren geworden terwijl ik naast hem zat, terwijl hij sliep en ik zijn telefoon in de gaten hield en boodschappenlijstjes in cirkels maakte.

De uitslag na de derde ochtend die een middag werd was niet goed geweest. Er was niets kleiner geworden, niets verminderd, maar de arts deed weer alsof hij een bal in zijn handen had, een ballon, die opzwol en daarna kromp, en er zouden nog een vierde en een vijfde keer komen.

Het kon nog steeds, zei hij, op weg naar de draaideur, en ik had geknikt, beaamd, ja, het kon nog steeds, *tijd, beter, wonderbaarlijk.*

Na de vijfde ochtend die een middag werd, de vijfde ochtend waarin er zakken leegliepen de middag in, zijn bloedbaan in, hadden we weer voor een beeldscherm gezeten en ik had gedacht aan tijd, beter, wonderbaarlijk, aan wonderbaarlijk vooral, aan hoe wonderbaarlijk het was dat ik bij de echo's van mijn buik nooit iets had gezien, nooit had gesnapt waar ik naar keek, dat alles grijs was geweest voor me, van zilvergrijs tot alleen maar grijs, en dat ik nu alles wél begreep, kon plaatsen, wist hoe het zat, al voor ik het zag.

Drie keer had ik op tafel gelegen met een apparaat op mijn buik, met hem naast me, onze blikken gericht op een beeldscherm. Alles werd aangewezen. Hier de ribben. Hier het hartje. Hier de niertjes. Ik zag het allemaal niet. Hoe ik ook zocht naar streepjes onder elkaar, naar iets wat klopte, regelmatig, ritmisch, naar iets niervormigs – want dat moest toch wel te vinden zijn, iets niervormigs? – ik zag het niet. Toch knikte en humde, zei ik ja, wilde ik niet laten zien dat ik het niet zag, dat ik niet wist waar ik het zoeken moest. Buiten zei ik het hem, dat ik er niets van begrepen had. Hij ook niet, zei hij, maar alles was goed en gezond en vast ook wel niervormig.

Nu – al sinds de eerste keer scrollen door zijn romp, sinds de eerste scan van zijn binnenkant, twee keer naar beneden en weer terug, toen het aangewezen werd, het grijs, in verschillende kleuren, van zilvergrijs tot alleen maar grijs – had ik gesnapt, gezien, wat waar zat, wat wat was, waar ik het zoeken moest.

Kort daarvoor was er nog een foto gemaakt, in het niet-allerergste ziekenhuis, een foto van zijn been. Ik had erom gevraagd. Het was niet nodig, hadden ze geantwoord, het zat zelden in de ledematen. Ik had naar mijn voorhoofd willen wijzen, met mijn wijsvinger, er drie keer op willen tikken, *tik, tik, tik*, maar ik deed het niet, ik wees op zijn armen, op wat daar gebeurd was, gebroken, aan beide kanten, terwijl het zelden in de ledematen zat. Ik hoorde een ja, naast me. Toen mocht hij op de foto. Het kon meteen.

Op de röntgenafdeling wilden ze me wegsturen, *alleen de patiënt*, maar hij zei dat ik erbij moest zijn, dat hij mijn hulp nodig had, met zijn kleren, en de rest, *zij weet hoe het moet*, en toen mocht ik blijven. Nadat ik hem geholpen had, de tafel op, nadat ik hem had klaargelegd, gevraagd of het ging, zo, nam de man van de röntgen me mee, de man die ik net had toegevoegd aan de lijst *mensen die de afgelopen jaren ja tegen hem zeiden.* Hij zette me naast zich neer, waar het veilig was, waar de stralen niet zouden komen, bij het beeldscherm waar de foto op verscheen. Femur, rechts, las ik. Ik zag een bovenbeen. *Gemetastaseerd NSCLC, humerusfractuur, intensivist, pseudoprogressie, femur*. Rechts kende ik wel. Net als de grijze vlekken, de plekken, die ik zag, bij het bot, in het bot, om het bot, ook die kende ik. Ik wist waar ik het zoeken moest. Ik zag het.

Op de weg terug naar de spreekkamer, nadat ik hem had aangekleed, gevraagd had of het ging, zo, vroeg hij of ik iets had gezien, op het beeldscherm. 'Kon je iets zien?' Ik dacht aan al het grijze en probeerde te bedenken of het moest, of het hoorde, ook, of ik diegene moest zijn die hem onderweg van een foto naar een kamertje zou zeggen dat het daar nu ook zat. *Het zit nu ook daar, in je femur, rechts.*

'Weet je nog die echo's van de kinderen? Ik zie nooit wat.'

Hij knikte. Dat wist hij nog wel, dat ik diegene was die nooit iets zag, geen streepjes, niets kloppends, niets niervormigs.

De arts vertelde het uiteindelijk, dat het daar nu ook zat, in zijn femur, rechts, en ook daarin kwam een pen, in zijn rechterbovenbeenbot, tegen het breken, *tik, tik, tik, klaar*. De volgende dag, de dag na het tikken, had ik hem opgehaald uit het ziekenhuis. Het was onze trouwdag. Ik kreeg weer een nieuwe zenuwspiraal mee naar huis.

Ik stapte de winkel binnen. De croissants lagen opgestapeld in de vitrine. Ze waren kleiner dan ik me herinnerde, de grote croissants. In de zaak rook het naar saucijzenbroodjes.

Als ik een weddenschap zou hebben afgesloten, had ik die gewonnen. Hij was blijven overgeven.

Ik vroeg me af of het aan het overgeven lag, dat ik daarom al wist hoe het eruit zou zien, de grijze vlekken, dat ik daarom al wist wat ik zou zien voor ik het zag, voordat de arts zijn mond opendeed en zijn scherm omdraaide, dat ik al wist dat het gegroeid zou zijn, dat er geen verbetering was, dat er sprake was van het tegendeel, dat de immunotherapie niets had gedaan voor hem. Of misschien was hij het zelf, deed hij me denken aan de gloeilampen in de ambtswoning, had ik al gezien hoe hij feller was gaan branden, hoe hij gaf, zijn boter, zijn bloem, zijn gist, zijn melk, zichzelf; alles geven, en nog een beetje meer, dan was het goed, dan was het het beste, van de hele stad.

Ik zag hem weer zitten, in de keuken, die klein was, waar ik het liefste was, en hij ook, aan de randen van de dag, maar nu vaker, niet meer alleen aan de randen, maar ook zomaar in het midden, als grijze vlekken, grijze plekken, ik zag hem zitten met een map voor zich, een brievenmap, met in elk vakje, achter elk stuk karton, een andere brief, van iemand uit de stad, of daarbuiten, of ver daarbuiten, met sterkte of beterschap of een herinnering of een verhaal of een advies of een cadeautje, en achter elke brief zat zijn antwoord, getikt, geprint, maar zonder aanhef en afsluiting, die schreef hij met de hand, dat hoorde, hij hief zelf aan, hij sloot zelf af, terwijl hij voorovergebogen zat, ver genoeg om zijn hand die uit de mitella stak op het papier te laten rusten, of zijn twee handen die uit twee mitella's staken, zo hief hij aan en zo sloot hij af, en soms schreef hij de hele brief zelf, met twee handen uit twee mitella's.

'Is dit te scheef?'

Dan leunde hij een beetje naar achteren, probeerde het van een afstand te zien.

'Nee.'

'Is het te lezen?'

Ik trok het blaadje naar me toe, met een vinger, draaide het in dezelfde beweging om. Alles wat hij schreef kon ik lezen, zelfs als het geschreven was met twee handen in twee mitella's en met balpen. Ik keek naar het handschrift, dat veranderd was, anders was, en vroeg me af of iemand, iemand uit de stad, of daarbuiten, of ver daarbuiten, het zou kunnen lezen. Dan zochten mijn ogen de *dank u wel*, die ze vonden, in de eerste regel, dat was genoeg.

'Ja.'

Soms vroeg ik hem of hij het niet kon laten zitten, het schrijven, aan iedereen, zei ik hem dat we ook iets anders konden doen, in de tijd die het nam, of niets, we konden ook even niets doen. Dan schudde hij zijn hoofd, 'je hoort altijd dank je wel te zeggen', en schreef verder.

Misschien was dat het wel, misschien zag ik het felle licht en wachtte ik op de *pats* en de aanblik, daarna, van zwartgeblakerd glas.

De arts had het gezegd, na de vijf ochtenden die middagen werden, gezegd dat het niet geholpen had, het op het beeldscherm laten zien, de plaatjes, om beurten, van ervoor en erna, en hij had gekeken naar wat ik al wist voor ik het zag, de veranderingen in het grijs.

Ik kocht vijf croissantjes. Toen de man achter de toonbank zijn *anders nog iets?* zei, klonk het als een *handen omhoog of ik schiet* en alsof het mijn laatste kans was, wees ik naar de koffiebroodjes, *eentje graag.* Het koffiebroodje kreeg een eigen zakje.

Op de fiets nam ik een hap. Daarna hield ik mijn stuur vast, terwijl ik met twee vingers het zakje vasthield waar het koffiebroodje half uitstak en trapte mezelf weg. De croissantjes lagen in mijn fietskratje.

Ik dacht na over hoe ik moest fietsen, zag de grijze cirkels voor me die ik getrokken had met mijn passer, om de ambtswoning heen, van klein naar groot, en ik hoorde zijn stem, van jaren geleden, zijn stem terwijl hij achter me fietste, zijn stem die eerst dichtbij had geklonken, 'Wat zit jij altijd mooi rechtop', en daarna opeens verder weg was geweest, 'Waar ga je naartoe?!'

Ik was gestopt en had gewezen. 'Ik dacht zo.'

'Dat is om.' Hij had zijn hoofd geschud en we waren de andere kant op gegaan.

Al fietsend had hij me uitgelegd hoe het zat, in deze stad, hoe deze stad werkte. 'Het zijn allemaal concentrische cirkels.' Hij had boogjes gemaakt met zijn hand, halve rondjes, van het IJ tot het IJ, en er daarna met zijn vinger strepen doorheen gezet. 'Je moet altijd eerst zoveel mogelijk naar het midden en dan pas opzij.'

Ik had geknikt, hem uitgelegd dat in de polder waar ik vandaan kwam alles vierkant was, dat het daardoor kwam, dat ik gewend was dat het niet uitmaakte, als je maar *links rechts* deed, of *rechts links*, of *rechts rechts links* of *links rechts rechts*, dan kwam je er wel, dan kwam je er wel uit. Ik had paardensprongen gemaakt met mijn vinger en hij had er spottend naar gekeken.

'Hier maakt het dus wel uit. Altijd eerst zo veel mogelijk naar het midden.'

Ik had geknikt, gedaan of ik het snapte, maar echt begrepen had ik het nooit. Het was iets gebleven wat ik hardop moest zeggen, *altijd eerst zo veel mogelijk naar het midden*, anders lukte het niet, mijn gevoel bleef *rechts rechts links* zeggen of *links rechts rechts*. Maar nu, met de ambtswoning in het midden, waar een gat in zat, het gat van mijn passer, begreep ik het, voelde ik het, zag ik de cirkels die ik getrokken had, zag hoe ik er dwars doorheen moest, door de cirkel waar ik nu eten voor hem haalde, en door de cirkels waar ik eerder eten voor hem haalde, cirkel na cirkel, eerst zo veel mogelijk naar het midden, en dan nog een klein stukje opzij.

Ik haalde een hand van het stuur, wilde nog een hap nemen van het koffiebroodje, maar toen dacht ik aan grijze vlekken en overgeven en of hij misschien ook liever koffiebroodjes zou eten, nu, net als ik, of we misschien hetzelfde waren, toch, wat dit betreft dan, nu, en ik liet het koffiebroodje terug in het zakje glijden.

Hij hoefde ze allebei niet. De croissants niet en het koffiebroodje niet. Hij wilde wel koffie, die hij niet dronk en die ik later weggooide, afgekoeld, koud, door de gootsteen spoelde. Ik dacht drie stalen pennen te horen vallen op een houten ondergrond, maar het was de koffie die door de afvoer liep.

Keizersgracht

Ik zat bij hem achterop. We stonden stil boven op een brug. Het was zaterdagavond. Ik had mijn oor tegen zijn rug aan, tegen zijn overhemd. Hij droeg geen jas.

Hij had hem opgetild, zijn jas, voor we de ambtswoning uit gingen, om wat te eten, snel ergens. We waren hongerig. Ik had even gekeken naar de doos waar hij hem afhaalde, waar de jas op had gelegen, een doos in de gang waar BOEKEN op stond. Daarna had ik gezien hoe hij een *wat denk jij?* naar me keek en ik had gezien dat hij het warm had, had mijn hoofd geschud, *het kan wel zonder* keek ik terug. We zaten midden in een verhuizing.

De bruggen over de dwarsgracht waren verlicht, ik zag de bogen, in de verte. Dichtbij hoorde ik zijn ademhaling, niet door mijn oor dat tegen zijn overhemd lag, maar door mijn andere oor. Ik hoorde hem hijgen. Hij was net de brug op gefietst, een hoge, en hij had gezegd dat ik moest blijven zitten toen hij voelde dat ik eraf wilde springen. Voor de brug had hij snelheid gemaakt, op tijd, hij was harder gaan trappen en ik had een beetje mee geduwd, met mijn handen op zijn bovenbenen, maar toen het omhoogging, de brug op, en ik voelde hoe snel het langzamer ging, hoe het al begon te wiebelen, had ik mijn oor van zijn overhemd gehaald en aanstalten gemaakt. 'Nee, blijf zitten.'

Ik had mijn adem ingehouden. En mijn *dat red je niet*.

Hij redde het. Net. Ik had uitgeademd.

Nu hijgde hij uit, boven op de brug, en ik keek naar de bruggen van de dwarsgracht en naar waar ik het huis wist, verderop, aan dezelfde dwarsgracht, het huis waar hij naar beneden was gelopen, gerend zelfs, jaren geleden, waar hij de deur voor me open had gedaan, me hijgend voor was gegaan naar boven, toen het te warm was voor de tijd van het jaar, toen de stof van zijn overhemd donker kleurde onder zijn borst, toen we net begonnen waren, misschien nog niet eens begonnen waren. In een oogopslag zag ik de jaren ertussen, van toen naar nu, van hier naar weer hier.

We hadden uitgepakt, vandaag, de hele dag. De dag ervoor waren we verhuisd, van het appartement in het allerhoogste puntje, onder het schuine dak, waar we konden uitkijken over de hele stad, naar de ambtswoning, waar we uitkeken op de gracht en aan de achterkant op een rode beuk, die paarsig was nu, in het voorjaar, op de tweede dag van april. We hadden ernaar gekeken, vandaag, naar die gracht, maar vooral naar die beuk, tussen het uitpakken door, als we pauze hadden, koffiedronken, en hij een sigaret voor me opstak, of ik voor hem. Dan zat ik op de vensterbank en hij zat erbij, ernaast, op een van de weinige stoelen waar geen doos op stond en dan keken we naar buiten, naar de boom.

'Groot, hè?'

'Ja. Paars ook.'

'Is dat hekje wel stevig?'

De ramen stonden open. Het was uitzonderlijk warm, ook, weer, te warm voor de tijd van het jaar. Toen hij opstond, vooroverboog, om even aan het hekje te voelen, ertegenaan te duwen, zag ik dat zijn gezicht glansde. Ik stond ook op, deed hetzelfde, vooroverbuigen, aan het hekje voelen, ertegenaan duwen. Het was stevig. We keken naar de boom, hij nam een trekje van zijn sigaret en ik voelde hoe op mijn rug, onderaan, waar de handtekening moest komen, zijn vingers in de lus van mijn broek haakten.

Het waren nieuwe hekjes. De vorige hekjes waren lager geweest. Dit was veiliger voor de kinderen. Het was een van de weinige dingen die veranderd waren, die we hadden laten doen, hogere hekjes.

'We gaan niets geks laten doen,' had hij gezegd.

'Geks?'

'In het huis.'

'Zoals wat?'

'Verbouwen. Dure dingen.'

'Wat? Geen gouden kranen?' Ik had er een grapje van gemaakt, gedaan alsof ik beledigd was dat er niets mocht, ik had verwend gekeken, een pruillip getrokken, maar ondertussen dacht ik na over waarom hij het zei, waarom hij het nodig vond om het te zeggen, met wie dat te maken had, met hem of met mij.

'Ik wil niet dat iemand gaat opvragen wat onze verhuizing gekost heeft, en dat er dan een hoog bedrag staat.'

Ik had mezelf proberen in te prenten dat het met hem te maken had, dat hij wel wist dat ik zo niet was, dat hij me kende. Ik zei er niets over, hield alleen nog een pleidooi voor gekleurde muren in de kamers van de kinderen, een pleit dat ik won, en ik verzon in de aanloop naar de verhuizing elke dag een rijtje met decadenties, die ik hem voorhield als hij thuiskwam, in het donker, want hij was nog geen negen maanden burgemeester, hij werkte zich nog in, vandaar het donker, het zou beter worden, echt. Ik had niets gevraagd, niets gezegd, maar hij had me al verzekerd dat het beter zou worden.

'Wat goed dat je er bent, ik heb nog iets bedacht, wat nodig is, voor de verhuizing. Ik wil een jacuzzi.'

'Nee.'

'Een garage.'

'Nee.'

'Een zwembad in de tuin.'
'Nee.'
'Een inbouwkoelkast met zo'n ding waar ijsblokjes uit komen als je je glas eronder houdt.'
'Nee.'
'Ik mag ook niks.'
Hij lachte.

Hij had geaarzeld, over de verhuizing, of hij het wel wilde, zoals hij ook geaarzeld had over het burgemeesterschap.

Het was een telefoontje geweest, weer, een telefoontje met een vraag, maar dit keer minder onverwacht. We wisten dat er een nieuwe zou komen, moest komen, een nieuwe burgemeester, de vorige zou naar Den Haag gaan en was al vertrokken, was al onderweg, en zijn naam zong rond, meteen, vanaf het begin, vanaf het vertrek van de ander.

Hij had nee gezegd. Met een tenzij erbij, wat ik niet had verwacht. *Nee, tenzij.* Nee, ik wil niet solliciteren, tenzij jullie niemand anders kunnen vinden, dan mogen jullie terugbellen, maar ga eerst maar even zoeken.

Ik had meegeluisterd, toen hij het zei, *ga eerst maar even zoeken.* We zaten in de auto, zijn telefoon stond op speaker. Hij had dat laten weten, zoals hij dat altijd deed als ik erbij zat en mee kon luisteren: 'Mijn vrouw zit hier ook, maar ze valt onder mijn beroepsgeheim.'

Ik viel onder zijn beroepsgeheim. Ik hield mijn mond.

Nadat hij had opgehangen was ik gaan lachen, gespeeld, eerst, met hysterische uithalen, ik had mezelf opgekruld en was tegen het portier aan gaan liggen, alsof ik niet meer kon, omviel van het lachen, en gaandeweg werd mijn lachen echt. Hij keek me aan, van opzij, moest ook lachen, om hoe ik lachte, maar vroeg toch wat er aan de hand was.

'Tenzij jullie niemand anders kunnen vinden! Ga eerst maar even zoeken!'

'Ja, wat?'

'Denk je dat ze iemand anders vinden? Denk je dat ze überhaupt gaan zoeken?'

'Natuurlijk.'

Ik hikte er een *wedden?* uit.

Hij ging erop in: 'Om wat wedden we?'

'Doe nog maar een bontjas.'

Ik bleef liggen, tegen het portier, leunde met mijn hoofd tegen het glas, stil, plotseling, en dacht terug aan zijn nee, zijn nee tegen mij, zijn nee waardoor het *tenzij* onverwachts was gekomen.

Hij wilde niet, zei hij tegen mij. Hij had al gesolliciteerd voor een plaats op de lijst voor de Tweede Kamerverkiezingen. Terug naar Den Haag wilde hij, omdat hij daar nog maar net begonnen was, omdat alles net in de steigers had gestaan toen hij af moest treden, toen ze aftraden, zodat hij nog niets had kunnen afmaken. Zo legde hij het uit, daarom was het, hij had nog niets af kunnen maken, maar vooral had hij een belofte gedaan, aan de mensen in de wijken die hij bezocht had, had hij hun beloofd dat hij het beter zou maken, voor hen, had hij hun iets beters in het vooruitzicht gesteld. 'Ik kan het niet maken. Ik moet terug. Voor de mensen in de wijken.' Bovendien leek het burgemeesterschap hem een luizenbaantje, iets voor als je het rustiger aan wilde doen, lintenknippen, Sinterklaas ontvangen, en dat was het dan wel weer. Ik snapte toch wel dat dat niets voor hem was?

Misschien, als ik er op die manier naar zou kijken, vanaf die kant, vanaf zijn kant, zou ik het snappen, maar ik wilde niet dat hij terugging. Ik wilde het luizenbaantje, het rustige, het dat-was-het-dan-wel-weer. Ik wilde niet de randen van de dag, het donker, de loodgieterstassen, het *ik moet nog even*. Ik had het gezien nu, gezien wat het was, wat er mooi aan was, en wat niet, en hoe dat opwoog, en hoe niet. Maar dat zei ik allemaal niet. Het enige wat ik deed was er een rekensom van maken, een optelsom, een kansberekening waarbij ik op mijn vingers telde, van binnen naar buiten, dit keer, dingen telde die eigenlijk niet te tellen waren, duim, *er komen verkiezingen*, wijsvinger, *wie worden de grootste?*, middelvinger, *wie worden dat niet?*, ringvinger, *wie mag er een ministersplaats?*, pink, *misschien jij wel niet?*, vuist, *niets*, dan kun je niets voor ze betekenen.

Dat was dan maar zo. Hij wilde niet. Geen lintenknippen, geen Sinterklaas. *Nee.*

Na het telefoontje, het eerste telefoontje, had ik met mijn hoofd tegen het glas gekeken naar het *tenzij*, dat er opeens stond, er opeens hing, tussen ons in, in de auto. Nee, tenzij jullie niemand anders kunnen vinden. Het tenzij was uitgelokt door iemand anders en ik had ernaar gekeken en me afgevraagd of het tenzij iets voor mij kon betekenen.

Bij het tweede telefoontje was ik er niet. Ik kwam thuis en hij liep me tegemoet, maar zijn blik was gericht op de kapstok. 'Het wordt wel krap hier met al die bontjassen van je.'

Hij was weer gebeld. Ze hadden niemand kunnen vinden en er was nogmaals gevraagd of hij wilde solliciteren. Hij zou erover nadenken.

Bij de kapstok zei hij weer nee, tegen mij, nee: in de steigers, beloofd, beterschap, kan het niet maken, lintenknippen, Sinterklaas, luizenbaantje, nee. Ik deed weer mijn optelsom, duim, wijsvinger, middelvinger, ringvinger, pink, vuist, *niets*, met nog wat erachteraan, over mensen in de stad voor wie hij ook wat kon betekenen, over de partij die een beroep op hem deed, 'Ze doen een beroep op je, meneer de loodgieter,' en over hoe lekker dichtbij het was, de stad, hier, namelijk, de stad was hier, kijk, de stad, hier.

We liepen weg van de kapstok, zetten het gesprek voort, toen, de dagen erna, met z'n tweeën, met anderen, met z'n tweeën, met anderen, met z'n tweeën, op de bank, in bed, tijdens de afwas. Tot er een vriend langskwam, met hem sprak, hem toesprak, hem bevroeg, hem vroeg waarom hij toch altijd de zendeling was die naar de allerergste buitenpost moest worden gezonden, waarom het dan pas in orde was, waarom het zo streng moest. En ik dacht aan boter, bloem, gist, melk, jezelf geven, alles geven, dat het dan pas goed was en toen, opeens, plotseling, terwijl ik dacht aan croissants, was zijn nee een ja geworden.

Hij zou het doen, hij zou zich niet naar de allerergste buitenpost laten sturen, naar de allerverste, maar naar de stad, hier.

Later, toen de vriend weg was, belde hij. Ik hoorde hem mij weer in zijn beroepsgeheim duwen, passen, meten, *mijn vrouw valt onder mijn beroepsgeheim*, en daarna hoorde ik hoe hij ja zei, hoorde ik de blijdschap aan de andere kant, de opluchting, en keek ik, probeerde ik te zien, of ik ook zoiets bij hem zag, blijdschap, opluchting, misschien alleen nog maar aangekondigd, blijdschap die nog moest komen, opluchting die nog niet was uitgeademd, maar die al wel zichtbaar was, voelbaar, voor mij. *We rijden nu weg uit Den Haag.* Ik zag het niet.

'Klaar?'

Hij keek half achterom. Ik leunde nog steeds met mijn oor tegen zijn overhemd, knikte, wreef langs de witte stof. 'Klaar.'

Hij zette af, we reden naar beneden, eerst langzaam, maar al snel hard, zo hard dat ik mijn handen van zijn benen haalde en me vastgreep, aan hem, in zijn zij, bij de lusjes van zijn broek.

'Je bent niet bang, toch?'

'Nooit.'

Bang waren we niet. Nooit.

Mijn vingers tikten zachtjes tegen zijn heupen, zo zachtjes dat hij het niet zou voelen door zijn broek heen. Ik telde. Tot vijf. *Je bent niet bang, toch?* Pink, ringvinger, middelvinger, wijsvinger, duim. *Je bent niet bang toch?* Pink, ringvinger, middelvinger, wijsvinger, duim. *Je bent niet bang toch?* Pink, ringvinger, middelvinger, wijsvinger, duim. *Nooit. Nooit. Nooit. Nooit. Nooit.* Pink, ringvinger, middelvinger, wijsvinger, duim.

Hij hield zijn benen stil, trappen was niet nodig, nu nog niet en misschien wel helemaal niet, misschien zouden we het halen zonder te trappen, zouden we het halen tot aan het huis, dat vlak voor de volgende hoek stond, het nieuwe huis waar we vannacht hadden geslapen in een kamer die oranje was. Als we niet te zwaar waren, zo met z'n tweeën op de fiets, zouden we het halen, een glijvlucht naar de dozen die nog op ons wachtten.

De bagagedrager sneed in mijn billen, ik voelde elke hobbel, ook nu we er zo snel overheen schoten. Ze deden zeer, de hobbels, aan mijn billen.

Hij had gesolliciteerd naar de functie van burgemeester, een brief geschreven waar hij lang over deed, zo lang dat er gebeld werd, vanuit de provincie, niet lang voor de deadline. Ze hadden begrepen dat hij zou solliciteren, maar waar bleef zijn brief?

Hij was eraan begonnen, zelf, met twee vingers die op het toetsenbord landden, traag, zoekend, vingers die nog geen honderd aanslagen per minuut haalden. Ik had mijn hulp aangeboden maar die was afgeslagen, ik had andere dingen te doen, wist hij, vond hij, maar misschien zou ik aan het einde even willen kijken of het recht stond, allemaal, de brief, de aanhef, de afsluiting, de lijst met dingen die hij gedaan had in zijn leven.

Na het telefoontje van de provincie vroeg hij of ik verder wilde tikken. Ik was achter zijn computer gaan zitten, en terwijl hij ijsbeerde onder het schuine dak, een sigaret opstak, en nog een, een slok koffie nam, uit het raam keek, op mijn vingers keek – 'Niet op mijn vingers kijken' –, dicteerde hij een brief van drie kantjes.

'Hoelang is-ie?'

'Drie pagina's.'

'Dat is echt te lang, dat hoort niet.'

'Tweeënhalf.'

'Dat is ook drie.'

Ik dacht aan mijn sollicitatiebrief aan het uitzendbureau, die ik schreef, toen, voor ik hem kende, vlak voor ik hem kende, aan hoe ik net driekwart pagina wist te vullen, mijn handschrift al wat groter had gemaakt, om mezelf te verkopen, *heden soep*.

Hij stuurde hem door, zijn brief, weg, naar anderen, die hem lazen, suggesties deden, waarna hij mij weer dicteerde, de brief nog langer werd, over de helft ging van de tweeënhalf.

Hoelang is-ie?

'Tweeënvierzevende. Nee, wacht...' Ik leunde een beetje naar achteren, tuurde door mijn wimpers. 'Tweeënvijfnegende.'

'Dat hoort echt niet.'

'Dan weten ze tenminste meteen hoe langdradig je bent.'

Hij maakte een wegwerpgebaar.

Ik schrapte her en der wat woorden, overbodige woorden, langdradige woorden, maar het bleef een sollicitatiebrief van drie kantjes.

'Kun je niet iets met de letters?'

Ik deed iets met de letters. 'Nog steeds.'

'En met de kantlijn?'

Ik rekte op, smeerde uit. 'Nee.'

Hij zuchtte.

'Misschien laat dit gewoon zien hoe graag je het wilt, zo veel woorden.'

'Denk je?'

Hij wilde het graag. Nu hij het eenmaal had besloten, wilde hij winnen zoals hij ook altijd rechtszaken had willen winnen.

'Ja.'

Er ging een sollicitatiebrief van drie kantjes naar het provinciehuis. Hij kreeg te horen dat ze nog nooit zo'n lange sollicitatiebrief hadden ontvangen. Daarna volgde er een gesprek, en nog een, en nog een, tot er twee kandidaten waren overgebleven over wie gestemd werd op een woensdagavond, terwijl wij thuiszaten op de bank en wachtten op een telefoontje.

We hadden voor het raam gestaan in het appartement in het allerhoogste puntje, onder het schuine dak. We hadden gekeken hoe de zon onderging en ik had de onrust gevoeld naast me, en in me, in mijn buik, in alles wat ik vroeger mijn buik noemde, van mijn heupen tot aan mijn schouders, en in mijn keel, die ik nooit tot mijn buik gerekend had, maar waar het ook zat, nu, die onrust, waar ik met mijn vingers tegenaan tikte, mijn elleboog rustend op de balustrade, pink, ringvinger, middelvinger, wijsvinger, duim, tikkend tegen mijn keel, tegen de onrust daar, terwijl ik in mijn hoofd zinnen probeerde te maken met het woord burgemeester erin, zinnen met een veelvoud van vijf lettergrepen, zinnen die uitkwamen bij mijn duim, die moesten uitkomen bij mijn duim, hoewel ik niet goed wist wat ik wilde bezweren. Ondertussen voelde ik zijn vingers, onder aan mijn rug, zoekend naar een lusje, een plek om aan vast te haken, om mij te behoeden, te behouden, maar ik droeg een rok en de vingers staken nog maar eens een sigaret op.

We waren op de bank gaan zitten, hadden de televisie aangezet, waar niets te zien was. Er werd gebeld terwijl het nog licht was buiten, de langste dag was nog maar net geweest.

Hij was het geworden.

'Je woont aan deze gracht nu, meisje.'

Hij moest hard praten om boven het geratel van de fiets uit te komen. Even was ik bang dat hij wilde wijzen, om zich heen, naar de huizen, de bomen, de amsterdammertjes, naar het water in de gracht, dat donker was, *one day this will all be yours,* maar hij hield zijn handen aan het stuur.

Ik zei *ja*, zacht eerst, te zacht, en daarna harder. 'Ja!'

Ik woonde aan deze gracht nu.

'Jij ook!'

Hij trapte nog steeds niet. Het ging nog steeds snel.

Ik voelde mijn billen en ook mijn rug, van het sjouwen, het uitpakken deze dag en de dag ervoor, en het inpakken eerder.

Eergisteren had ik hem opgewacht in een ingepakt huis, de tafel was al uit elkaar gehaald, de bank stond nog op zijn plek, met kasten ervoor, ertegenaan bijna, waardoor ik er niet op kon zitten. Ik was op de grond gaan liggen, onder het schuine dak, en had gekeken naar het allerhoogste puntje en naar de vlekken op de blauwe muur. Daar vond hij me, toen hij thuiskwam in het donker.

'Waarom lig je hier?'

'Ik kijk naar het allerhoogste puntje.'

Hij keek ook omhoog. 'Goed huis, hè?'

'Ja.'

Zijn blik ging naar beneden, naar de dozen, de kasten, de tafel. Hij keek niet naar de blauwe muur.

'Wat heb je hard gewerkt.'

'Ja.'

We waren even stil.

'De ambtswoning wordt ook leuk.'

Hij keek me aan, keek naar beneden, naar mij, maar zei het tegen zichzelf. Ik vond het fijn hier, in het appartement in het allerhoogste puntje onder het schuine dak, maar daar zou het ook goed zijn. Het was mij om het even, meteen al. Ik had twee lijstjes voor me gezien na het telefoontje dat hij het was geworden. *Het appartement in het allerhoogste puntje onder het schuine dak* stond er boven het ene, boven het andere las ik *de ambtswoning.*

Aan beide kanten stond een ja. Blijven was prima geweest, gaan was dat ook.

Hij had er langer over gedaan, gezegd dat we dit nooit meer terugkregen, gewezen op de kinderen die hier naar school gingen, het uitzicht benoemd. Ik was het met hem eens geweest, maar na zijn andere argumenten, dat het een avontuur was, dat het hoorde, dat hij dan misschien weleens 's avonds thuis kon eten, tussendoor, snel, omdat het toch iets dichterbij was, dichter bij het stadhuis, knikte ik ook, hoewel ik al wist dat het niet zo zou zijn, dat het niet waar was, niet waar zou worden, omdat hij nu al negen maanden linten knipte en Sinterklaas ontving, zoals hij dacht, maar daarnaast een stad had om voor te zorgen, een stad waarin juweliers werden doodgeschoten en aan kinderen werd gezeten en waarin ik bij iedereen die ik zag, bij elke voetganger, bij elke fietser, bij elke man achter een raam of vrouw in een winkel wist: jij gaat voor. Jij gaat voor, jij gaat voor, jij gaat voor. Jullie gaan allemaal voor.

Uiteindelijk koos hij voor wat hoorde. 'Het hoort. Dat is wat de mensen willen, dat we verhuizen.'

Ik had ingepakt. Ik had ingepakt en vandaag hadden we samen uitgepakt. De vierentwintig verhuisdozen uit Den Haag, vijfentwintig min één, waren dicht gebleven, de dozen met bijna vijfentwintig jaar advocatuur ook, net als de bestuurtjes, die in dozen zaten waar ik *bestuurtjes* op had geschreven en waarin ik weer de albums voor me zag, de albums met *bestuurtjes* erop, waarin hij als een postzegelverzamelaar zijn functies had bewaard, erin had gestopt met een pincet, secuur, een voor een.

Ergens tijdens een sigaret, vandaag, nadat we naar de boom hadden gekeken, groot, paars, had hij er iets over gezegd, over de dozen die we uitpakten, over de dozen die we ingepakt lieten.

'Ik heb wel veel, hè?'

'Joh.' Ik had er vermoeid bij gekeken, alsof ik aan het einde van mijn Latijn was, van alles wat hij meesjouwde, van alles wat ik voor hem had meegesjouwd.

'Ik ben ouder, dan heb je natuurlijk ook meer.'

Ik probeerde een wenkbrauw op te trekken, eentje, zoals hij dat kon, om met mijn gezicht te zeggen dat het onzin was wat hij zei, maar ik keek alleen verbaasd, dus rekende ik het hem voor, op mijn vingers, ons leeftijdsverschil, de drie dozen van mij die naar zolder waren gegaan afgezet tegen zijn dozen die rijen dik stonden opgetast onder de balken, de evenredigheid die zoek was.

'Maar jij gooit altijd alles weg.'

'Precies.' Ik gebaarde om me heen, weids, *kijk eens wat een ruimte.*

'Ben je nooit bang dat je spijt krijgt van dingen die je weggooit?'

'Daar kom ik wel overheen.'

We hadden zijn dozen naar zolder gebracht, gesjouwd, ze doorgegeven aan elkaar alsof er een brand geblust moest worden, verderop, en wij dat klusje wel even zouden klaren. Toen we honger kregen pakten we de fiets, één fiets, en reden langs de gracht, over de lijn van een concentrische cirkel, en daarna gingen we een bocht om, een dwarsstraat in.

We waren bijna bij de volgende hoek. Hij kneep in zijn remmen, zachtjes, omdat hij het wilde halen, onze glijvlucht. Het ging steeds een beetje langzamer. Ik verwachtte dat hij tussen de amsterdammertjes door zou rijden, ergens, de stoep op, bij de voordeur, maar ik hoorde een verbaasd geluid, een *huh*, gevolgd door een *hè*.

'Wat is er?'

'Waar is het huis nou?'

Ik greep de lusjes van zijn broek weer vast, leunde opzij om langs hem heen te kijken, naar de ambtswoning, die ik niet zag.

We slingerden een beetje. Ik sprong van de bagagedrager. Hij stopte, keek achterom. Ik keek dezelfde kant op. Daarna keken we weer naar voren. En nog een keer, naar achteren, naar voren.

'Hij is weg.'

We liepen door, langzaam, de fiets aan de hand, één fiets aan de hand, naar de plek waar we het huis wisten, waar we het huis dachten, en daar voorbij, waar het eigenlijk al niet meer kon zijn. Op de hoek lazen we het straatnaambordje.

'Verkeerde gracht.'

Ik lachte. Hij ook.

We lachten.

Plesmanlaan

Ik dacht aan het woord *corridor*. Dat is waar ik zat, in een corridor, een corridor van glas, in het allerergste ziekenhuis. Links was de deur waar we net doorheen waren gekomen, hij, ik, iemand aan het hoofdeinde van het bed, iemand bij zijn voeten, en rechts was de deur waardoor hij een paar tellen later was verdwenen. Het waren tellen geweest waarin was gezegd dat ik niet mee mocht, dat ik niet verder mocht dan hier, niet verder dan de ruimte tussen de deuren, de glazen ruimte, tellen waarin hij had gezegd dat ik wel mee moest, omdat ik wist hoe hij moest bewegen, zitten, liggen, alles, *zij weet hoe het moet*, maar waarin ik tegen werd gehouden, toch, in die tellen, in de gang, met woorden als schadelijk en gezondheid, die gingen over de mijne, mijn gezondheid. Ik had de onrust in zijn ogen gezien toen het bed verder werd geduwd, het bed waarin hij rechtop zat, *zo moet het*, en ik had gedacht aan *mensen die de afgelopen jaren nee tegen hem zeiden*, me afgevraagd tegen wie het was gezegd, nee, zojuist, tegen hem of tegen mij. Een pleidooi had ik willen houden, daar, in die tellen, een langdradig pleidooi, desnoods, met argumenten waarom ik wel mee zou mogen, zou moeten zelfs, de deur door, omdat ik het wist, alles wist, maar het waren mensen met kennis en vaardigheden, hier, en achter de deur, mensen die ook wisten hoe het moest, die beter wisten hoe het moest, *zij weten hoe het moet*, dus ik hield mijn mond, slikte mijn maar in, mijn maren, en liet ze gaan. Ik stak mijn hand omhoog, bewoog hem heen en weer. Hij zwaaide niet terug.

Het waren automatische klapdeuren waar hij doorheen was gegaan. Het waren klapdeuren die niet klapten. Nu waren ze dicht, het lampje van de kaartlezer ernaast brandde rood. Ik zat tegen het glas in de corridor. Zodra de deuren zichzelf gesloten hadden was ik gaan zitten, zonder aarzelen, hoewel ik wist dat het er raar uitzag, dat het eigenlijk niet kon, op de grond zitten midden in een gang in een ziekenhuis, maar ik zag geen reden om te blijven staan, te wachten, netjes rechtop, alleen een beetje te leunen, eerst, tegen het glas, misschien nog wat heen en weer te lopen, te ijsberen, en dan pas, uiteindelijk, met mijn rug tegen het glas door mijn knieën te zakken. Ik zag geen reden omdat er niemand was, in deze gang, omdat er niemand doorheen liep, omdat ik begreep dat er niemand doorheen zou lopen, zo'n gang was het niet, en als er wel iemand doorheen zou lopen, langs zou komen, dan zou diegene niet weten hoelang ik al zat, niet weten dat ik het niet eens had geprobeerd om zo lang mogelijk te blijven staan. Dit was een gang van glas, een corridor, tussen twee klapdeuren. Ik was alleen en ik was meteen door mijn knieën gegaan. Liever nog was ik gaan liggen, op mijn rug, met mijn gezicht naar het raam, misschien wel op mijn zij, zelfs, en had ik naar de plantjes gekeken die buiten stonden, ingesloten waren door de muren van het ziekenhuis en een corridor van glas.

Er lagen twee telefoons naast me, de zijne, de mijne. Ik pakte die van hem, keek of er nieuwe berichten waren, dingen die voorgingen, en stelde me voor hoe ik een berichtje terug zou sturen, zou antwoorden dat ze een PICC-lijn aan het inbrengen waren, nu, omdat het niet meer ging, omdat ze zijn aderen niet meer konden bereiken met een naald, dat ze daarom een lijn naar binnen brachten, een holle, waar ze dingen in konden stoppen en bloed uit konden halen, en dat hij nu in een ruimte lag waar het donker was, waar ze een voerlijn naar binnen schoven in zijn arm terwijl ze met röntgenstralen naar zijn binnenkant keken en hij plat op zijn rug lag, wat hij eigenlijk niet kon. *Zal ik hem even storen?* Er zou een berichtje terugkomen, een berichtje met een ja erin, stoor hem maar, en ik zou aankloppen, tegen de klapdeur tikken en mijn pleidooi dat ik niet hield ondersteunen met een omhooggehouden telefoon, kijk, het is belangrijk dat ik naar binnen ga, dat ik bij hem ben, niet voor mezelf, natuurlijk, en ook niet voor hem, vanzelfsprekend, maar voor de stad, voor de dingen die voorgaan, begrijpt u?

Ik tikte geen berichtjes terug. Alles kon wachten. Daarna pakte ik mijn telefoon en las wat er aan mij was gestuurd, las de boodschappen die ik had gekregen. Het waren er veel. Ik had al een tijdje niet meer op mijn telefoon gekeken. In elk berichtje stond het woord *toch*.

Ik was jarig.

We waren vroeg naar het ziekenhuis gegaan vanmorgen. Het was donderdag. We zouden er de hele dag zijn. Mijn verjaardag schoof een dagje op.

Hij deed mee aan een onderzoek nu, ze testten iets nieuws op hem uit. Nadat de chemo niet had gewerkt, de immuno niets had gedaan, was er nog iets experimenteels dat ze konden proberen. De arts had het over een tas met gereedschap gehad, een tas waar ze steeds iets uit haalden, een stuk gerei, een hamer, een waterpomptang, om te kijken of ze hem daarmee konden repareren. Ik had aan de loodgieterstassen gedacht, een koffer op wieltjes voor me gezien die de arts achter zich aan trok, met zich meetrok, voor elke patiënt een andere tas. Uit die voor hem was de chemo gekomen, de immuno, en nu waren het pillen, pillen die van de bodem van de tas werden geraapt, met nagels uit de hoekjes werden gepeuterd, waarvoor alle zijvakjes werden doorzocht, pillen die ik thuis in blauwe plastic doosjes stopte en die hem lieten denken aan tijd en zich wat beter voelen en aan iets wonderbaarlijks, wat ik beaamde, hoewel ik dacht dat het niet zo zou gaan, dat het anders zou gaan, niet, zelfs, hoewel ik dacht dat het niet zou gaan. Ik had het meteen opgegeven, was onmiddellijk door mijn knieën gegaan.

Hij slikte de nieuwe pillen bijna een maand nu. Het was eind augustus. De volgende maand zou maandag ingaan. Vandaag was hij in het ziekenhuis zodat ze hem konden doorlichten, om te kijken of hij de volgende serie aan zou kunnen. Er stond om beurten iemand anders aan zijn bed, een parade die langstrok.

Het was begonnen met een scan, waarvoor ik hem had uitgekleed, weer had aangekleed, *zij weet hoe het moet*, en toen het klaar was liepen we langs de saucijzenbroodjes, daar voorbij, wilden ze bloedprikken, wat nauwelijks ging. Onderweg naar een bed, waar hij zou zijn vandaag, met mij op een stoel ernaast, vroeg hij aan mij waarom niet, waarom het nauwelijks ging.

'Vocht,' zei ik, terwijl ik zijn hand vasthield, hem meenam, en ik wees naar mijn keel, met mijn andere hand, legde mijn vingers er even op, pink, ringvinger, middelvinger, wijsvinger, duim, *intubatieslang*. 'Denk ik.'

Toen hij in bed lag, met mij op een stoel ernaast, begon iemand van de parade over een PICC-lijn. Het was een nieuw woord. *Gemetastaseerd NSCLC, humerusfractuur, intensivist, pseudoprogressie, femur, PICC-lijn.* Ons werd verteld wat het was, een slangetje met een kraantje, een tap, die ze open konden draaien, maar die ook andersom werkte, waar dingen in konden, vloeistoffen, bijvoorbeeld – wat ook van pas zou kunnen komen, in de toekomst, de nabije. Ik vroeg me af of het slangetje van rubber was en of dat geluid zou maken als het op hout viel, hoe dat zou klinken. *Dat gaat geruisloos*, tikten mijn vingers. Vijf.

Ze zouden het dezelfde middag doen, de PICC-lijn inbrengen. Hij was hier nu toch. Er was ruimte.

De parade aan zijn bed ging door, ondertussen. 'Mijn vrouw is jarig,' zei hij tegen iedereen. 'Gefeliciteerd,' zei iedereen terug.

Vijf lettergrepen. Een gelukwens.

Met een *toch* erachteraan, die ik hoorde in mijn hoofd, die ik las sinds die ochtend, een *toch* die stond achter zinnen met *vast dubbel* erin en *rare dag*, met die *toch* erbij waren het zes lettergrepen: *toch gefeliciteerd*. Zes lettergrepen.

Ik dacht aan zijn verjaardag, twee maanden ervoor, hoe iemand *Er is er één jarig inzette*, wat klopte, dat was hij, jarig, ik dacht aan hoe iedereen meezong, uit volle borst, en hoe iedereen keek bij *hij leve lang*, of vlak daarvoor al, terwijl we bezongen hoe blij we zongen, hoe iedereen hem toen al aan voelde komen, *hij leve lang*, maar hoe er niet meer te stoppen viel, of omheen te bewegen, hoe het uit volle borst eruit moest, *hij leve lang*. Het waren maar vier lettergrepen, *hij leve lang*, met twee keer *hoera* erachteraan waren het er acht. Er viel niets mee te beginnen.

De parade zei dat er vocht achter zijn longen zat, veel ook wel. Het verklaarde de benauwdheid. Ze gingen het eruit halen voor hem, nog voor het inbrengen van de PICC-lijn. Nu, ter plekke. Het zou direct opluchten. Ik was opgestaan van de stoel waarop ik zat, naast hem, en had hem weer uitgekleed.

Hij was gaan zitten, op de rand van het bed, met bungelende benen, en had me aangekeken terwijl er achter hem een naald naar binnen werd gebracht en de parade aan de slag ging om het vocht bij zijn longen weg te tappen. Ik had teruggekeken, was alleen even afgedwaald naar zijn buik, naar dat wat ik vroeger buik noemde, de opvangbank die schuin achter hem stond, binnen mijn blikveld viel, probeerde ik te negeren. Hij knipoogde naar me, zoals hij dat kon, met alleen een ooglid dat bewoog, kort, open en dicht, subtiel. Ik deed het terug, kneep mijn linkeroog dicht, voelde hoe mijn wang omhoog bewoog, hoe mijn wenkbrauw in een frons trok, hoe alles scheef was. Hij grijnsde, schudde zachtjes met zijn hoofd, fluisterde dat het nooit wat zou worden met mijn knipoog, en ik knikte en glimlachte en toen mijn telefoon piepte, fluisterriepen we tegelijkertijd 'Jarig!' en daarna waren we weer stil, keken elkaar aan, en ik keek niet naar de bak, maar zag wel dat hij voor de helft gevuld was, met vocht, en wat later voor vier zevende, of vijf negende, met vocht, en nog wat later zag ik dat hij al over driekwart was. Ik keek alleen naar hem terwijl de bak steeds voller werd en de arts zei dat het echt zou passen en ik keek alleen naar hem terwijl ik op wilde staan, om een emmer te pakken, ermee klaar te staan, er nog een achter de hand te hebben, en nog een, en nog een, ze door te geven, aan mezelf, emmer na emmer, ik keek alleen naar hem en hield mijn adem in, tot het stopte, vlak bij de rand, tot er niets meer uit kwam, uit hem, tot het klaar was, toen ademde ik weer uit, verre van geruisloos. De parade zei dat het weinig had gescheeld.

Ik vouwde mijn benen op, onder me, in kleermakerszit. Met mijn rug bleef ik tegen het glas leunen. Ik keek naar de planten, voor me, achter het glas. Het leek op een luchtplaats, waar ze stonden, groeiden, een patio met aan één kant glas waarin de planten even naar de hemel konden kijken. Straks zouden ze weer naar binnen worden gebracht, in een rijtje achter elkaar, naar waar ik zat.

Onder een van de berichten, onder de *toch gefeliciteerd*, schreef ik *dank je wel*. Ik zette er een uitroepteken achter. Voor ik mijn antwoord verzond, kopieerde ik de woorden en daarna beantwoordde ik een voor een alle berichtjes, plakte hetzelfde zinnetje eronder – *Dank je wel! Dank je wel! Dank je wel!* –, verstuurde ze achter elkaar door, tot ik bij mijn vorige *Dank je wel!* kwam, de laatste die ik had beantwoord, terwijl hij had geslapen met mij op een stoel ernaast. Je hoorde altijd dank je wel te zeggen.

Ik strekte mijn benen, trok mijn knieën op, bewoog van mijn ene bil naar mijn andere. Steeds minder lang hield ik het zitten vol, naast hem, in een wachtkamer, bij een bed, of alleen, in een gang. De eerste minuten gingen wel, maar daarna voelde het alsof mijn botten door mijn billen staken, alsof het pennen waren waarvan de schroeven waren weggezakt in iets wat geen bot meer was. Het deed pijn.

Ik bewoog veel tijdens het wachten, sloeg mijn ene been over het andere en andersom, geruisloos, als hij sliep, probeerde meer achterover te leunen, of voorover juist, maar ik kon geen goede houding vinden, geen manier om het vol te houden. Soms liep ik een rondje, als hij sliep, om mijn billen even rust te geven, ze even niet meer te hoeven voelen. Dan sloop ik de kamer uit, geruisloos, met in elke broekzak een telefoon, hij rechts, ik links, en ging ik kijken bij de saucijzenbroodjes beneden, of bij de soepterrines, de ketels, met de bordjes ervoor, *heden soep, tomaat, koninginne, kippen*. Als ik afrekende, alleen een koffie, werd om mijn personeelspas gevraagd. Dan schudde ik van nee en zei ik dat ik de volle mep moest betalen.

De klapdeuren gingen open, automatisch. Ik hoorde eerst een piepje, van iemand die een pas bij een kaartlezer hield, daarna begon het mechanisme van de deuren te brommen. Ik stond op. Er kwam een vrouw de corridor in. Ze knipperde met haar ogen. Ik keek achter haar, waar het bed was, waar het bed bleef, maar de gang was leeg. Ze kwam naar me toe. Haar pasje hing ter hoogte van haar heup.

Ik vroeg of het gelukt was. Ze schudde met haar hoofd. 'Het gaat niet. Ik kom je halen.'

Ik dacht aan vocht, aan een bak die bijna vol was geweest en aan wat er nog meer in de weg kon zitten. 'Als hij gaat liggen krijgt hij het benauwd, waardoor we niet genoeg tijd hebben om de lijn in te brengen. Hij zegt dat jij weet hoe het moet.'

Van het linkerrijtje, waar ze even had gestaan, onder mij, waar ik haar had neergezet, eerder, in deze gang, verplaatste ik de vrouw naar het rechterrijtje, *mensen die de afgelopen jaren ja tegen hem zeiden*. Ik zag hoe ze zich, voor ze los moest laten omdat het niet meer paste, omdat ze er niet meer bij kon, onder aan de lijst nog even aan het blaadje vasthield, met haar vingers in het papier zodat het kreukelde. Daarna zocht ik in mijn hoofd naar het lijstje *keren dat ik een PICC-lijn aanlegde*, maar dat was nergens te bekennen. Ik wist niet hoe het moest.

Ze nam me mee de klapdeuren door, die weer waren dichtgegaan maar die zij openmaakte met haar pasje. We waren stil. Ik wilde de stilte opvullen, praten, een vraag stellen, informeren hoeveel korting je nou kreeg als je hier werkte, op koffie bijvoorbeeld of op soep, saucijzenbroodjes, maar ik was in mijn hoofd al bij hem, bij wat er moest gebeuren, bij de gewekte verwachting, *zij weet hoe het moet*, en ik dacht aan hoe ik lang geleden in zijn kamer had gestaan, in het begin, vóór het begin, de eerste dag van de week die ik voor hem zou werken. Ik dacht aan hoe hij opgesomd had wat me te wachten stond, met hem, en hoe ik me had afgevraagd wanneer ik tekort zou schieten. Het leek me nu wel het moment daarvoor.

Het was schemerig, donker bijna, in de kamer waar hij zat op de rand van een behandeltafel, met gebogen rug en zijn benen bungelend onder zich. Ik liep naar hem toe, legde een hand op zijn bovenbeen. Hij keek me aan. 'Hallo, jarige Job.'

'Ging het niet?'

Hij praatte, zacht, fluisterend, zei tegen me dat ze het niet begrepen, hier, terwijl hij knikte in de richting van de mensen die achter me stonden, een paar passen van ons af, in de schemering, mensen met loden schorten aan, die hadden gewacht tot ik er was, maar die nu toch echt wel verder wilden, ongeduldig leken. Hij zei dat ze niet snapten dat hij niet kon liggen, dat ze iets onder hem hadden geschoven wat niet hielp, dat het niet ging, zo, met zijn armen, met het benauwde, het ging niet, en daarom was het goed dat ik er was, omdat ik wel wist hoe het moest, hem laten liggen. 'Jij weet hoe het moet.'

Hij keek me aan. Ik keek naar zijn keel en daarna naar zijn buik, naar alles wat ik vroeger buik noemde, en ik wilde zeggen van niet, *je vergist je*, ik wilde zeggen dat ik ook maar wat deed, al die tijd al, en dat ik dat had volgehouden, tot nu, maar dat ik me altijd had afgevraagd wanneer ik tekort zou schieten, omdat ik helemaal niet wist hoe het moest, en dat het nu het moment was, dat nu, hier, zichtbaar zou worden dat ik tekortschoot, al die tijd al, dat ik al die tijd al tekortgeschoten was, maar daarna keek ik naar zijn benen, begreep ik dat ik hem niet mocht laten bungelen en ik zag de andere mensen in de ruimte, mensen in loden schorten die wachtten, die ik niet ongeduldig mocht maken, het had allemaal al zo lang geduurd, dus ik knikte naar hem en hield mezelf nog even vast aan de rand van het blaadje, met mijn vingers in het papier zodat het kreukelde. 'Tuurlijk.' Bang waren we niet. Nooit.

Ik kreeg ook een loden schort aan dat werd vastgebonden op mijn rug. Daarna mocht ik erbij, bij hem, deden ze een stap naar achteren. Ik spreidde mijn armen, maakte een pirouette op twee voeten, traag, houterig, showde hem mijn nieuwe schort waarin niets me kon raken.

'Staat je goed.'

'Het voelt raar. Zwaar.'

'Kom eens dichterbij.'

Ik zette twee stappen naar hem toe. Hij tilde zijn arm op, zijn linkerarm, greep daarvoor zijn pols vast, met zijn rechterhand, hielp zichzelf. Met twee vingers tikte hij tegen het schort.

'Stevig.'

Iemand achter ons vroeg of we konden beginnen en ik legde hem neer, vertelde eerst aan hem, hoe ik hem neer zou leggen, en toen nog een keer, terwijl ik het deed, terwijl ik hem neerlegde, ik zei hem wat hij moest doen met zijn benen, welke beweging hij moest maken terwijl ik zijn bovenlichaam ondersteunde, dat hij op me mocht leunen, in mijn armen kon liggen, dat ik hem langzaam zou laten zakken, tot hij lag, tot ik hem liet liggen.

'Mijn vrouw is trouwens jarig.'

'Gefeliciteerd,' zeiden de loden jassen.

Ik zei dank je wel, je hoort altijd dank je wel te zeggen, terwijl ik mijn hand onder zijn rug hield, zijn nek in de holte van mijn arm, ter hoogte van mijn elleboog, mijn vingers halverwege zijn rug. Hij lag plat, op mijn arm na, die voor de helling moest zorgen, die ik tegen hem aan duwde, tegen zijn rug, mijn onderarm, mijn hand, mijn vingers. Ik ondersteunde hem zodat hij hoger lag, zodat hij dacht dat hij hoger lag, omhoog werd gehouden, lucht kreeg. Ik hield hem in mijn arm, mijn gezicht naast het zijne, mijn mond bij zijn oor. Mijn rechterhand legde ik in zijn zij.

'Gaat het zo?'

'Ja, dit is perfect. Jij kan dit.'

'Jij ook.'

De monitor ging aan, de röntgen boven hem, ik zag zijn binnenkant.

'Ik zie je binnenkant.'

Mijn lippen kwamen tegen hem aan, ze kusten zijn oor. Het was geen botsing. Ik voelde hoe dingen zich omdraaiden, zich al omgedraaid hadden, zonder dat ik het in de gaten had gehad. Daarna keek ik weer naar het scherm.

'En mijn binnenkant.' Ik hoorde de verbazing in mijn stem.

Ik zag mijn binnenkant. Ik zag mijn arm, door hem heen, door zijn buik, door wat ik vroeger buik noemde, alles van zijn heupen tot aan zijn schouder, ik zag mijn arm in hem, mijn onderarm, met mijn hand, mijn vingers, door waar zijn ribben zaten, door zijn longen, langs zijn hart. Ik zag de armband die ik van hem kreeg.

'Mijn armband!'

Het was een moederdagcadeau geweest, die armband, vijf jaar geleden. Hij was die dag teruggekomen, van een werkreis, uit Londen, ik had 's ochtends tegen de kinderen gezegd dat het niet gaf, dat ik niet eens hield van ontbijt op bed, dat ik liever rechtop at, en dronk, ook, en ik had met mijn handen over mijn gezicht gewreven om te laten zien waar het allemaal belandde als je liggend dronk. 's Middags was hij thuisgekomen, had de kinderen een pakje in handen gedrukt. Hij keek trots. Ik pakte de armband uit, zei dank je wel, tegen de kinderen, tegen hem.

'Vind je hem mooi?'

'Ja.'

'Hij komt van het vliegveld.' Hij vertelde dat erover gestemd was, door het reisgezelschap, dat mee de winkel in was gegaan, dat de winkel zelfs had uitgekozen, ze hadden gestemd en deze was het geworden.

Ik had me afgevraagd of ik hen ook moest bedanken nu.

'Goed gedaan.'

Ik deed hem om en niet meer af.

Terwijl ik naar de armband op het scherm keek, ovaal, wit, en scherp afgetekend in de zee van grijs, dacht ik aan mijn verjaardag, die van vandaag, die van de jaren ervoor, ik dacht aan de eerste verjaardag toen hij burgemeester was, aan hoe hij thuiskwam, om half elf 's avonds, en mij een pen gaf, omdat ik toch zo van schrijven hield. Het was een balpen. Omdat ik niet met vulpen kon schrijven, zei hij erbij en hij wreef over zijn pols zoals ik dat had gedaan, alsof hij kramp had van het schrijven. Hij keek er trots bij, trots dat hij dat onthouden had. Voor ik dank je wel had kunnen zeggen, voor ik iets had kunnen zeggen, vertelde hij over zijn dag, over hoe die was geweest, over zijn vergaderingen, over een jubileumfeest, maar vooral over de fotograaf die koffie was komen drinken.

We hadden hem gezien, de fotograaf, twee dagen eerder, op televisie, een hele zondagavond lang. We zaten op de bank, hoewel ik meer lag, tegen hem aan, met mijn hoofd op zijn schoot. Hij zat wel, rechtop, met bij zijn voeten een loodgieterstas en op de bankleuning, naast hem, een blauwe map met stukken. In zijn hand had hij zijn vulpen.

Hij was nog geen twee maanden burgemeester, ik vroeg nog elke dag als hij thuiskwam of hij een lint had geknipt. Hij zei nooit ja. Hij had gewerkt. Hard gewerkt. Daarna las hij de stukken die uit de koffers kwamen, die ook klemvast zaten. Het kwam me allemaal bekend voor.

We keken naar de fotograaf op de televisie, naar wat hij liet zien, we hoorden hoe hij sprak, over homoseksualiteit, over rechters, over varkens, over wat er gezegd mag worden, over de stad, over hand in hand lopen, we hoorden zijn stem overslaan, zagen tranen in zijn ogen en ik voelde onrust onder me, onrust in dat waar ik tegenaan leunde, waar ik op lag, zonder dat het bewoog. Ik kwam omhoog en keek naar hem, zag hoe hij zijn telefoon pakte. Hij keek terug, naar mij, maar zonder me te zien, zijn blik gericht op iets anders. 'Dit gaat over mij.'

Ik keek naar de televisie en daarna weer naar hem.

'Dit gaat over mij. Dit is voor mij.'

Mijn hoofd ging op en neer.

Twee dagen later hadden ze elkaar ontmoet, de fotograaf en hij, ze hadden koffiegedronken en 's avonds vertelde hij mij erover, over hoe het gesprek was gegaan, over wat hij wilde gaan doen, eraan, ervoor, terwijl ik de pen in mijn hand had, de balpen, en ik mijn middelvinger achter de metalen clip stak, ertussen klemde, en zo met mijn vingers op mijn bovenbeen tikte, pink, ringvinger, pen, wijsvinger, duim, *ik ben jarig, hoor*, pink, ringvinger, pen, wijsvinger, duim, *ik ben jarig, hoor.*

Aan het einde van zijn verhaal vroeg hij wat we zouden gaan doen, waar ik wilde eten. Ik wees naar de klok, wees hem op de dag die al voorbij was. De pen hing nog aan mijn middelvinger.

De volgende ochtend had hij beloofd dat het volgend jaar anders zou zijn, dat we dan wél mijn verjaardag zouden vieren.

Het jaar daarop zat hij in China en kreeg ik een bos bloemen die besteld was door iemand op het stadhuis. Ik stuurde twee bedankjes, naar China en naar de Amstel.

Er bewoog iets op het scherm, aan de zijkant, waar ik de binnenkant van zijn arm zag, waar ze iets naar binnen schoven. Ik keek even naar zijn gezicht, van heel dichtbij, duwde nog wat harder mijn arm in zijn rug, gaf hem het gevoel dat hij hoger lag, dat er lucht was. Daarna keek ik weer naar de armband op het scherm en dacht aan alle andere verjaardagen, aan hoe ik vaker naar het stadhuis belde, de dag na mijn verjaardag, om te bedanken, omdat ik wel wist waar het vandaan kwam. 'Dank je wel voor de oorbellen.'

'Graag gedaan. Vond je ze mooi?'

'Ja. Ik heb alleen geen gaatjes.'

En ik dacht aan hoe hij op zijn verjaardagen, aan het einde, tijdens het opruimen, zei dat hij hetzelfde voor mij zou doen, een feestje regelen, omdat het leuk was om je verjaardag te vieren. Dan antwoordde ik dat het einde der tijden zou aanbreken als hij zoiets voor me zou organiseren, dat ik me dan zorgen zou maken, dat er dan iets goed mis was met hem. Dan haalde hij zijn hand door het sop en smeerde het schuim over mijn wang en duwde ik een natte theedoek in zijn gezicht.

Het trilde even bij mijn linkerbil en ik hoorde een piepje. *Toch.*

In veel berichtjes stond ook *tot morgen.* Moet dubbel zijn, rare dag, toch gefeliciteerd, tot morgen.

Hij had een feestje voor me georganiseerd. Morgen zouden we mijn verjaardag vieren, met alles erop en eraan. Hij had uitnodigingen verstuurd, een plek geregeld, voor een cadeau gezorgd. Iedereen zou komen, om mijn negenendertigste verjaardag te vieren, en iedereen deed alsof het logisch was, alsof het hoorde om getallen die net niet rond waren groot te vieren.

Ik keek naar mijn hand, naar de binnenkant ervan, tikte met mijn vingers, duwde ze heel zachtjes in zijn rug. Tien lettergrepen telde ik, terwijl ik zijn woorden weer hoorde, *dit had ik jaren eerder moeten doen* en daarna nog een zin, pink, ringvinger, middelvinger, wijsvinger, duim, *dat had je verdiend* en ik zag de stapel voor me, de heuvel met daarachter het dal, gevuld met dingen die ik verdiend zou hebben sinds het kusje op mijn oor, een stapel van tijd en aandacht en nu jij en excuses en bontjassen en verjaardagsfeestjes en rust en samen, meer samen, vooral samen.

Morgen zouden we mijn verjaardag vieren. Met een feestje.

Het loden schort werd van mijn schouders gehaald. Het luchtte op.

In de schemering hielp ik hem weer omhoog, trok hem zijn overhemd aan, over het stuk buisverband heen waar een slangetje onder uitstak, voorzichtig, een nieuwe beweging. Daarna verplaatste ik hem naar het bed, legde hem daar neer, liet hem liggen, rechtop. ‘Zo goed?’

Hij keek me aan. ‘Ik wist dat ik het met jou wel kon.’

Ik knikte.

Hij werd weggereden. Ik liep erachteraan. In de corridor knipperde ik met mijn ogen.

Tweede van der Helststraat

De autosleutel zat al in het contact. De motor was nog uit. Ik had de sleutel alleen een slag naar achter gedraaid, een tikje, zodat de elektriciteit het deed en het raampje open kon. Het was koud buiten, maar ik wilde frisse lucht.

Om de hoek was mijn huisarts. Ik kwam er net vandaan. Op de passagiersstoel naast me lag een recept. Ik probeerde te bedenken wat ik zou doen, nu, of ik eerst naar huis zou gaan, daar de auto neerzetten en dan met de fiets naar de apotheek rijden of dat ik dat niet zou redden en beter met de auto kon, rechtstreeks, en hem dan even op een laad- en losplaats zou zetten in de straat van de apotheek. Misschien kon ik hem wel zien staan, de auto, als ik op het bankje zat in de apotheek, bij het raam, tegen het glas, misschien kon ik vanaf daar in de gaten houden of het goed ging, of ik geen boete kreeg, terwijl ik wachtte op de pillen die me waren voorgeschreven.

Ik was nooit van huisarts gewisseld. Bij deze zat ik sinds ik in de stad was komen wonen. Twee straten verderop stond het eerste huis waar ik woonde en als ik deze straat in zou lopen, de straat waarin ik geparkeerd stond, en alleen maar rechtdoor zou gaan, zou ik langs de plek komen waar het restaurant was geweest waar ik elke maand de huur moest brengen, elke eerste dag van de maand, precies de eerste, niet ongeveer precies. De naam van de dochter van de eigenaar zat nog steeds in mijn hoofd.

Het had een tijdje op mijn lijstje gestaan nadat ik verhuisd was, *van huisarts wisselen*, maar ik had de moeite nooit genomen, er de noodzaak niet van ingezien. Er was zelden iets aan de hand met mij. In al die jaren was ik er een handjevol keren heen gefietst, het vaakst met een kind voorop, of achterop, of naast me.

Nu was ik met de auto. Ik was ziek.

De dag ervoor was het begonnen. Ik had me niet lekker gevoeld, niet helemaal lekker. Ik had pijn in mijn rug als ik diep inademde, wat geen zin had, diep ademen, zo voelde dat, zo zei ik het tegen mezelf, zo tikte ik het met mijn vingers, *het is zinloos om diep te ademen*, maar toch deed ik het, telkens weer, diep ademen, terwijl het pijn deed en ik voelde dat het niets uithaalde, dat ik niet de lucht kreeg die erbij hoorde, dat ik niet kreeg waar ik zo mijn best voor deed. Ik was op de bank gaan liggen, eventjes, en uren later wakker geworden. Ik had mezelf door de rest van de dag geworsteld, had de avond gedaan, het programma, het eten, de tanden, de pyjama's, de natte haren, de boekjes, de afwas en daarna was ik in bed gaan liggen, diep onder de dekens, eerst, maar daarna rechtop, rechterop, met kussens onder mijn rug, de mijne, de zijne, tegen het benauwde. Toen hij thuiskwam, in het donker, hoorde ik zijn voetstappen naar de bank lopen en daarna naar de keuken en ik hoorde zijn stem, die eerst groette en daarna mijn naam zei, vragend. Het lukte me niet om te antwoorden. De voetstappen kwamen naar de slaapkamer.

'Wat doe je hier?'

'Ik ben ziek.'

Hij keek verward, verbaasd, verward verbaasd.

'Wat heb je dan?'

Ik haalde mijn schouders op, wees een beetje naar mijn buik, naar alles wat ik vroeger buik noemde, van mijn heupen tot aan mijn schouders, maar zei toen 'benauwd' en liet mijn hand landen op mijn borst.

'Zal ik naast je komen liggen?'

Hij rolde de loodgieterstas de slaapkamer in. Ik gaf hem zijn kussen terug.

'Heb je last van het licht?'

'Nee.'

'Last van de blaadjes?'

'Nee.'

Slapen lukte niet. Ook niet nadat de blaadjes weer in de koffer waren gegaan, klemvast, het licht uit was gedaan, alles oranje was. Ik voelde dat ik koorts had. De pijn in mijn rug zat inmiddels ook in mijn borst en er was steeds minder lucht. Ik ademde met kleine teugjes, nam hapjes lucht uit de lucht en toen ik tegen de ochtend toch wegzakte, had ik de droom die al bij me was sinds ik klein was, sinds ik kind was, de droom die me plaagde als ik ziek werd, de droom waarin iedereen om me heen groot was, steeds groter werd, en ik juist steeds kleiner, waardoor ik verdween, vervaagde, door de anderen, die mij wegpoetsten, onzichtbaar maakten, mij net zolang uitvlakten tot ik weggeveegd kon worden met de beweging van een hand die de restjes gum van een blaadje veegt. Als ik weg was, schrok ik wakker.

Die ochtend had ik de huisarts gebeld. 'Ik denk dat ik een longontsteking heb.'

Ik had geweten dat ik een longontsteking had kort voor de wekker ging, maar die gedachte alweer weggewuifd voor de cijfers op mijn nachtkastje naar de volgende minuut versprongen. Ik had nog nooit een longontsteking gehad, dus ik kon dat niet weten, hield ik mezelf voor, waarschijnlijk was het gewoon griep. Maar toen de assistente vroeg wat mijn klachten waren, en ik de lucht voor me zag die ik nodig zou hebben om de symptomen op te noemen, koos ik toch voor longontsteking.

'Ik denk dat ik een longontsteking heb.'

Daarna vroeg ze naar mijn symptomen.

Ik moest langskomen, een tijd gaf ze me niet. 'Kom maar gewoon meteen, als je klaar bent.'

Ik was nog even blijven zitten na het telefoongesprek, had de weg gezien die ik zou moeten afleggen, niet alleen de straten waar ik doorheen zou gaan, de kruispunten waar ik over zou steken, de verkeerslichten die ik af moest wachten, maar ook de weg in huis, de keuken uit, de woonkamer door, de gang, die lang was, de lange gang, en dan nog iets met water, een tandenborstel en kleren. Ik had moed verzameld.

Ik wilde de motor starten. Het leek me beter met de auto naar de apotheek te rijden, daar zou ik dan wel verder zien, kijken of er plek was en of ik het zou redden, van de auto naar de deur van de apotheek, of dat ik eerst even bij moest komen, mijn ogen dichtdoen en met mijn gezicht naar het raam gekeerd, met mijn mond in de buurt van de strook lucht bovenaan, wachten tot het weer ging, misschien even slapen zelfs, in de auto, tot ik weer fit genoeg was, en als ik me dan niet goed genoeg voelde, kon ik altijd nog een vliegtuigje vouwen van het recept dat ik had gekregen, een straaljager, dan zou ik het raampje wat verder opendoen en wachten tot er iemand naar buiten kwam, of naar binnen ging, de deur bleef altijd nog even openstaan, en in die tijd, in de tellen dat de deur openstond, kon ik richten, mikken, en daarna zou ik naar het vliegtuigje in zijn glijvlucht kijken, naar hoe het de apotheek in vloog.

Ik probeerde de koppeling in te trappen, maar mijn voet landde steeds op de mat. De rem had ik wel te pakken, daar stond mijn rechtervoet op, maar mijn linkervoet vond niets. Ik keek naar beneden, naar waar mijn schoen landde, bij de pedalen. Pas toen wist ik weer dat de auto een automaat was. Ik haalde mijn voet van de rem. We hadden hem al zeven jaar.

Ik draaide mijn gezicht naar het raam, hield mijn kin omhoog en ik hoorde mezelf praten, hoorde het verhaal dat dit zou worden, de illustratie die het zou zijn, *ik kon de koppeling niet vinden, maar het is een automaat,* een illustratie van hoe ziek ik was, *ik had me nog nooit zo ziek gevoeld.* Ik zou het als iets leuks brengen, als iets grappigs, een mop, *hoor eens wat dom van mij, een automaat, al jaren,* maar toen zag ik mezelf weer staan, in een speeltuin, terwijl ik kleuters telde, roze jas, paarse jas, blauwe jas, blauwe jas, terwijl ik ook ergens een verhaal van probeerde te maken, iets grappigs, alsof het een mop was, Einstein, het republikeins genootschap, *voor ik het wist gooide ik de karnemelk tegen de muur,* en toen zweeg de stem in mijn hoofd, maakte ik er niet langer een verhaal van. Ik drukte het knopje van het raam in. Er stroomde meer koude lucht naar binnen.

Ik had het hem ook gezegd, vanmorgen, dat ik me nog nooit zo ziek had gevoeld. Hij was de keuken in gelopen, de keuken waar ik moed verzamelde, en lucht, waar ik hapjes lucht uit de lucht nam, voor de gang naar de huisarts, en hij had vragend geconstateerd dat ik nog niet bewogen had, tegen de gewoonte in, dat ik nog zat, hier, en daarna had hij gevraagd hoe het ging.

'Ik heb de huisarts gebeld.'

'De huisarts?' Hij keek weer verward, verbaasd, verward verbaasd. 'Maar wat heb je dan?'

Ik wees nog een keer, maar nu preciezer, niet langer ongeveer precies, maar precies precies. In mijn borst prikte ik, met mijn linkerwijsvinger, alsof ik mezelf aanwees, *ik,* en mijn rechterhand hield ik achter me, op mijn rug, tegelijkertijd, de palm van mijn hand wees naar het raam, naar buiten. 'Ik heb een longontsteking.'

'Een longontsteking?'

Ik knikte. Nam een hapje. En nog een. Lucht uit de lucht.

Hij keek me aan, verward verbaasd, en ik dacht aan zijn vader, de huisarts, en aan wat dat betekende, een huisarts als vader hebben. Hij had het me weleens verteld, dat hij met negenendertig graden koorts naar school ging. Werd gestuurd, zei hij ook weleens, hij werd met negenendertig graden koorts naar school gestuurd. Zijn vader was een fantastische huisarts, dat vond het hele dorp, dat met hem wegliep, zo'n fantastische huisarts, maar hij zag de gezondheid van zijn kinderen over het hoofd. Bij de loodgieter thuis lekt de kraan, zei hij dan. De zussen hadden het beaamd.

De huisarts was voor anderen. Hij vond dat het niet hoorde, zomaar naar de huisarts gaan. Ik zei altijd dat ik niet zomaar ging, dat er een reden was. Als ik terugkwam leek hij soms verbaasd dat ik niet was weggestuurd. De keren dat hijzelf ging, zag ik dezelfde verbazing. Huisartsen waren voor anderen. Niet voor hem. En niet voor mij.

Ik keek naar onze keukenkraan, en daarna weer naar hem, en dacht aan waar het lekte als je burgemeester was, of het alleen het dak was, of dat de kraan gewoon openstond, opengedraaid tot het einde, zo ver open dat de druppels die op de vloer drupten, die door het dak waren gekomen, terechtkwamen in een enkeldiepe laag water.

'Ben je echt zo ziek?'

'Ik heb me nog nooit zo ziek gevoeld.'

'Maar hoe weet je dat het een longontsteking is? Je hebt toch nooit eerder een longontsteking gehad?'

Dat weet ik gewoon, dacht ik, en ik wilde het zeggen, dat weet ik gewoon, maar de droom kwam terug, terwijl ik wakker was, terwijl ik aan de keukentafel zat en hapjes lucht uit de lucht nam. Ik voelde hoe ik kromp, verdween, hoe de ruimte groter werd en ik alleen maar kleiner, hoe ik op de stoel waarop ik zat zou kunnen gaan staan en dan alleen nog maar met mijn kin bij de tafel zou komen, of nog niet eens, misschien, omdat ik nog kleiner was dan dat, kleiner en vager, al bijna doorzichtig, omdat er gegumd werd, over mij heen, omdat ik onzichtbaar werd gemaakt, uitgewist, net zolang tot ik weggeveegd kon worden met de beweging van een hand die de restjes gum van een blaadje veegt of van het blad van een keukentafel.

'Ik weet het niet. Ik denk het alleen maar.'

'Mag je komen?'

Ik knikte. 'Als ik er klaar voor ben.'

Ik keek naar het hoge plankje, waar de autosleutel lag. Ik zou een ladder nodig hebben om erbij te kunnen.

Ik trapte de rem in en draaide de sleutel om. De motor startte. Ik zette de pook in het inhammetje naast de R en keek achterom, over mijn rechterschouder, mijn rechterhand leunde op de schouder van de passagiersstoel. Er kwam een fietser langs, en nog een, en nog een. Ze gingen voor.

Ik had een longontsteking. De huisarts had net een thermometer tegen mijn voorhoofd gehouden, naar mijn longen geluisterd en het gezegd: 'Je hebt inderdaad een longontsteking.' Daarna was ze even stil. Ze had me alleen maar aangekeken. Ik had teruggekeken en bedacht dat ik er een weddenschap op had moeten zetten, even daarvoor, in de keuken. Ik had *wedden?* moeten zeggen, dan had ik een bontjas kunnen winnen. Dat was wel fijn geweest, nu, een bontjas, om in te verdwijnen, nu ik zo klein was, en koud. Ik zag voor me hoe ik zou krimpen in het zachte, me erin terug zou trekken, opgekruld, tussen de haren. Daarna zag ik de huisarts, die naar me keek. 'O.'

Ze tikte een recept, printte het, stak het blaadje naar me uit. 'Kan iemand dit voor je halen?'

Ik pakte het velletje aan, aan de onderkant, klemvast, en keek naar wat er stond, iets met veel lettergrepen, driemaal daags, en mijn meisjesnaam, zoals ik hier was komen wonen, twee straten verderop, in een huis van iemand die zijn restaurant naar een

Bijbelse rivier had genoemd en die de huur op de eerste van de maand wilde ontvangen. Ik had nooit doorgegeven dat ik nu een andere naam had.

Geknikt had ik, iemand kon dit halen, vast, dat kwam wel goed, en ik nam nog wat hapjes lucht uit de lucht. Ik voelde mezelf weer krimpen, zag de huisarts groeien, net als haar stoel, haar tafel, mijn stoel. Even overwoog ik te gaan staan.

'Hoe ben je hier?'

'Met de auto.' Ik hoorde hoe enthousiast ik het zei, alsof het de oplossing was voor alles, met de auto gaan, met de auto zijn.

'Alleen?'

'Ja.' *Maar ik ben met de auto dus dat geeft niet, geeft niets.*

Ik was alleen.

Die ochtend had ik het wel gevraagd, of hij meeging. Ik had moed verzameld, voor de weg in huis, was de keuken uit gegaan, de woonkamer door, de gang, die lang was, de lange gang, en ik had iets met water gedaan. Daarna poetste ik mijn tanden, zittend op de rand van het bad, met uitzicht op zijn rug. Via de spiegel kon ik zijn gezicht zien. Hij scheerde zich. Ik keek naar de halen die hij maakte met zijn mesje, over zijn kaak, over zijn wangen, naar beneden, en naar het midden, naar zijn kin, en daarna de halen die hij andersom deed, van beneden naar boven, in zijn nek, van oor tot oor, en als laatste de huid tussen zijn lippen en zijn neus, die hij uitrekte, om zijn boventanden spande, om het strak te maken daar. Af en toe keek hij naar me, via de spiegel, en een keer draaide hij zich om. 'Je voelt je echt beroerd, hè?'

Ik knikte.

'Arme.'

Ik knikte weer. Als ik de lucht ervoor had gehad, als mijn ademhalen niet zo zinloos was geweest, zou ik gehuild hebben. Nu hield ik het bij een keel die even samenkneep, verkrampte, hield ik het bij iets onzichtbaars. Ik stond op en spuugde de tandpasta in de wasbak, spoelde mijn mond, hield de tandenborstel onder de kraan.

'Wil je met me mee?'

'Wat zeg je?'

Ik keek naar de kranen, die waar hij voor stond, die waar ik voor stond, ze waren allebei aan, open, ze liepen, maakten geluid, misschien zelfs zo veel geluid dat mijn vraag werd overstemd.

'Wil je met me mee naar de huisarts?' Ik had mijn kraan dichtgedraaid. Ik was te verstaan.

'Dat kan niet.' Hij keek me aan, van opzij, niet via de spiegel maar rechtstreeks. 'Er zitten zo meteen tien mensen op me te wachten.' Hij bewoog zijn scheermes, prikte ermee, naar voren, alsof hij ze aanwees, de tien mensen die op hem zaten te wachten zo meteen, in een halve cirkel, een, twee, drie, vier, vijf, zes, zeven, acht, negen, tien, daarna ging hij verder met scheren, het laatste stukje, het stukje tussen zijn lippen en zijn neus, met zijn huid strak om zijn boventanden gespannen.

Ik had gedacht aan hoe we hier eerder ook stonden, een tijdje terug alweer, hoe hij zich aan het scheren was en ik iets met een tandenborstel deed, en hoe hij boven het geluid van de kranen uit zei dat zijn scheermesjes op waren. 'Mijn scheermesjes zijn op.' Ik had hem aangekeken, mijn wenkbrauwen opgetrokken, mijn mond open laten vallen.

'Wat is er?' Zijn scheermes bleef in de lucht hangen.

'Als je een van de kinderen was geweest had ik nu gezegd: "Ik hoor geen vraag."'

'Ja, maar je begrijpt toch wel wat ik bedoel?'

'Volgens mij begrijp jij ook wat ik bedoel.'

Zijn tong was tevoorschijn gekomen tussen het witte schuim, hij stak hem uit, naar mij, en grijnsde.

Ik had gedacht aan vulpenvullingen, aan dat we die nooit meer haalden, hij niet, ik niet. Ik stelde me voor hoe hij het zou zeggen, op het stadhuis, net zo terloops als bij de kraan, *mijn vullingen zijn op*. Met bakken tegelijk zag ik ze uit de lucht vallen, op hem, ik zag hoe ze door de kamer werden gestrooid, zoals een Piet dat deed op Sinterklaasavond, handenvol tegelijk.

Vanmorgen, toen al het schuim weg was, keek hij me aan terwijl hij de kraan dichtdraaide. 'Ga anders met de auto.'

Ik wilde zeggen dat dat niet ging, dat ik niet bij de sleutels kon, dat ik daar nu te klein voor was, en dan zou ik hem vragen of hij dus alsjeblieft met me mee wilde gaan, of hij die tien mensen even wilde laten wachten, of afzeggen, desnoods, voor deze ene keer, alsjeblieft, maar daarna overzag ik hoeveel hapjes lucht ik uit de lucht zou moeten nemen om het hem te zeggen, om het hem te vragen, ik overzag dat daar een diepere ademteug voor nodig was, wat ik probeerde, dieper ademen, maar mijn vingers tikten *het is zinloos om diep te ademen* en ik voelde de pijn en dat het niets uithaalde, dat ik niet de lucht kreeg die erbij hoorde, dat ik niet kreeg waar ik zo mijn best voor deed.

Ik liep naar de slaapkamer, moest nog iets met kleren, moest me nog aankleden. Een trui pakte ik, een trui en een broek en sokken, sleepte ze naar mijn kant van het bed en ging zitten, aan het voeteneinde, om weer moed te verzamelen, moed om me aan te kleden zodat ik naar buiten kon zo, door de straten, over de kruispunten, langs de verkeerslichten. Hij ging ook zitten, met sokken in zijn hand, aan zijn kant van het bed. Ik voelde weer iets wat onzichtbaar was, mijn keel die samenkneep, verkrampte, te benauwde tranen.

'Ik weet niet of ik het red. Wil je alsjeblieft met me mee?'

Hij keek naar me. 'Het gaat niet. Ik wil wel, maar het gaat niet. Er zitten mensen op me te wachten.' Hij liet me zijn handpalmen zien. Leeg. Daarna legde hij een hand op mijn rug, op de plek waar ik het einde van mijn longen vermoedde. 'Ik kan er niets aan doen.'

Zonder mijn vingers te bewegen wist ik uit hoeveel lettergrepen zijn zin bestond. Zes. *Ik kan er niets aan doen.* Ik had het zo vaak mee getikt, als hij binnenkwam, of vlak daarvoor, of als hij belde, voor ik opnam, of als hij wegging, niet mee kon, of als hij me wakker maakte, als ik op de bank lag, in slaap was gevallen tijdens het wachten; al voor ik er helemaal was, de slaap uit was gekomen, me weer in de woonkamer bevond, tikten mijn vingers het al, *ik kan er niets aan doen.*

Hij kon er niets aan doen.

Ik was er nog steeds niet achter of het waar was wat hij zei of de grootst mogelijke onzin. Ik was er ook nog steeds niet achter welke van de twee het ergste zou zijn.

We waren tegelijk de deur uit gegaan. Ik had op weg naar beneden nog iets willen zeggen, iets willen laten zien, aan hem voor willen houden: kijk hier eens naar, of hier, kijk eens naar hoe ik met je meeging, toen met je rug, bijvoorbeeld, weet je nog, of eerder juist, of laatst, of altijd, hoe ik alle keren met je meeging, weet je nog, zie je? Maar ik hield niets voor, liet niets zien, omdat de vergelijking niet op ging, tussen hem en mij, of omdat er nooit tien mensen op mij hadden zitten wachtten, toen, of eerder juist, of altijd, of omdat het zinloos was, zinloos om diep te ademen, omdat het niets uithaalde, omdat ik niet de lucht kreeg die erbij hoorde, omdat ik niet kreeg waar ik zo mijn best voor deed.

We hadden op de stoep gestaan, voor de deur, de auto waarin ik zou stappen recht voor onze neuzen, de auto waarin hij zou stappen naast ons, een paar meter verderop, op de stoep. Hij had mij aangekeken en ik hem en daarna hadden we elkaar gedag gezegd en hij had gedag gezegd tegen de conciërge en ik had gedag gezegd tegen de conciërge en de chauffeur en daarna waren we ingestapt, allebei in een andere auto, en had ik het portier dicht-getrokken terwijl dat eigenlijk niet ging, terwijl ik er eigenlijk te klein voor was, te weggeveegd, en werd zijn portier voor hem dichtgedaan.

Ik reed naar achteren, een stukje, nadat alle fietsers voor waren gegaan, zette de pook in het inhammetje naast de D en reed de straat uit. Bij de apotheek stapte ik uit. Ik nam een hap lucht en smeet hard het autoportier dicht. Ik wist zeker dat hij dicht was.

Later, toen het driemaaldaags achter de rug was maar het soms nog steeds leek alsof ik te weinig lucht had, alsof het zinloos was, diep ademen, was ik naar de slaapkamer gelopen, naar de derde lade in de kast waar ik een brief wist die ik achter de hand had gehouden, een brief aan mij, een brief in een envelop die dichtzat, die door hem dicht gelikt was, lang geleden, waar hij mijn naam op had geschreven en die ik niet open had gemaakt. Ik had hem uit de lade gepakt, de envelop opengepeuterd, het papier eruit gehaald en woorden van gelijke strekking gelezen.

Koninginneweg

Ik was op de terugweg, op de fiets, van het allerergste ziekenhuis. De hele tijd was ik rechtdoor gegaan, met de bochten mee, dat wel, maar toch de hele tijd rechtdoor, eerst zo veel mogelijk naar het midden. Het was zondag, avond al, maar het was nog licht.

Voor ik wegging had hij gegeten, had hij zijn eten gekregen, had hij voor de vorm iets gedaan met een stukje aardappel, en ik had ernaar gekeken en zelf het rijtje afgemaakt in mijn hoofd, *aardappel*, stokbrood, *drop*, parmaham, *mandarijn*, noga. Daarna had ik gevraagd of ik het dienblad weg zou zetten.

'Graag.'

Ik was onderweg naar huis. Hij moest in het ziekenhuis blijven. Daar was hij vrijdagavond heen gebracht, of misschien was het al zaterdag toen we aankwamen, maar het brengen was begonnen op vrijdag, toen ik een ambulance belde.

Hij had het benauwd gekregen die avond. Overdag had hij gewerkt, afspraken gehad, overlegd, vergaderd, over Sinterklaas, nu al, in september, en over Ajax, nog steeds, en vlak voor zijn laatste afspraak, aan het einde van de middag, had hij gevraagd of ik meeging, naar beneden. Ik hielp hem in zijn jasje. Het was een leuke, zei hij, deze afspraak was een leuke, iets met een museum en een tentoonstelling. Ik wist niet of ik mee wilde. Ik voelde me moe, maar tegenover me zag ik een nog grotere vermoeidheid en wat hij kon moest ik ook kunnen, dus ik knikte, ging mee, bracht hem naar beneden, duwde hem, duwde zijn rolstoel, waar hij in zat, al een tijdje nu, alleen binnenshuis en in het ziekenhuis, waar het onzichtbaar was, of waar het wel paste, hoorde bijna.

Beneden had ik een aanloopje genomen om hem de drempel over te krijgen. Zo deed ik dat steeds. Ik was iets harder gaan lopen halverwege de gang, harder gaan duwen, maar het bleek niet nodig. We vlogen eroverheen, over de drempel, naar binnen, waar iedereen zat te wachten. Even keek ik naar mijn armen, verwachtte spierballen te zien, heel dikke, met aders misschien wel, maar mijn armen waren gewoon mijn armen. Ik schoof hem aan tafel, op de plek waar geen stoel stond.

Er was iets gepresenteerd, op een scherm, er waren plaatjes en woorden en iedereen was tevreden en blij en wenste elkaar een prettig weekend en daarna duwde ik hem weer de drempel over, moeiteloos, zonder kracht te zetten.

Boven bracht ik hem naar bed. Ik hielp hem uit de rolstoel, wurmde mijn hand tussen zijn rug en de rugleuning, greep het lusje van zijn broek vast met mijn wijsvinger en mijn middelvinger en telde af, trok hem omhoog, wachtte tot hij stond. Nog even, had hij gezegd, nog even slapen. Eerder op de middag was hij ook al naar bed gegaan. Hij sliep steeds vaker, steeds langer ook. Ik zenuwspiraalde meerdere keren per dag. De pijn was nooit overgegaan, maar de zoemer ging nog maar zelden. We konden dit, ik kon dit, al pratend, grappend, peinzend, hem aankleden, uitkleden, neerleggen, overeind helpen.

'We kunnen ook uit eten gaan als ik straks wakker ben.'

'Ja, joh.'

'Gaan we daarna naar de film. Of dansen.'

'Leuk.'

'Je lacht wel, maar ik meen het. Zullen we het weekend gaan vieren? Straks voel ik me weer fit.'

'Is goed.'

Ik had gekookt terwijl hij sliep, hij had zijn eten heen en weer bewogen en voor we van tafel gingen, zei hij dat het niet goed ging, dat hij het benauwd had. Ik zag hoe hij probeerde te ademen, diep, maar dat het zinloos was, dat het niets uithaalde, dat hij niet de lucht kreeg die erbij hoorde, dat hij niet kreeg waar hij zo zijn best voor deed, en ik had gevraagd of hij zuurstof wilde.

Hij sliep ermee, met die zuurstof, al een tijdje. Ongeveer hetzelfde tijdje als de rolstoel.

Hij knikte, ja, hij wilde zuurstof, en ik duwde hem naar de slaapkamer, in de rolstoel die hij nu een tijdje had. In de gang, in de lange gang, keek ik even opzij, naar de spiegel die daar hing, naar ons spiegelbeeld. Het zag er niet goed uit.

Rechtop had hij gelegen, op bed, met kussens in zijn rug en een slangetje in zijn neus. Langzaam ging het ademhalen beter, was er weer lucht, ging het niet meer in hapjes. Toen hij in slaap was gevallen deed ik de afwas. Daarna ging ik bij hem kijken. Hij werd wakker toen ik naast hem ging zitten, in de buurt van het voeteneinde, ver weg van zijn armen. Het ging. Ik rolde hem naar de keuken. 'Dansen dan maar nu?'

Later, toen we naar bed waren gegaan, echt nu, met z'n tweeën, begon het weer, het benauwde. De hapjes lucht uit de lucht waren terug, waren nog kleiner, kwamen nog sneller. Ik duwde hem omhoog, rechtop, nog rechterop. Hij leek bang, maar dat kon niet, dat moest een vergissing zijn, want bang waren we niet, nooit. Ik voelde hoe mijn vingers tikten, pink, ringvinger, middelvinger, wijsvinger, duim, *je bent niet bang, toch? Je bent niet bang, toch? Je bent niet bang, toch?*

Ik zette het zuurstofapparaat op de hoogste stand, gaf hem de meeste lucht.

'Zo staat-ie het hoogst.'

'Mag dat?'

Ik had geen idee. 'Ja.'

Hij vroeg om een dokter. Uit zichzelf.

Ik belde. Mijn vingers tikten op mijn bovenbeen. *Je bent niet bang, toch? Je bent niet bang, toch? Je bent niet bang, toch?*

We wachtten op de ambulance.

Hij hapte.

Ik keek naar het zuurstofapparaat, bedacht dat het goed uitkwam dat hij aan de verkeerde kant van het bed lag, daar was een stopcontact over, dat kwam goed uit, nu, dat stopcontact, en daarna dacht ik aan de lamp in de woonkamer, dat er een nieuw bolletje in moest, dat het lampje dat erin zat de hele zomer al stuk was, maar dat ik het niet vervangen had, omdat het 's avonds toch lang licht was, maar nu september al op de helft was en de lichten eerder aangingen, moest ik het toch maar eens gaan doen, dat lampje. Op het nachtkastje zag ik Churchill liggen.

Ze hadden hem meegenomen, ze hadden ons meegenomen, naar het ziekenhuis, vrijdagavond. Hij was gebleven. Ik mocht naar huis. Toen was het zeker al zaterdag, toen ik thuiskwam en mijn kleren uittrok, naast de stapel kussens ging liggen en met mijn vingers tikte, *gemetastaseerd NSCLC, humerusfractuur, intensivist, pseudoprogressie, femur, PICC-lijn, longembolie*, ik tikte en telde, *gemetastaseerd NSCLC, humerusfractuur, intensivist, pseudoprogressie, femur, PICC-lijn, longembolie*. Ik kwam uit op tweeëndertig, wat geen veelvoud van vijf was, behalve als ik er drie woorden achter zou zetten, *hij gaat dood* bijvoorbeeld, dan zou het wel kloppen, als ik dat erachter zette, *gemetastaseerd NSCLC, humerusfractuur, intensivist, pseudoprogressie, femur, PICC-lijn, longembolie, hij gaat dood*, maar dat deed ik niet, want dat was valsspelen en valsspelen bracht geen geluk.

Mijn telefoon ging. Ik viste hem uit mijn jaszak terwijl mijn benen de trappers naar beneden bleven duwen. De naam van zijn arts stond op mijn scherm, een korte naam, die geen lichtkrant werd, maar er gewoon stond.

De arts was er niet geweest, dit weekend. Hij zat in het buitenland, zou daar nog wat dagen blijven ook, er was een congres. Ik had het me voorgesteld, toen het werd verteld, hoe zo'n congres zou zijn, hoe er dagenlang werd gepraat in woorden die alleen zij begrepen, die zij kenden, en ik niet, waar ik er maar zes van wist, en sinds een dagje zeven.

Hij had een longembolie. Dat hadden ze gezien, op weer een scan, op weer een foto. En ze hadden nog meer gezien. Ze hadden verschrikkelijk veel gezien. Er was verschrikkelijk veel te zien geweest. Er was geen beeldscherm in de kamer waar hij lag, die immers geen spreekkamer was, dus ditmaal moest ik me de grijze vlekken zelf voorstellen, ze plaatsen aan de hand van de woorden die werden gebruikt, ze voor me zien in zijn buik, in dat wat ik vroeger buik noemde, in alles van zijn heupen tot aan zijn schouders, in alles. In alles. In alles. In alles. In alles. Dat had ik gedaan, ik had het me voorgesteld, het gezien, grijze vlekken in grijze vlekken in grijze vlekken, terwijl ik bleef luisteren naar de woorden die werden gebruikt en die duidelijk maakten, lieten weten, dat het nieuwe, het experimentele, niets had gedaan, dat de pillen die van de bodem van de tas werden geraapt, met nagels uit de hoekjes werden gepeuterd, waarvoor alle zijvakjes werden doorzocht, pillen die ik thuis in blauwe plastic doosjes had gestopt en die hem hadden laten denken aan tijd en zich wat beter voelen en aan iets wonderbaarlijks, wat ik beaamd had, hoewel ik had gedacht dat het niet zo zou gaan, hoewel ik had gedacht dat het precies zo zou gaan als het nu ging, niet ongeveer precies, maar precies precies, dat die pillen niet hadden gewerkt. Daarna gingen de woorden door over de longembolie, wat dat betekende, en iemand had *pats* gezegd en ik had aan de lamp gedacht, aan het bolletje dat nu toch echt vervangen moest worden.

Ik nam op, zei mijn naam, de arts noemde de zijne. Hij zei dat hij in het buitenland was, ik antwoordde dat ik dat wist. Een congres, zei ik erachteraan, en even schoot er door me heen dat ik hem moest vragen of hij nieuwe woorden had geleerd.

Mijn maag knorde. Ik had honger.

Het ging anders, op zondag, in het allerergste ziekenhuis. Op zaterdag trouwens ook. Dan rook het er niet naar saucijzenbroodjes. Er was ook geen soep.

'Nou,' hoorde ik de arts zeggen, daarna was het stil. Ik vroeg me af of het mijn beurt was nu, of het aan mij was de stilte op te vullen, wat hoorde, of hij bij mij op bezoek was, bij mij op bezoek was gekomen, door mij te bellen, waardoor ik de gastvrouw was, waardoor ik hem op zijn gemak moest stellen, hem zich welkom moest laten voelen, *welkom hier, op de plek waar ik niet woon, maar waar ik je binnenlaat, op de lijn, omdat we hiermee bezig zijn.*

'Ja.' Ik remde, zette mijn voet op de grond, leunde met een bil op mijn zadel. 'Het is flink mis, hè?'

De arts beaamde dat, vertelde wat ik al wist, hoe het eruitzag vanbinnen, wat dat betekende, *pats*. Ik dacht aan magnetronmaaltijden en het geluid van een vork die met kracht door het plastic wordt gestoken. Misschien moest ik even langs een winkel, zo, wat halen, iets wat ik lek kon prikken, iets wat ik kon eten. Mijn maag knorde. Ik had honger.

Ik stond in een bocht. De weg die met de bocht meeging heette over een paar meter anders. Daar was het de Willemsparkweg, verderop. Als je op de Koninginneweg wilde blijven, moest je juist afslaan, zo leek het, alsof je moest afslaan. Ik keek hoe de weg verder ging, na het afslaan, naar de gebouwen die daar stonden en ik dacht aan hoe hij er altijd naar had gewezen als we hier langskwamen, als we hier reden, hoe hij had gezegd dat hij daar zijn eerste kantoor was begonnen, *daar zijn we begonnen*, telkens weer, wijzen, *daar zijn we begonnen*, wat hij bleef doen, terwijl hij wist dat ik het wist, wijzen, *daar zijn we begonnen*. Soms was ik hem voor, dan vroeg ik het eerder, *wat is er in de volgende bocht*? of ik zei het, een paar honderd meter ervoor, *in de volgende bocht zijn jullie begonnen*. Af en toe deed ik het ook als we verder weg waren, straten, kruispunten, verkeerslichten ervandaan. 'Als je nu hier oversteekt en naar links gaat...' Ik zei het langzaam, om hem mee te laten denken, mee te laten bewegen door de straten.

'Ja...'

'En dan aan het einde naar rechts en dan helemaal rechtdoor en weer rechts en weer helemaal rechtdoor...'

'Ja...'

'... wat zit er dan in de volgende bocht?'

Dan lachte hij, en wegwerpgebaarde, maar zei het toch. 'Daar zijn we begonnen.'

Ik wilde het tegen de arts zeggen, als hij uitgepraat zou zijn over alles wat er vanbinnen zat, als er weer een stilte moest worden opgevuld, *weet je waar ik nu sta?* Dan zou ik wijzen, op niks af, maar toch, en zou ik hem vertellen dat hij daar begonnen was, *ze zijn daar begonnen*, en ik zou zeggen dat het vóór mijn tijd was, dat ik hem toen nog niet kende, toen hij begon, in die bocht, en dat ik dat soms moeilijk voor te stellen vond, dat ik hem ooit niet kende, en hij mij niet, dat we elkaar niet kenden, ooit, omdat we elkaar nu zo ontzettend wel kenden, zo precies kenden, precies precies kenden, niet ongeveer precies, dat ik elke bocht wist, de bochten in zijn stad, de bochten in zijn zenuwspiraal, en al die andere bochten, in hem, in mij, zijn bochten in mij, mijn bochten in hem, dat we ze allemaal hadden genomen, die bochten, als rallyrijders, met een blind vertrouwen in het kunnen van de ander, *wij kunnen dit, meisje*, want als ik ja zei, zou hij zijn stuur omgooien, zonder aarzelen en precies ver genoeg, precies precies ver genoeg.

'De vraag is: wat nu?'

De arts was stil.

Ik ook.

Want de vraag was: wat nu?

Ik dacht dat er geen nu meer was. Of geen wat. Of geen vraag. Maar blijkbaar was de vraag: wat nu? Dus stelde ik hem, stelde ik die vraag: 'Wat nu?'

Ik schoof over mijn zadel, ging zitten, trapte mezelf weg. Ik had honger. Ik dacht aan hoe ik hem achtergelaten had net, het snoer met het belletje eraan op zijn buik, op wat zijn buik was, zijn telefoon op het verrijdbare tafeltje boven zijn buik, boven wat zijn buik was. 'Ik bel je straks.'

'Graag.'

'Gaat het zo?

'Ja.'

'Kan ik nog iets voor je doen.'

'Ja, naar huis gaan. Eten.'

Ik moest gaan eten. Ik moest naar huis gaan en gaan eten. De bocht was ik door, ik fietste de Willemsparkweg op, luisterde naar de stem in mijn oor die een tas opende, een gereedschapstas, een loodgieterstas, een koffer op wieltjes waarvan ik dacht dat hij leeg was, nadat de chemo, de immuno en de pillen, als laatste, eruit waren gekomen, de pillen die van de bodem van de tas waren geraapt, de tas waar nu niets meer in zat, dacht ik.

De arts zei dat er nog een chemo was. Ik vroeg me af waar hij die vandaan haalde, of er een zijvak was waar ik niets van wist of dat er misschien een dubbele bodem in de koffer zat, een klep die zojuist opgetild was door de *arts*, haakje openen, *goochelaar*, haakje sluiten, terwijl hij simsalabim zei om mij af te leiden.

Ik trapte zo hard als ik kon zonder te gaan hijgen, ik moest naar huis, ik moest eten en daarna bellen naar een telefoon op een verrijdbaar tafeltje in het allerergste ziekenhuis, zodat ik kon vertellen dat ik gebeld was door de arts in de bocht van de Koninginneweg zodat hij tegen mij kon zeggen dat ze daar begonnen waren en terwijl ik hard trapte, zo hard als ik kon zonder te gaan hijgen, luisterde ik naar de arts die woorden gebruikte als *afweging* en *overleg* en *zwaar* en *misschien te zwak* en *kans* en *klein*, en die daarna stil was en een antwoord verwachtte, van mij.

Ik zei nee.

Zonder het woord te gebruiken, zonder nee, zei ik nee.

Ik vroeg of het mocht stoppen.

De emmers zag ik voor me, de zenuwspiraal, de PICC-lijn, de rolstoel, hoe hij over de drempel was gevlogen twee dagen eerder, hoe mijn armen gewoon mijn armen waren geweest, ik zag de kussens en de mitella's en heen en weer geschoven aardappels en slapen en hapjes lucht en ik zag de raad en de stad en het land en de wereld en het universum en elke voetganger, elke fietser, elke man achter een raam of vrouw in een winkel, alles wat voorging, en ik vroeg of het mocht stoppen, ik vroeg of het alsjeblieft mocht stoppen, zei tegen de arts dat de koffer dicht moest, de loodgieterstas, dat als hij daar nog iets in zou weten, iets in zou vermoeden, in een zijvak, in een dubbele bodem, als iemand het hem zou laten zien, *simsalabim, kijk wat we nog hebben*, dat hij dat dan aan zou nemen, aan zou grijpen, met twee handen, met twee gebroken armen, dus ik zei dat de koffer dicht moest, dat de koffer dicht moest blijven en in mijn hoofd hoorde ik het geluid van een schuifdeur en ik dacht aan het lijstje met mensen die de afgelopen jaren ja tegen hem zeiden, aan het rijtje ernaast, waar mijn naam stond, aan hoe ik ook aan het papier hing, onderaan, ondanks alle ruimte aan mijn kant van het velletje, dat ik het papier ook kreukelde bij het zoeken naar grip en dat er geen verschil zat in je houvast kwijtraken of zelf loslaten, heus niet, echt niet.

De arts zei dat hij me gehoord had.

We hingen op.

Ik fietste door, de Willemsparkweg af, en nog verder door, met de bochten mee, maar toch rechtdoor, eerst zo veel mogelijk naar het midden, altijd eerst zo veel mogelijk naar het midden. Thuis prikte ik iets lek, bewoog een aardappel heen en weer, een tijdje, tot ik naar bed mocht en vanuit de slaapkamer belde naar een telefoon op een verrijdbaar tafeltje in het allerergste ziekenhuis.

'Ik fietste terug over de Koninginneweg.' Er klonk een vage echo. Ik stond op speaker.

De volgende dag zei een arts aan zijn bed dat ze nu niets meer voor hem konden doen, dat hij te zwak was voor een volgende chemo, dat het klaar was, nu, dat het stopte, daar.

Hij had geantwoord dat hij weleens beter nieuws had gekregen en daarna had hij iedereen bedankt, want dat hoorde, iedereen bedanken, en toen ze de kamer uit waren, iedereen, had hij me aangekeken, en ik hem, en ik had gezien hoe hij zijn schouders ophaalde en ik had gevoeld hoe de mijne omhoogkwamen, en zo hadden we tegen elkaar gezegd dat we het niet wisten, dat we niet wisten wat nu.

Herengracht

Hij was thuis. Al meer dan een week. Hij lag in een bed in de woonkamer dat rechtop kon, automatisch, met een knopje, rechtop en weer plat, maar in zijn geval alleen rechtop. Het apparaatje met de knopjes voor rechtop en weer plat hing aan het bed. Hij kon er niet bij, maar dat maakte niet uit, dat gaf niet, het bed stond toch alleen rechtop. Naast hem stond een verrijdbaar tafeltje. Er waren ook nog kussens, achter zijn rug, achter zijn hoofd, onder zijn armen, twee aan elke kant, om ze te ondersteunen, vanwege de humerusfracturen, vanwege de botten die tegen het botvlies tikten, een breed kussen onder, een iets smaller maar dikker kussen daarbovenop, en dat aan twee kanten, twee heuvels, met aan weerszijden twee dalen die liepen tot de hoge rand van het bed, dalen waar een telefoon in kon liggen, of een krant, of post. Zo lag hij. Daar lag hij. Tussen twee heuvels waarop zijn armen rusten. Al meer dan een week nu.

Nog nooit had ik mijn naam zo vaak gehoord als deze dagen. Hij zei hem al voor hij zijn ogen opendeed, vragend, ongerust, hij zei hem eerst zacht, maar als hij me niet hoorde, me niet zag, als ik van verder weg moest komen, uit de keuken of ergens aan de andere kant van de lange gang, of uit mijn slaap, dan ging het al snel met meer volume, harder, steeds, maar hard werd het niet, ook niet als ik het hele huis door moest, dwingender werd het wel, urgenter, maar hard niet.

Ik tikte ze vaak mee, de twee lettergrepen van mijn naam, of net erachteraan eigenlijk, als hij ze had gezegd, *een twee*, eerst mijn pink en mijn ringvinger, en dan, als hij mijn naam weer zei, mijn middelvinger en mijn wijsvinger, *drie vier*, en daarna mijn duim en weer mijn pink, *vijf zes*. Zo ging het door. Als hij vijf keer mijn naam had gezegd, kwam ik precies uit bij mijn duim, had ik een veelvoud van vijf. Alles wat je vijf keer zei was een veelvoud van vijf. Zo had ik het lang opgelost, door alles tot een vijfvoud te herhalen in mijn hoofd. Nu deed hij dat voor me. Hij zei mijn naam vijf keer. Of tien. Of nog meer. Maar uiteindelijk altijd wel een veelvoud van vijf.

Ik keek even naar hem, naar hoe hij lag, naar hoe hij sliep en ik tikte onze namen samen, met mijn vingers, pink, ringvinger, middelvinger, wijsvinger, duim, samen waren we vijf lettergrepen, altijd al geweest, dan kwam het goed.

Ik zat aan tafel, in de woonkamer, bij hem in de buurt, zodat hij me zou zien als hij zijn ogen opendeed, meteen, zodat hij mijn naam niet zou hoeven zeggen, hoewel hij dat wel deed, maar dan niet vragend en ongerust, maar juist op een tegenovergestelde manier, bevestigend, *daar zit ze*, hij zei mijn naam rustig, deed zijn ogen weer dicht en sliep verder.

Er lag een map op tafel. Een witte. Ik schoof mijn wijsvinger ertussen en klapte hem open. Het was een map van de thuiszorg. Er stond in hoe het ging, met hem. De hele dag was er iemand in huis van de thuiszorg, vrouwen waren het, een handjevol, die elkaar afwisselden en voor de volgende, voor de opvolger, in de map schreef hoe het met hem ging. Ze bleven ook slapen, in het logeerbed beneden, op de verdieping onder ons, waar in vroeger tijden de conciërge sliep en waar de kinderen soms logeerpartijtje speelden en waar ik alle kussens vandaan had gehaald, al, waardoor ik me afvroeg hoe ze erbij lagen, of ze erbij lagen zoals ik.

Nu was er ook iemand, beneden, in de logeerkamer. Niet omdat ze sliep, het was nog middag, maar omdat ik had gezegd dat er verder toch niet zoveel te doen was, hier, met hem. Wat niet waar was, misschien, maar wat ik had bedacht, wat ik had bedacht om te zeggen, wat ik had bedacht om te zeggen wat aardiger was dan dat hij het niet wilde, want dat was wat hij zei, zachtjes, tegen mij, *ik wil niet dat ze hier zijn*. Ik had geantwoord dat ik dat ook niet wilde, *ik wil ook niet dat ze hier zijn*, waarmee ik had bedoeld dat je soms niets te kiezen hebt, dat ik het liever ook anders had gezien maar dat dit nu eenmaal was wat het was, dat ze nodig waren, omdat hij zo ziek was, maar hij zei alleen maar *dan sturen we ze toch weg?* Hij had ze niet nodig.

Ik bladerde door de map. De indeling deed me denken aan toen hij advocaat was, aan hoe zijn mappen ingedeeld waren, het nieuwste bovenop, de laatste brief, het meest recente processtuk, zodat je in een oogopslag de stand van zaken kon zien: map open en verder.

Ik las dat hij deze middag pillen had geslikt, deze ochtend ook. Er stond *sinaasappelsap* en *iets meer dan de helft*. Er stond dat hij veel sliep.

Het was geregeld toen hij nog in het ziekenhuis was, voor hij naar huis kwam. Na de *pats* werd er thuiszorg georganiseerd, zodat hij naar huis kon. Hij wilde naar huis. Ik wilde ook dat hij naar huis kwam.

Voor het regelen was een dagje nodig. Er zou een bed komen, een verrijdbaar tafeltje, thuiszorg, en een geel emmertje om gebruikte injectienaalden in weg te gooien, injectienaalden die nodig waren om medicijnen toe te dienen om een *pats* te voorkomen. De volgende dag zou alles wat er nodig was er zijn, dan mocht hij naar huis.

Terwijl hij in het allerergste ziekenhuis wachtte en een brief las die op het verrijdbare tafeltje boven zijn buik lag, probeerde er woorden in te wijzigen, zinnen aan toe te voegen, het poosje weer te noemen, te vragen om goed te zorgen voor alles, voor de stad, voor elkaar, en om te bedanken, natuurlijk, want dat hoorde, je moest bedanken, werd mij uitgelegd hoe ik de naald gereed moest maken, hoe ik de spuit moest zetten, hoe ik hem daarna weg moest gooien in het gele emmertje dat werd geregeld. Ik kreeg les van een verpleegkundige die daarvoor een niervormig bakje uit een kastje had gehaald, het ondersteboven naast de wasbak had gelegd en gezegd dat ik moest doen of dat zijn buik was. Ik wilde iets zeggen over het niervormige, dat het er zo niet uit had gezien, toen, met mijn echo's, dat ik niertjes heus wel herkend zou hebben als ze er zo uit hadden gezien, op het beeldscherm, als een grijs niervormig kartonnen bakje, maar ik zei het niet, want het niervormige bakje was nu zijn buik. Ik ramde de spuit door het karton.

De verpleegkundige schrok. Zo moest het niet. Ze wees naar het bakje. 'Het is een buik.' Ik zei dat ik geen idee had hoeveel kracht je moest zetten om tot iemand door de dringen, hoe sterk je moest zijn. Misschien was er nog veel meer kracht nodig dan ik voor mogelijk had gehouden. De verpleegkundige zei dat het zachter kon en achter me hoorde ik hem zeggen dat hij het daarmee eens was. De volgende spuit prikte ik langzaam door het karton.

Daarna leerde ze me hoe ik de PICC-lijn moest gebruiken. Daar was de thuiszorg voor, dat zou geregeld worden, maar het kon geen kwaad als ik het ook wist en daarna gebruikte ze net iets zachter de woorden *acuut* en *soms*. En dat van dat bakje had ik per slot van rekening ook snel in de vingers gehad.

We hadden naast hem gestaan, aan de kant van het plastic slangetje, aan de kant van de PICC-lijn en ik had opgelet, goed geluisterd, gekeken, geleerd over doorspuiten, eerst, altijd, en ze liet het kraantje zien en hoe je daar iets opzette, maar ik kon het niet oefenen, het was geen niervormig bakje maar iets wat zijn arm in ging, in het echt, en ik knikte wel, maar dat deed ik alleen maar omdat hij keek, omdat hij opkeek van de brief, en ik wilde laten zien dat ik het kon, dat hij het met mij zou kunnen, dit, maar ik wist dat ik in een situatie die *acuut* was en *soms* geen idee zou hebben wat ik zou moeten doen en terwijl ik luisterde en knikte en een vraag stelde, voor de vorm, over dat links open was en rechts dicht, zag ik voor me hoe daarna, na het acuut en het soms, iemand naar het slangetje in zijn arm zou wijzen en een zin zou zeggen met *voor niets* erin, en *sowieso*, en daarna vroeg ik me af of ze het eruit zouden halen, eigenlijk, zo'n slangetje, later, binnenkort, en ik hoorde drie stalen pennen vallen op een houten ondergrond en ik zag het voor me, hoe ze vielen, een klein stukje, net genoeg om geluid te maken, maar toen bedacht ik dat het donker was daar, dat er niets te zien zou zijn, dat het niet te zien zou zijn, en ik stelde nog een vraag om te laten merken dat ik oplette.

Hij vroeg het een paar keer per dag de afgelopen dagen, wat er zou gebeuren als hij geen lucht meer kreeg, dan zei hij mijn naam, eerst, en daarna vroeg hij wat ik zou doen. Ik stelde hem gerust, zei na wat ik gehoord had, als een lijstje, ik dreunde het op alsof ik het op kon dreunen: zuurstof, lijn doorspoelen, spuit erin, kijk, die daar, eentje van die, die zo dicht bij je liggen, voor *acuut* en *soms*, zo'n spuit, die erin. Hij liet zich erdoor geruststellen. Ik mezelf soms bijna ook.

Ik sloeg een bladzijde om, zachtjes, om hem niet wakker te maken, hoewel ik daar ook weer niet echt bang voor was. Hij was vaak ver weg. Dat las ik ook, in de map, *vaak ver weg.* Behalve als hij er was, mijn naam zei als hij zijn ogen opendeed, of nog voor hij zijn ogen opendeed, dan was hij er, of als ik zijn naam zei, om hem wakker te maken, zachtjes, om hem te zeggen dat hij wakker moest worden, dat hij zijn ogen open moest doen, omdat er bezoek voor hem kwam, bijna, dan was hij er ook.

'Er komt zo bezoek. Word je wakker?'

'Ik was al die tijd al wakker.'

'Weet ik.'

'Ik lag gewoon wat na te denken.'

'Weet ik. Misschien kun je nu na gaan denken met je ogen open.'

'Goed idee.'

'Weet ik.'

Dan dacht hij na met zijn ogen open, keek naar buiten, naar de lucht, naar de boom, en ik vroeg me af waar hij geweest was, net, terwijl hij nadacht met zijn ogen dicht, hoe ver het was, hoe ver hij was.

'Grijs.'

Hij knikte naar de lucht.

'Ja.' En dan vertelde ik hoe het was, buiten, wat ik gevoeld had toen ik boodschappen deed, terwijl hij nadacht met zijn ogen dicht.

De laatste keer dat hij buiten was, lag hij, werd hij het huis binnengereden. De laatste keer dat hij buiten was, waren twee meters op de stoep, drie misschien.

Hij werd naar huis gebracht in een ambulance. Hij had een brief meegekregen, een officiële, van het allerergste ziekenhuis, waarin stond dat mocht er iets zijn met *acuut* en *soms* er niets meer aan gedaan hoefde te worden, dat er niets meer aan gedaan mocht worden. Het was zinloos. Ze hadden de brief op zijn buik gelegd, op wat zijn buik was, en zo was hij de ambulance in geduwd voor de rit naar huis. Ik had naast hem gezeten. Op de oprit naar de ring haalde ik de brief van hem af, legde hem in het dal naast zijn linkerarm, tussen de wafels. Ik zei dat we saucijzenbroodjes hadden moeten kopen, voor onderweg, hij glimlachte en viel in slaap. Hij sliep tot aan de ambtswoning. Daar legden ze twee meter met hem af, buiten, of drie misschien, naar binnen toe. Op weg naar boven, maar voor de lift, in de gang nog, vroeg hij of ze even door wilden rijden, met hem, hem naar de achtertuin wilden duwen.

Ze reden hem tot aan de deuren. Zo lag hij daar, rechtop, op een brancard met een brief naast zijn linkerarm, te kijken naar de achtertuin. Iemand vroeg of de deuren opengemaakt moesten worden, iemand zei dat ze hem ook naar buiten konden rijden, de tuin in, maar hij vond het genoeg, daar, voor de ramen, en iedereen was stil en iedereen keek naar buiten. Daarna brachten ze hem naar boven.

De brief van het ziekenhuis belandde in de map van de thuiszorg, in een insteekhoesje, aan de binnenkant van de map, bovenop, het meest bovenop, map open en verder.

Hij had nog een keer naar buiten gewild, op een avond, toen hij net thuis was. Hij vond dat het moest, dat het hoorde. 'Je hoort dank je wel te zeggen.'

Nadat ik in het allerergste ziekenhuis een niervormig bakje had lek geprikt en had geluisterd naar hoe het kraantje openging, had hij de brief afgemaakt, de brief voor het rechterrijtje, *aan wie we het moeten vertellen*. Hij was geprint op het stadhuis en naar het allerergste ziekenhuis gebracht. Op het verrijdbare tafeltje boven zijn buik had ik de brief neergelegd, vastgehouden, schuin, en hij had zijn rechterpols beetgepakt met zijn linkerhand en getekend.

De brief was weggegaan, terug naar het stadhuis en daar had ergens in het gebouw iemand op een knop gedrukt, de brief was eruit gegaan, en vlak daarna waren in het allerergste ziekenhuis onze telefoons gaan piepen, tingen eigenlijk, achter elkaar door. Nog een keer had ik gekeken naar het rechterrijtje, had ik gezien wat er stond, de raad, de stad, het land, de wereld, het universum, en met twee handen had ik het papier tot een prop gevouwen. Iedereen wist nu alles.

Twee dagen later streek ik het papier weer glad. Ik streepte *aan wie we het moeten vertellen* door en schreef erboven, bijna tegen de rand van het vel: *wie we moeten bedanken.*

Er wilden mensen komen zingen, applaudisseren, voor hem. Het was gevraagd, of het mocht, of we het goed vonden, dat ze zouden komen, anders zou het tegengehouden worden, het aanbod afgeslagen. Daar was geen sprake van. Hij vond het onuitsprekelijk lief.

Hij begreep dat het niet meer ging, dat hij het niet zelf kon doen, dat het hem niet zou lukken, naar beneden gaan, voor de deur staan, dank je wel zeggen.

Hij wees mij aan. Ik moest het doen.

Ik wees terug, niet op hem, maar op hoe raar dat was, absurd zelfs, om te bedanken voor het bedanken. 'Ze komen zingen om je te bedanken. Het is een bedankje.'

'Daar moet je dank je wel voor zeggen.'

'Maar dan kunnen we aan de gang blijven.' Terwijl ik het zei begreep ik dat het niet klopte, dat we niet aan de gang konden blijven, zouden blijven, dat het geen kwestie was van de langste adem hebben, of juist wel, dat het wel over de langste adem ging, dat hij die niet had, we zouden niet aan de gang blijven. Dus ik knikte dat het goed was en hij vroeg of ik al wist wat ik zou gaan zeggen. Ik zei dat het iets met *dank je wel* zou worden. Dat leek hem wel wat.

Die avond zat ik beneden in de gang, op de twee treetjes halverwege de lift en de voordeur. Buiten werd gezongen, binnen wachtte ik tot iemand zou zeggen *nu.* In mijn hoofd herhaalde ik mijn woorden, ging ik het gladgestreken blaadje na, mijn dank je wel. Ik zou twee kinderen meenemen, om me te flankeren, zodat ik niet alleen zou zijn. Terwijl ik wachtte op het teken en met mijn hand over het papier gleed, voelde ik me schuldig daarover, dat ik ze zou meenemen, dat ze er voor mij waren in plaats van andersom. Ik keek naar het schuldgevoel, dat in mijn buik zat, in alles wat ik vroeger mijn buik noemde, van mijn heupen tot aan mijn schouders en daarna schoof er nog een schuldgevoel overheen, nestelde zich ertussen, een schuldgevoel dat zei dat ik in een gang zat en wachtte en blaadjes gladstreek en naar het schuldgevoel keek terwijl ik dankbaar zou moeten zijn en trots om dat wat er buiten gebeurde, dat er voor hem werd gezongen en geklapt. En ik probeerde het, dankbaar te zijn, en trots, en mijn vingers tikten, *wees dankbaar en trots, wees dankbaar en trots, wees dankbaar en trots*, pink, ringvinger, middelvinger, wijsvinger, duim, *wees dankbaar en trots* en toen zei iemand *nu* en stopten mijn vingers met tikken, pakten mijn handen twee kinderhanden vast en stapte ik naar buiten, omdat het hoorde.

Hij was niet meer naar buiten geweest, hij keek alleen nog maar naar buiten, naar de lucht, naar de boom en soms naar dingen die er niet waren.

'Ik zag een kat lopen.'

'Waar?'

Hij wees met zijn hoofd, naar het raam, naar net erbuiten.

'In de lucht?'

'Ik weet heus wel dat dat niet kan.' Hij keek me aan. 'Schrik je nou?'

Ik zei niets. Ik wist niet of ik schrok. Misschien wel niet. Hij zag een kat lopen. Dat was alles. *Bang waren we niet. Nooit.*

'Ik ben zo ontzettend verliefd op jou.' Ik keek naar hem. Hij keek blij. Hij keek verliefd. Even ging er door me heen dat hij weer iets zag wat er niet was.

'Ik op jou.'

Ik las verder in de map van de thuiszorg, sloeg een bladzijde om. Hij ging meer eten naar het einde van de map toe, meer drinken ook, hij was vaker wakker, er was meer bezoek, dat stond er ook: *veel bezoek.*

Ik trok de map naar me toe, over de rand, zodat hij schuin lag, de bovenkant leunend op tafel, de onderkant van de map op mijn schoot en ik keek naar hem, naar hoe hij lag tussen de heuvels. Af en toe vertrok zijn gezicht, grimaste hij. Ik probeerde zijn ademhaling te horen, maar het zuurstofapparaat stond op de hoogste stand, dat was het enige wat ik hoorde, het enige wat ik hoorde ademen, een lange uitademing zijn neus in.

Op het verrijdbare tafeltje lag zijn telefoon. Ik stond op om hem te pakken, om hem weg te halen, zodat hij niet wakker gepiept zou worden, wakker getingd. Er was nog zo veel geting. Hij las de berichten zelf niet, dat ging niet meer. Ik las voor. Soms dicteerde hij een antwoord, soms dicteerde ik het aan mezelf. 'Zoiets?' De post las ik ook voor, de post die van het stadhuis kwam, waar het heen was gestuurd, overal vandaan, brieven, kaartjes, cadeautjes. Ik las tot hij niet meer kon, tot hij in slaap viel, nog net kon zeggen dat we moesten antwoorden, *we moeten wel bedanken*, dat er een antwoord geschreven moest worden, *we moeten wel bedanken*. Dan zei ik dat dat al gebeurde, dat iemand zich ermee bezighield, of dat ik het al gedaan had, allang zelfs, want dat hoorde, natuurlijk, *maak je geen zorgen*, en dan was hij gerustgesteld en viel hij in slaap.

Hij viel steeds sneller in slaap. De post stapelde zich op, op de vensterbank naast zijn bed, eerst, en daarna op de andere vensterbanken, op de vensterbank waar ik had gezeten toen we verhuisden en we pauze hadden, even geen dozen uitpakten maar naar de boom keken, en op de vensterbank waar Machiavelli stond met zijn sjaal van cadeaulint en daarna in de andere vensterbanken. Er lagen ongelezen brieven, ongelezen kaartjes, ongeopende cadeautjes. Ik had aan het stadhuis gevraagd nog maar vijf brieven per dag te brengen, de leukste, de mooiste, de liefste, en later vroeg ik of het even kon stoppen, omdat vijf ook te veel was, omdat het zelfs dan nog ophoopte. Een paar dagen geleden had ik de post weggehaald, uit de vensterbanken om hem heen, terwijl hij lag te slapen tussen de heuvels. Ik had de post naar het stadhuis laten brengen. Een paar brieven had ik achter de hand gehouden, voor als hij erom zou vragen, *lees nog eens wat voor.* Het was fijn om brieven achter de hand te hebben, met woorden van gelijke strekking.

Ik stak mijn hand uit naar zijn telefoon, die op Churchill lag.

Churchill was dichtgeslagen.

Sinds de zomer las ik hem weer voor. Op een dag had ik het boek uit zijn handen gepakt.

'Je hebt wel iets beters te doen.'

'Dat is waar.'

Ik had zijn worsteling gezien, met het boek, met het boek en zijn twee gebroken armen. Ik had gezien hoe hij het vasthield, openhield, hoe hij probeerde een bladzijde om te slaan. Ik had geteld hoe vaak Churchill met zijn gezicht op zijn borst viel.

'Waar was je?'

'Linksboven nog maar.'

Het was als zeventien jaar geleden, als in het begin, toen we elkaar voorlazen, maar nu was alleen ik het, alleen ik las voor, en het was Churchill. Hij vond het weer heerlijk. Ik las tot zijn ademhaling anders werd, tot hij in slaap viel, tot ik dacht dat hij in slaap was gevallen. 'Ik ben nog wakker, hoor.'

Hij viel steeds sneller in slaap.

Wanneer ik hem de laatste dagen voorlas, terwijl ik naast hem zat, op een stoel, mijn benen over de rand van het bed, mijn voeten tegen zijn bovenbeen, in het dal, was hij al weg voor mijn billen pijn begonnen te doen.

Op een dag had hij gevraagd of ik ergens anders verder wilde gaan, ergens anders in het boek, meer naar het einde. We zaten in de aanloop naar de oorlog, het ging helemaal de verkeerde kant op. Ik vroeg hem vanaf waar hij wilde dat ik las. 'Na Barbarossa.'

Ik had naar hem gekeken en gedacht aan rijstebrijbergen waar je altijd doorheen moest, eerst, waar hij altijd doorheen moest, eerst, zonder te smokkelen, zonder sluiproutes, zonder ooit ergens van weg te mogen lopen.

'Wat? Wil je zomaar alle ellende overslaan?'

Hij had gegrijnsd. 'Ja.'

'Moet ik me zorgen maken? Ben je ziek?'

Hij had gelachen, zo hard dat hij ervan moest hoesten en ik hem overeind hielp. Ik had mijn hand op zijn rug gehouden daar waar ik het einde van zijn longen vermoedde.

Nadat hij in slaap was gevallen met een verhaal dat de goede kant op ging, had ik naar het boek gekeken, naar de zijkant, naar de bladzijden, naar hoeveel er nog over was nu we zomaar een stuk hadden overgeslagen. Het was alleen maar krapper geworden.

Ik pakte zijn telefoon. Naast Churchill lag een doosje, dicht. Het leek op een sieradendoosje. Een armband had erin kunnen zitten, oorbellen ook wel. Er zat een medaille in. Van goud. Hij was van de stad. De gouden medaille van de stad Amsterdam.

Vorige week waren ze hem komen brengen. Ik had hem wakker gemaakt, even van tevoren.

'Er komt zo bezoek. Word je wakker?'

'Ik was al die tijd al wakker.'

'Weet ik.'

Het college kwam. Ze hadden een medaille bij zich, de gouden medaille die alleen wordt toegekend aan iemand die uitzonderlijk veel voor de stad heeft betekend, en aan burgemeesters.

Ze stonden om zijn bed. Er werd gesproken, er werd wat teruggezegd, er werd bedankt en daarna, terwijl er nog meer werd gezegd, minder officiële dingen, alledaagsere dingen, die er waren, altijd nog, alledaagse dingen, had ik de medaille uit zijn doosje gehaald. Het was een penning, eigenlijk, er zat geen oogje aan, geen uitsparing in, waar een lint doorheen kon worden gehaald om hem om de nek te hangen van iemand die iets uitzonderlijks had betekend of om de nek van iemand die burgemeester was. Ik keek naar de afbeelding op de penning. Er stond een man met een kroon op die als ik door mijn wimpers keek meer op een helm leek. Bij zijn achterhoofd was een schildje met drie kruizen afgebeeld en eromheen stonden de drie woorden van de stad, langs de rand, in een cirkel. Ik draaide de medaille om. Op de andere kant stonden ook letters, woorden, Amsterdam stond er, zijn naam, de twee dezelfde voorletters en zijn achternaam, en daaronder twee jaartallen, het jaar van zijn benoeming en het jaar nu. In het midden van de medaille stond tussen enkele aanhalingstekens 'Alles voor de stad'.

Ik ging er met mijn duim overheen, over de woorden, zodat het niet te zien was, een kort moment, zodat niet alles voor de stad was.

Er was op gewezen, tijdens de woorden even daarvoor, op wat er gegrafeerd stond in het midden van de penning, iets wat hij had gezegd, iets wat hij altijd zei, enkel aanhalingsteken openen, *alles voor de stad*, enkel aanhalingsteken sluiten. Er was trots bij gekeken toen het citaat werd getoond, werd benoemd, er werd gekeken alsof er een balpen was gekocht voor de verjaardag van een linkshandige, alsof ze dat maar mooi hadden onthouden.

Onder mijn duim verschenen de woorden weer, lettergreep voor lettergreep, alsof ik er een lichtkrant van maakte: 'Alles voor de stad'. Ik deed het nog een keer, legde mijn duim erop, liet de woorden verdwijnen en lettergreep voor lettergreep weer tevoorschijn komen, de vingers van mijn linkerhand tikten mee op mijn bovenbeen, *alles voor de stad*, pink, ringvinger, middelvinger, wijsvinger, duim, *alles voor de stad, alles voor de stad, alles voor de stad, alles voor de stad.*

De penning was zwaar. Ik bewoog mijn hand met het gouden metaal erin op en neer, woog het, voelde het gewicht. Iemand in het rijtje zei het, benoemde het: 'Zwaar, hè?' En ik wilde diegene in het rijtje aankijken, ik wilde het hele rijtje aankijken en zeggen dat het inderdaad zwaar was, dat het zo zwaar was dat ik inschatte, gokte, dat als ik de medaille door het raam zou keilen en er toevallig een kat langs zou lopen, op dat moment, buiten, voor het raam langs, dat het beest dan zeker de drie etages naar beneden zou vallen.

Af en toe was ik bang dat hij iets zou zeggen over een kat als er anderen bij waren, of dat hij iets anders zou zeggen, iets anders wat hij zag of dacht of dacht te zien. Ik maakte me zorgen over welke indruk dat zou wekken, wat de anderen ervan zouden denken, van de dingen die niet klopten. Maar daar, naast zijn bed, tegenover het rijtje, met de penning in mijn hand, wist ik dat de kans dat ikzelf iets onbegrijpelijks zou zeggen net zo groot was, groter misschien zelfs.

Mijn vingers klemden om de medaille. Ik had de neiging mijn hand naar achteren te bewegen, langs mijn oor, de medaille los te laten in de voorwaartse beweging, als een vliegtuigje, en dan te kijken naar de glijvlucht, naar waar hij heen ging, door het raam op driehoog, naar buiten, of misschien wel tegen de muur aan en terwijl ik het dacht zag ik een vlek op de muur, een gouden, van waaruit strepen liepen, straaltjes eigenlijk, van boven naar beneden, eindigend in druppels.

Ik stopte de medaille terug in het doosje en knikte. 'Heel zwaar.'

Ik ging weer zitten, bladerde verder, de map door, tot het einde. Het intakeformulier zat achterin. Iemand van de thuiszorg, de eerste, was met me gaan zitten nadat we thuis waren gekomen uit het allerergste ziekenhuis en ik hem in het nieuwe bed in de woonkamer had gelegd. De mevrouw van de thuiszorg had gekeken hoe ik dat deed, met die armen, en die kussens. Hij was in slaap gevallen en de mevrouw van de thuiszorg en ik waren in de keuken gaan zitten. Ze had een vragenlijst gepakt die ingevuld moest worden. Ik gaf de antwoorden, zij schreef ze op. Ze gingen over hem, over wie hij was, hoe hij was, hoe het ging, hoe het niet ging, wat hij wilde en nodig had en waarin hij geloofde. Op die laatste vraag had ik een veelvoud van vijf aan antwoorden in mijn hoofd gehoord, *in zijn kinderen, in sociaal-democratie, in Ajax, in witlof, in de zakken van je jasje openpeuteren, in rechtvaardigheid, in dank je wel zeggen, in Churchill, in de stad, in mij,* maar ik had er niet een gezegd.

Na de vragenlijst had ze uitgelegd hoe het ging, met de thuiszorg, wie er kwamen, wanneer er werd afgelost, en hoe, en daarna had ze gevraagd of ik aan diegene die hier de boodschappen deed wilde doorgeven dat er watten gekocht moesten worden. Ik had gezegd dat ik de boodschappen deed, dat ik diegene was, en we hadden elkaar een tijdje aangekeken alsof de ander had gezegd dat er buiten, op driehoog, een kat voorbij het raam was gelopen.

Ik hoorde mijn naam. Vanuit het bed bij het raam klonken de twee lettergrepen. Hij had zijn ogen nog dicht. Ik zei ja en wachtte op wat er nog meer zou komen, maar zijn ogen bleven dicht, hij sliep verder.

Ik las de vragenlijst door, de antwoorden die ik had gegeven, die waren opgeschreven, en toen las ik onderaan, op het allerlaatste blaadje, helemaal achter in de map, vijf lettergrepen over mezelf, die er nog stonden, die erbij waren gekrabbeld, vlak voor de vraag over de watten, of juist erna, toen ik de watten haalde, *mevrouw is heel sterk.* Ik keek naar de woorden en mijn vingers tikten de zin op mijn bovenbeen, pink, ringvinger, middelvinger, wijsvinger, duim, *mevrouw is heel sterk*, ik knikte erbij, *mevrouw is heel sterk*, en ik keek naar zijn slapende gezicht en dacht aan hoe het van pas zou komen, sterk zijn.

Herengracht

We stonden in de gang, bij de kapstok. Ik had net zijn jas opgehangen en hij had zelf zijn stropdas losgemaakt, de knoop gepakt, met zijn rechterhand, hem heen en weer bewogen van links naar rechts, alsof hij hem loswrikte, wat ook gebeurd was, de knoop was losser geworden, en daarna had hij hem naar beneden getrokken zodat de lus groter werd en ik de stropdas over zijn hoofd uit kon trekken, af kon doen.

Het lukte hem niet zelf, een jas ophangen, een stropdas over zijn hoofd doen, of een ambtsketen. Er was iets met zijn schouder, of iets daar in de buurt, hij had pijn, al sinds november, sinds een ritje met de watertaxi. We hadden op de eerste hulp gezeten, toen, op een zondag, maar ze hadden niets gevonden.

Hij zag grauw.

'Wil je nog iets drinken?' Hij stak zijn hand op. In zijn hand had hij de blaadjes met zijn toespraak, ze waren opgevouwen, twee keer, hij had ze net uit de binnenzak van zijn jasje gevist. Ik lachte. Ze wezen in de richting van de slaapkamer.

'Je toespraak wil naar bed.'

'Die moet zich er niet mee bemoeien.' Hij draaide zich een beetje om, liet de toespraak de andere kant op wijzen, naar de keuken.

Ik zei dat ik moe was, wat ook zo was. Het was laat. Gisteravond was het ook laat geworden. Toen was het Oudjaarsavond. Vandaag was het Nieuwjaarsdag. We kwamen net van de nieuwjaarsreceptie van de gemeente.

De laatste tijd sliep ik niet goed, sinds we van helft hadden geruild, na de watertaxi.

Ik keek naar zijn gezicht, naar het grauwe. Ik was moe. Hij was nog vele malen moeier. Hij werkte hard, onverminderd, sliep te weinig, vanwege het drukke, maar nu ook vanwege de pijn.

'Zullen we naar bed gaan?' vroeg ik.

'Het ziet er inderdaad niet naar uit dat we nog gaan dansen.' Hij keek grijnzend naar mijn schoenen, die op de grond lagen, allebei op hun kant. Beneden in de gang, nog voor de twee treetjes halverwege de voordeur en de lift, had ik ze al uitgedaan.

Ik stak mijn tong uit.

Hij drong niet aan, wees niet nog een keer naar de keuken. 'Naar bed is beter, hè?'

Ik knikte. 'Ik doe de lichten wel.'

Met zijn stropdas in mijn hand liep ik het rondje langs de lampen. Die bij het raam kon ik overslaan, die brandde niet, het bolletje was stuk en ik had het nog niet vervangen. In de keuken reikte ik naar het plankje, het hoge plankje, pakte de twee doosjes met pijnstillers en haalde uit elk doosje een pil, drukte ze uit hun strips. Met een glas water in mijn hand, twee pijnstillers in mijn vuist en een stropdas in de holte van mijn elleboog liep ik door de lange gang. Hij zat op het bed toen ik de slaapkamer in kwam, zijn linkerenkel lag op zijn rechterknie, hij maakte zijn veter los. Ik zette het glas water aan zijn kant van het bed, die de mijne was, op zijn nachtkastje, dat het mijne was, legde de pillen erbij en ging naast hem zitten.

'Lukt het?'

'Ja, het gaat prima.'

Ik dacht aan eerder vanavond, toen ze aan moesten, aan hoe dat niet ging, aan hoe ik hem ermee geholpen had, aan hoe mijn vinger even klemvast had gezeten tussen zijn hiel en de rand van zijn schoen, aan mijn *au*, aan zijn *sorry*, aan mijn *geeft niet*.

Ik keek naar mijn vinger, verwachtte een blauwe nagel, maar alles leek normaal.

Hij zette zijn linkervoet neer, wurmde die uit zijn schoen.

Ik liet mezelf achterovervallen. De stropdas zat nog op mijn elleboog. Ik haalde hem om mijn arm vandaan en liggend op mijn rug trok ik langzaam de knoop eruit.

Ik draaide mijn hoofd opzij en omhoog, schuin omhoog, en keek naar mijn ene boek en mijn ene boek-in-de-wacht en naar de wekker waar het glas voor stond. De rode cijfers dreven in het water.

De avond ervoor had ik de wekker gezet, of vannacht eigenlijk, toen we naar bed gingen. Hij wilde er vroeg uit. Er moest nog een speech worden geschreven, of herschreven, wat bij hem op hetzelfde neerkwam, vaak. Ik had gezegd dat we ook de wekker op mijn telefoon konden gebruiken, dan zou ik hem wel wakker maken, of op de zijne, die ook bij mij lag, omdat ik sneller was, dan hoefde hij niet omhoog te komen, snel rechtop te gaan zitten, om de wekker uit te krijgen. Hij had geantwoord dat ik lekker uit moest slapen, dat hij aan de slag ging, dat dat niet betekende dat ik er ook uit moest, maar toen de wekker was gegaan vanmorgen bleek het toch te ingewikkeld om het knopje in te drukken, of te pijnlijk, en ik was opgestaan, om het bed heen gelopen naar zijn kant, die eigenlijk de mijne was, en ik had een einde gemaakt aan het gepiep. Daarna was ik naast hem gaan zitten op de rand van het bed, had naar zijn grimassende gezicht gekeken en me afgevraagd wat er toch aan de hand kon zijn, wat er was met hem, met zijn schouder, of met iets daar in de buurt, wat er gekneusd, verdraaid, gescheurd, gebroken was.

'Het lukte niet. Sorry.'

'Geeft niet.'

'Ja, geeft wel. Ik wilde jou laten slapen. Sorry voor mijn krakkemikkigheid de laatste tijd.'

Ik boog voorover, gaf hem een zoen. 'Je bent altijd al mijn maandagochtendmodelletje geweest.'

Hij lachte. Ik gaf hem nog een zoen. 'Zullen we?'

Hij duwde zijn voorhoofd tegen het mijne. 'Nee, jij gaat weer liggen.'

Ik had mijn hoofd heen en weer bewogen, over zijn voorhoofd gewreven met het mijne, mijn vermoeidheid weg geschud, en daarna was ik rechtop gaan zitten en had mijn handen in de lucht gehouden: *kijk, tien vingers, blind.* 'Ik ga je helpen. Ik heb toch niets beters te doen.'

Hij had niet geprotesteerd, niet aangedrongen, en samen waren we in de keuken gaan zitten, met koffie en sap, om wakker te worden, en daarna nog een koffie om wakker te worden, terwijl we praatten en lachten, en praatten en lachten, en terugliepen, na een tijdje, de keuken uit, de woonkamer door, de gang, die lang was, de lange gang door, terug naar de slaapkamer, waar we weer in bed kropen, aan de verkeerde kant, allebei, aan de andere kant, maar zo dicht bij elkaar dat het nauwelijks uitmaakte, zo dichtbij dat er geen andere kanten meer waren, en toen we er weer uit zouden gaan, na een tijdje, ik aanstalten maakte om naar de rand te schuiven, omhoog te komen, hield hij me tegen, zachtjes, met de arm die pijn deed.

'Wat er verder ook gaat gebeuren, voor mij is het jaar nu al volmaakt.'

Hij begon aan zijn knoopjes. Ik keek naar zijn rug, zag de elleboog van zijn rechterarm steeds kleine beetjes verschuiven. Naast hem, niet tussen ons in maar aan de andere kant, lag de opgevouwen toespraak. Ik kwam een beetje omhoog en pakte de blaadjes, vouwde ze open, las de woorden die ik eerder deze dag had getikt en de woorden die hij erbij had geschreven, een paar, toch nog, op het allerlaatst, nadat de tekst al vele malen heen en weer was gegaan tussen hem en mij, er steeds nieuwe versies uit de printer waren komen rollen met wijzigingen, aanvullingen, verbeteringen. Ik las in de marges en tussen de regels, waar hij schreef, waar hij had geschreven.

We hadden de dag in de keuken doorgebracht, voor het grootste deel, tegenover elkaar. Hij dicteerde en ik tikte, en ik tikte zonder dat hij dicteerde omdat ik wel wist waar hij heen wilde, zijn woorden kende, zijn manier van praten in de vingers had. Voor een nieuwjaarstoespraak draaiden wij onze hand niet om. Het ging over de zwijgende meerderheid en terwijl mijn vingers over de toetsen gleden, dacht ik aan de grenzen van het zwijgen, aan de grenzen van je mond houden, aan wat ik zelf allemaal niet zei, aan mijn marges en mijn tussen de regels, en dat ik hem onderbrak om te zeggen dat ik van hem hield, meerdere keren, midden in zijn zinnen of juist als hij even stil was, nadacht, peinsde, ik deed het zo vaak dat het grappig werd, zo vaak dat hij erom moest lachen.

’s Avonds hadden we ons aangekleed, had ik ons aangekleed, en waren we in de auto gestapt, achterin, en vlak voor we er waren, aan de Amstel, bij de Stopera, had ik de ambtsketen om zijn nek gedaan. Buiten vroeg hij of de keten goed zat. ‘Zit hij goed?’ Ik had hem een klein beetje verschoven, een klein stukje gedraaid, met de klok mee, zo’n klein beetje, zo’n klein stukje, dat het niet zichtbaar was, alleen voelbaar, voor hem, mijn hand die bewoog in zijn nek. ‘Zo zit hij goed.’

Binnen raakten we elkaar kwijt.

Hij was opgeslokt, tussen de mensen, door de mensen, doorgeslikt, meegenomen, bij mij vandaan, zoals dat ging, altijd, en ik had het laten gebeuren, was van hem af gedreven alsof ik met een bontjas aan op mijn rug in een zwembad lag, zonder dat ik zwom of probeerde te zwemmen, of mijn hand naar hem uitstak. Ik keek naar de hemel boven me met mijn oren onder water, zoals dat ging, altijd.

Ik was tussen de mensen door gelopen, een trap op, en ik zag hem nog wel, in de verte, onder me, maar ik liet het gaan, ik liet hem gaan. Straks zouden we weer naast elkaar zitten, met twee buikspreekpoppen op onze benen. *Hoe deed ik het? Goed.* Ik keek naar hem, opgeslokt en al, ik keek hoe hij handen schudde, hoe er praatjes aangeknoopt werden, en ik dacht aan die keer lang geleden, aan toen hij ook opgeslokt was. We waren in een augurkenfabriek, waar iets van een feestje was, iets werd uitgereikt wat niets met augurken te maken had, maar niemand leek dat gek te vinden, en ook daar was hij meegenomen, ook daar was ik van hem af gedreven. Ik was bij de mensen van het stadhuis gaan staan, ernaast, aan het einde van het rijtje, en had samen met hen gewacht tot hij weer uitgespuugd zou worden. Mijn vingers tikten op mijn bovenbeen, pink, ringvinger, middelvinger, wijsvinger, duim, *augurkenfabriek,* en daarna probeerde ik in te schatten hoeveel potjes er stonden. Aan de andere kant van het rijtje hoorde ik de verslaggever van de lokale krant een vraag stellen. 'Wat doe jij voor de burgemeester?'

Ik had ernaar gekeken, naar hoe hij dat deed, hoe hij er steeds eentje opschoof, naar de volgende ging, zijn vraag herhaalde, 'Wat doe jij voor de burgemeester?' en het antwoord opschreef. Langzaam kwam hij mijn kant op. Toen hij voor me stond, stelde hij hem weer, de vraag: 'Wat doe jij voor de burgemeester?'

Ik had even naar zijn opschrijfboekje gekeken, zijn notitieblokje, had geprobeerd de antwoorden te lezen, ondersteboven. Daarna keek ik hem aan. 'Ik dóé de burgemeester.'

Naast me hoorde ik de rij een hap lucht nemen, een korte, een snelle.

Toen ik het hem vertelde, later, toen hij teruggegeven was, aan mij, en we samen in de auto zaten, achterin, en ik het herhaalde, *ik dóé de burgemeester*, had hij de hele rit gelachen, gehikt zelfs, met tranen in zijn ogen. Daarna had hij gevraagd waar ik was geweest. 'Waar ben je geweest? Ik was je opeens kwijt.'

Vanavond had hij dat ook gezegd, toen we elkaar weer vonden. Het was wat hij altijd vroeg. 'Waar ben je geweest? Ik was je opeens kwijt.' En ik had gezegd wat ik altijd zei, dat ik er geweest was, al die tijd, daar waar hij me had achtergelaten. 'Ik was er gewoon al die tijd.'

Ik hielp hem in bed, schikte de kussens achter zijn rug, legde er een onder zijn linkerarm, voorzichtig, en gaf hem zijn pillen aan. De toespraak legde ik op Churchill. Alleen zijn kin was nog te zien.

Opgekruld ging ik naast hem liggen, met mijn voeten tegen zijn bovenbenen, mijn handen hield ik weg, weg van zijn arm, ik schoof mijn handen tussen mijn benen en tikte met tien vingers tegelijk tegen mijn bovenbenen, woordeloos.

'Ik vond het een heel fijne dag.' Zijn stem klonk zacht, verder weg ook, nu hij rechterop lag.

'Ik ook.'

'Misschien moet ik toch nog eens naar die arm laten kijken.'

Ik knikte in het donker, dat oranje was.

Herengracht

Hij zei mijn naam niet meer.

In de ochtend had hij dat nog wel gedaan, voor hij zijn ogen open had. Hij zei hem zacht, eerst, maar al snel harder. Ik lag op de bank, hij tussen de heuvels in het bed bij het raam. Het was donker in de woonkamer. Aan de achterkant van het huis, waar de tuin was, met de boom, die niet meer paars was in de herfst maar juist groen, stonden geen oranje lampen. We waren niet verlicht.

Gisteravond had ik hem niet naar bed gebracht, niet naar ons bed, in de slaapkamer. Tot dan toe had ik dat elke avond gedaan, hem uit bed geholpen, in de rolstoel gezet, hem voorzichtig laten zakken terwijl ik af en toe keek naar mijn bovenarmen, die dit konden, die daar sterk genoeg voor waren, en daarna reed ik hem de gang door, die lang was, ik reed hem de lange gang door. Ik deed het snel, het ritje van het bed in de woonkamer naar de slaapkamer, daarna liep ik terug, nog sneller, bijna rennend, om het zuurstofapparaat te halen, met ingehouden adem, zodat ik voelde wat hij voelde, zodat ik kon wat hij kon. Pas als ik het slangetje in zijn neus stopte ademde ik weer in.

Op sommige dagen liet ik de mevrouwen van de thuiszorg helpen. Dan deed ik alsof ik hem niet hoorde, niet gehoord had, *ik wil niet dat ze hier zijn*, dan kon een van ons de zuurstof meenemen en hoefde ik mijn adem niet in te houden, dan tilden we hem samen van de rolstoel naar het bed. Daarna gingen ze weg en was ik alleen, met hem. Dan schikte ik zijn kussens, liet hem ertegenaan leunen, langzaam, liet ik hem zakken vanuit mijn armen de kussens in. Als hij lag, keek ik naar het heuvellandschap dat ik had gemaakt, elke avond toch een beetje anders, met andere glooiingen, met andere toppen en dalen, een ander vergezicht. Dan schikte ik nog wat, schikte ik in, daar waar er nog wat gestut moest worden.

'Goed zo?'

'Ja.'

'Ik ga je pillen halen. Niet stiekem anders gaan liggen.'

'Ik zou niet durven.'

Hij lag nog precies hetzelfde als ik terugkwam, onbewogen.

Als ik het licht uit had gedaan, naast hem was gaan liggen, onze ogen gewend waren aan het donkere oranje, begon de onrust. Op het punt waar hij los moest laten, in slaap moest vallen, trok de werkelijkheid zich steeds verder terug, in een hoekje, naar een plek waar de schijnwerpers van buiten niet kwamen. Hij was aan het werk, op die momenten, hij zorgde voor de stad, moest voor de stad zorgen, hij praatte over de mensen die hij had ontmoet, hoe hij ze zou helpen, wat er daarvoor moest gebeuren, wat we niet mochten vergeten, of hij sprak over de raad, over wat ze moesten weten, als eerste, eerst de raad, dan de stad, hij vertelde wat hij ze allemaal schreef, wat hij ze allemaal moest vertellen.

Ik praatte met hem mee, was bij hem, daar waar het oranje licht niet kwam. Ik praatte mee om de onrust te verdrijven, om te zorgen dat hij kon slapen, gerust kon zijn dat alles in orde was, met de stad. Ik deed alsof ik opschreef wat hij zei, tikte mee, met mijn vingers op het matras, wat er allemaal moest gebeuren, wie er geholpen moesten worden, voorgingen. Ik humde, bevestigend, zei ja en soms nog meer, dan zei ik dat hij het allang had gedaan, dat hij allang die brief had geschreven, dat ik hem had getikt, zelfs, die brief, *weet je nog?* dat ik wist hoe mooi die brief was, dat hij allang bij de raad lag, en bij de stad, en dat ze hem mooi vonden, dat hij het goed had gedaan, dat iedereen blij en gelukkig was, en sliep, iedereen in zijn stad sliep, en hij mocht ook gaan slapen. Dan was het alsof hij het zich herinnerde en stopte hij met praten, zei alleen nog even hoe goed het was, dat alles in orde was, met iedereen, en dan viel hij in slaap en schoof ik op, keek naar de stapel boeken en dacht aan Churchill in het donker in de woonkamer, aan hoe het boek daar lag, dicht, aan wat ik als laatste had gelezen, aan hoe hij er nu niet meer om vroeg en aan dat dat het dan blijkbaar was, dat het stopte, gestopt was, zomaar, midden in het verhaal.

Ik vond het zwaar, hem naar bed brengen. De laatste avonden had ik steeds gevraagd of hij niet in de woonkamer wilde blijven, in het bed daar, dan zou ik wel op de bank gaan liggen. Hij bleef zeggen dat hij naast mij wilde slapen. 'Ik slaap het liefste naast jou. Jij toch ook?'

'Ik ben heel dichtbij dan, kijk maar,' zei ik, wijzend naar de bank.

'Maar ik wil in een bed met jou.'

Gisteravond kon ik het niet meer opbrengen. Hij sliep al, in het bed in de woonkamer, hij had de onrust overgeslagen, alles wat nog moest, alles wat er van hem werd gevraagd en wat hij van zichzelf vroeg, hij had geslapen alsof de stad sliep, en ik keek naar de lange gang die voor me lag, naar de onrust daarna, en maakte hem niet wakker, maar pakte een kussen van het bed in de slaapkamer, een slaapzak uit de kast en ging op de bank liggen, dichtbij, *ik ben heel dichtbij, kijk maar*. Mijn hoofd lag aan de kant van het raam, aan de kant van het bed. Ik probeerde niet te denken aan schuifdeuren en ik deed alsof het schuldgevoel dat in mijn buik zat, in dat wat ik vroeger mijn buik noemde, alles van mijn heupen tot aan mijn schouders, niet bij de werkelijkheid hoorde.

Hij was ver weg geweest de hele nacht. Ik had lang en vaak wakker gelegen, naar zijn ademhaling geluisterd en antwoord gegeven als hij sprak, vanuit de verte, als hij wat zei in het donker, praatte over iets wat voorging, met woorden die zich maar niet wilden schikken in een zin. Ik antwoordde met *ja* en met *ik hou van jou*, op alles wat hij zei, *ja, ik hou van jou, ja, ik hou van jou, ja, ik hou van jou.* En als het weer stil was, als hij weer stil was, en ik ook, dan tikten mijn vingers nog even door, op de leuning van de bank, boven mijn hoofd, alsof ik ze naar hem uitstak. *Ja, ik hou van jou* tikten mijn uitgestoken vingers. *Ja, ik hou van jou,* tikten mijn uitgestoken vingers het schuldgevoel weg.

Tegen de ochtend riep hij mijn naam, zacht, eerst, maar al snel harder. Ik stond bij de eerste fluistering al naast het bed, bij hem. Hij had zijn ogen nog dicht en ik vroeg me af wat hij zag, wat het plaatje was waarin ik ontbrak, wat maakte dat hij me zocht. Ik zag de grimassen op zijn gezicht, zag zijn mond mijn naam vormen, hoorde de twee lettergrepen, en in mijn hoofd zei ik de zijne, zijn naam, als een antwoord, zodat het er vijf werden, vijf lettergrepen, en mijn mond zei *ja*, elke keer als hij mijn naam zei, en *ik hou van jou*, ik zei *ja, ik hou van jou*, tot hij zijn ogen opendeed.

Hij keek een tijdje naar me voor hij me zag en toen hij me daarna aankeek, toen hij begreep dat ik er was, herkende ik de opluchting in zijn ogen, zag ik hoe blij hij was me te zien.

'Waar ben je geweest? Ik was je opeens kwijt.'

'Ik was er gewoon al die tijd.'

Nu zei hij mijn naam niet meer. Hij sprak niet meer. Nergens over.

In de middag hadden we zijn bed naar een hoek van de kamer gereden. De mevrouw van de thuiszorg had gezegd dat dat beter was, een hoekje, waar het donker was, uit de loop. Hij lag niet meer rechtop, maar plat, zonder kussens, zonder zuurstof ook.

Ik zat een tijdje bij hem, in de hoek, luisterend naar zijn ademhaling, die anders was, vreemd. Ik probeerde mee te ademen, op zijn manier, het te doen zoals hij, maar ik kreeg het er benauwd van. Daarna stond ik op uit de stoel waarin ik zat, pakte Churchill van het verrijdbare tafeltje dat nu achter hem stond en bladerde erin, heen en weer, van voren naar achteren, op zoek naar waar we gebleven waren, midden in het verhaal, op zoek naar waar het de goede kant op ging. Ik kon het niet vinden en bracht het boek terug naar de slaapkamer, legde het boven op de stapel. Churchill keek naar het plafond. Ik ging boodschappen doen.

Later zei de mevrouw van de thuiszorg dat we stiller moesten zijn, dat hij moest kunnen gaan, dat het niet lukte als het te lawaaiig was.

Ik was stil, luisterde naar de geluiden om me heen. Ik hoorde de kinderen spelen, in de gang, die lang was, ik hoorde de kinderen spelen in de lange gang, en verderop, daar voorbij, hoorde ik al het andere, de raad, de stad, het land, de wereld, het universum, alles wat aan hem trok, wat hem hier hield, maar boven al die geluiden uit hoorde ik hem, hoorde ik hem ademen, of wat er nog van over was, van zijn ademen. Ik hoorde hem.

Ik had zin om te gillen, opeens, om te laten zien dat het niet klopte, wat ze zei, dat het niet waar was, dat ik zo hard kon gillen als ik wilde, met alle kracht die ik in me had, sterk als ik was, maar dat het niet uit zou maken, dat hij toch zou gaan, weg, bij mij, en ik wilde het haar zeggen, gillend, dat het niet uitmaakte hoe hard ik mijn best deed, dat het geen verschil maakte, dat hij weg zou gaan, dat dat losstond van mij, dat het altijd los had gestaan van mij, maar ik knikte, zei dat ik het begreep en ik zorgde dat het stiller werd in huis.

De mevrouw van de thuiszorg riep mijn naam, dwars door de stilte heen. Ze deed het zoals hij het deed, achter elkaar door, in een veelvoud van vijf.

Ik was de avond aan het doen, het programma, het eten, de tanden, de pyjama's, de natte haren, de boekjes, en op dat moment, bij de boekjes, midden in het verhaal, werd mijn naam geroepen, steeds harder.

Ik klapte het boek dicht, liep naar de kamer, naar het hoekje, waar hij lag. Toen ik de kamer in kwam zei ze mijn naam, nog een keer, en daarachteraan zei ze dat hij doodging, *hij gaat dood.* Het waren vijf lettergrepen, telde ik op mijn bovenbeen.

Daarna stond ik bij het bed.

Ik keek naar hem.

Hij was al weg.

LE POCKET ORACLE

DES COULEURS

Maquette et mise en pages :
Bénédicte Souffrant – PCA-CMB.

ISBN : 978-2-36188-882-4

Imprimé en Chine.

www.editions-tredaniel.com

info@guytredaniel.fr

www.facebook.com/tredanieleso

@tredaniel_eso

CHRIS SEMET

LE POCKET ORACLE DES COULEURS

ÉDITIONS
EXERGUE
27, rue des Grands-Augustins
75006 Paris

SOMMAIRE

INTRODUCTION

POURQUOI CET ORACLE ?

De nos jours, il existe pléthore d'oracles et de tarots. Cependant, aucun d'entre eux ne donne réellement de réponses directes à tes interrogations. Avec celui-ci, une coupe ou une carte tirée au hasard, voire un petit tirage express, suffira à te guider.

Que tu sois novice, curieux ou plus expérimenté, cet oracle est fait pour toi. Tu seras étonné par sa simplicité et son efficacité.

UN OUTIL PENSÉ POUR TOI

Cet oracle a été conçu sur mesure pour toi. Il se base sur dix familles de couleurs ainsi que sur des symboles clairs qui t'aideront à te connecter aisément à ton sixième sens.

Pour faciliter sa lecture, tu trouveras en haut de chaque carte une réponse positive, négative ou une éventualité (« peut-être » ou « tout dépend »). En dessous, une phrase clé est également inscrite afin de te donner un instantané de la signification de la carte. Pour aller plus loin, ce livre te permettra d'approfondir tes connaissances des cartes.

TIRER LES CARTES

Avec cet oracle, tout a été pensé pour que ce soit simple et rapide. Si tu dois te lancer dans un tirage, pense toutefois à mélanger ou battre les cartes en lui posant ta question à haute voix ou dans ta tête. Ensuite, tu n'as plus qu'à choisir ta méthode de tirage (voir ci-dessous).

TIRAGES EXPRESS

Dans ce livre, il t'est proposé deux sortes de tirage. Ils te donneront accès à ta réponse en un « temps record ».

Les cartes de coupe

Tu viens de mélanger les cartes. Pose ta question et coupe le paquet en deux tas. La réponse à ta question se trouve dans ces deux tas. Regarde tes cartes de coupe.

Retourne le premier paquet afin de dévoiler la carte qui se trouve au-dessous de celui-ci. C'est ta première carte. Ensuite, regarde la première carte qui se trouve en haut du second tas. Tu as ta réponse.

Jeu des contrastes

Une carte positive (oui) suivie d'une négative (non) signifie que tout commence bien, mais que la finalité ne sera pas bonne. Une carte négative (non) suivie d'une positive (oui) veut dire que rien n'est perdu et que la situation évoluera en ta faveur.

Deux cartes «neutres» (peut-être, tout dépend ou oui si) indiquent que rien n'est joué. Tu es dans une période de libre arbitre où tout reste à faire ou doit être entrepris.

Tirage à 3 cartes

Ces cartes se disposent en ligne de gauche à droite.

La **première** carte représente le **passé**. Mets-la à **gauche**.

La **deuxième**, placée à sa **droite**, symbolise le présent.

La **troisième** et dernière carte se met à la suite, à **droite** des deux précédentes. Il s'agit du futur.

Comparaison amoureuse ou associative

Ce tirage basé sur trois cartes te permet de connaître l'évolution de cette relation.

La **première** carte décrit tes sentiments ou tes attentes envers une autre personne. Elle se dispose toujours à **gauche**.

La **deuxième** se place toujours à sa **droite**. Elle incarne la personne que tu aimes, avec qui tu souhaiterais évoluer ou un éventuel associé pour une question professionnelle.

La **troisième** et dernière carte se positionne à la suite des deux premières. Elle représente ce qui vous lie et l'évolution de votre relation.

EXEMPLES DE TIRAGE

UNE QUESTION, UNE COUPE, DEUX CARTES

Exemple 1

Olivia vient de passer un concours et elle désire savoir si elle va l'obtenir. Elle pratique un tirage rapide en coupe.

Ses cartes : *le soleil et les lauriers*

Ce sont deux excellents symboles qui évoquent l'idée de réussite. Elle n'a aucun souci à se faire, elle obtiendra son diplôme.

Exemple 2

Dimitri veut changer de travail. Il opte pour un tirage en coupe.

Ses cartes : *le glaive et l'aigle couronné*

Avec ces deux lames, tout laisse penser que ses actions vont être payantes et qu'il va réussir à s'ouvrir à une nouvelle activité. L'oracle lui dit un grand oui.

Exemple 1

Béatrice vient de faire une rencontre sur une application de rencontres. Elle désire connaître l'évolution de cette dernière.

Ses cartes : *l'hexagone, le cœur, l'orage*

La carte de ***l'hexagone*** en première position (le passé) est plus ou moins l'indice de la solitude de cœur et de « l'enfermement » dans lequel se trouvait Béatrice.

Cela signale également que pour s'ouvrir à l'amour, elle a pris le «risque» de passer par une application de rencontres.

Le cœur en seconde position (le présent) correspond parfaitement à ce qu'elle vit actuellement. L'attirance et les sentiments sont au rendez-vous.

En revanche, la dernière carte, ***l'orage***, en troisième position (le futur) n'augure rien de bon. Il y a peu de chance que cette relation évolue positivement dans l'avenir.

Exemple 2

Medhi vient d'obtenir une promotion dans son entreprise. Il souhaite savoir comment vont se passer les prochains mois dans ses nouvelles fonctions.

Ses cartes : *la croissance, l'aigle couronné, le soleil*

C'est un très beau tirage. ***La croissance*** en première position (le passé) indique que la situation de Medhi n'a cessé d'évoluer.

L'aigle couronné en seconde position (le présent) fait bien référence à sa promotion.

Le soleil en dernière position (le futur) est très rassurant. Il parviendra sans difficulté à assumer ses nouvelles responsabilités.

SIGNIFICATION DES CARTES

LES CARTES ROSES

Elles sont en relation
avec les sentiments,
la douceur, la joie, la bonté,
la générosité, l'harmonie
et la sincérité.

1. LE CŒUR

Amour, rencontre(s), épanouissement général, générosité, joie

Réponse : Oui.

Phrase-clé : Satisfaction et bonheur sont au rendez-vous.

Signification : Cette très belle carte évoque l'idée de bien-être et de contentement. Quel que soit le domaine, de jolis moments sont à prévoir. À toi de les apprécier. Souvent, le cœur parle d'amour (de soi, des autres ou d'une activité).

2. LES ANNEAUX

Union, couple, association, entente, accords

Réponse : Oui.

Phrase-clé : Accords, unions, acceptations sont à venir.

Signification : Ici, il est question d'entente, de partage, d'union (au sens large). Cela peut passer par la signature d'un contrat, l'officialisation prochaine d'une relation ou d'une association, d'une rencontre clé ou d'une collaboration fructueuse.

3. LA FLEUR

Éclosion, ouverture, beauté, épanouissement, période favorable

Réponse : Oui.

Phrase-clé : La période est des plus florissantes.

Signification : Tout semble indiquer que tu te trouves dans un cycle favorable à ton évolution. Si tu es amoureux, ta relation est en plein essor. Si tu as un projet en tête, celui-ci aboutira. C'est une carte très positive.

4. LA MAIN

Aide, soutien, amitié, bons conseils

Réponse : Oui.

Phrase-clé : Les autres contribuent à l'expansion de ta situation.

Signification : Avec cette carte, tu peux compter sur des aides inattendues et des coups de pouce de la part de tes proches, de tes amis, de tes collaborateurs ou de personnes de ton cercle professionnel. Ainsi, quelqu'un intercédera en ta faveur ou te permettra d'avancer dans un projet.

5. LE FLAMANT ROSE

Intégration, association,
union qui fait la force, groupe,
regroupement, collectif

Réponse : Oui.

Phrase-clé : Pour avancer, tu dois faire partie d'un collectif.

Signification : Si la réponse de cette carte est positive, pas question pour autant de la jouer solo. Pour réussir à avancer dans un de tes projets ou aller vers une rencontre, tu dois « obligatoirement » t'ouvrir aux autres et être intégré à un groupe.

LES CARTES ROUGES

Cette famille est mise
en relation avec la passion,
l'impulsivité, la combativité,
les défis à relever,
l'impatience, mais également
les luttes et les problématiques
de l'existence.

6. LE TRIANGLE

Évolution rapide, actions imprévisibles, impulsivité, réactivité

Réponse : Oui si.

Phrase-clé : Tu fais preuve de prudence.

Signification : Si le triangle est un symbole d'évolution, il te met toutefois en garde contre toute forme d'impulsivité. Pour mener à bien ta « quête », tu vas devoir être réfléchi. Avance pas à pas, étape par étape, émotion par émotion et touche par touche.

7. LE GLAIVE

Combativité, actions, esprit d'entreprise, détermination, défis à relever

Réponse : Oui si.

Phrase-clé : Tu restes combatif et volontaire.

Signification : Ici, pas question de baisser les bras, tu dois faire preuve de courage et de détermination. Il n'y a que comme cela que tu viendras à bout des obstacles du moment, ou que tu arriveras à tes fins. Crois en toi et regarde droit devant.

8. LES ÉPÉES

Tensions professionnelles ou conjugales, rivalités, concurrence, confrontations

Réponse : Non.

Phrase-clé : Il y a trop de tensions et de conflits.

Signification : Ta situation n'est pas des plus confortables. Au travail, tu manques de soutien et d'aide. Tu évolues dans un milieu très compétitif qui laisse peu de place à l'évolution. En amour, tout semble compliqué. L'avenir à deux est compromis.

9. LE CŒUR ENFLAMMÉ

Passion(s),
empressement, pulsions,
instinct de survie

Réponse : Tout dépend.

Phrase-clé : Si tu veux que tout se passe bien, tu dois maîtriser tes pulsions.

Signification : Loin d'être une carte négative, s'il peut être bon de suivre ton instinct et tes désirs, il ne faut pas que ceux-ci te dominent. Fais en sorte qu'ils soient une force.

10. LE SERPENT

Imprévu(s), danger(s), difficulté(s), situation périlleuse et complexe

Réponse : Non.

Phrase-clé : Tu vas être confronté à un imprévu qui sera source de blocages.

Signification : Ici, la réponse est non. Quoi que tu entreprennes, tu vas rencontrer une difficulté majeure et un empêchement. En amour comme au travail, un événement que tu ne verras pas venir remettra tout en question et te contraindra à marquer un stop.

LES CARTES ORANGE

Le plus souvent,
elles sont bénéfiques
et évoquent une idée
de réussite, d'aboutissement
de soi ou d'un projet,
voire d'une relation.

11. LA FLAMME

Éclaircissement, éclairage, passion, impulsion, dynamisme

Réponse : Tout dépend.

Phrase-clé : Si tu parviens à garder le contrôle, à être modéré, tout ira bien.

Signification : Ici, le résultat dépendra essentiellement de ta manière d'interagir avec les autres et ton environnement, ainsi que de la façon dont tu géreras ton énergie ou ta situation. Pour que tout se passe bien, reste ancré et maître de toi. Sois éclairé.

12. LE LION

Réussite, épanouissement, maîtrise, satisfaction, séduction

Réponse : Oui.

Phrase-clé : Ton panache et ton aura sont tes armes pour réussir.

Signification : C'est une très belle carte qui évoque toujours l'idée de satisfaction et de réussite. Avec elle, tu es en pleine possession de tes moyens et tu vas dominer une situation. En amour, tu ne laisses pas indifférent et une rencontre est envisageable.

13. LE CHIEN

Fidélité, fiabilité, amitié, compagnon ou compagne, sincérité

Réponse : Oui.

Phrase-clé : Pour atteindre ton objectif, pense à bien t'entourer.

Signification : Quel que soit le domaine, c'est la carte de la fidélité. Elle t'indique que tu peux compter sur le soutien et l'aide de personnes sincères et fiables, et te conseille de bien t'entourer sur le plan professionnel si tu veux avancer. Sur le plan sentimental, c'est l'amour vrai.

14. LA CHANCE

Opportunités, occasions, chance, réussite

Réponse : Oui.

Phrase-clé : La chance est de ton côté, surfe sur les bons courants du moment.

Signification : Carte extrêmement positive, elle t'indique que tu es dans une période propice à la réussite et à l'épanouissement. Tu vas pouvoir te réaliser. À toi de saisir les opportunités qui se présentent sur ton chemin.

15. L'AIGLE COURONNÉ

Victoire sur les épreuves, réussite, satisfactions diverses

Réponse : Oui.

Phrase-clé : Réussite et victoire assurées.

Signification : Carte extrêmement positive, dans un tirage, elle annule l'influence des cartes négatives. Après le lion, c'est l'emblème même du succès, de l'aboutissement d'un projet ou d'une relation et de la réussite matérielle.

LES CARTES JAUNES

Elles sont un symbole
d'espoir, de réussite,
de satisfaction, de bien-être
et d'enrichissement
personnel ou matériel.
Elles sont positives.

16. LE SOLEIL

Bien-être, rayonnement personnel et professionnel, réalisation

Réponse : Oui.

Phrase-clé : Le ciel est dégagé, la joie est là.

Signification : Carte positive et forte, présage de la fin d'un cycle difficile, elle te signale que tu es dans une phase ascendante de ta destinée. Tout est possible et envisageable. À toi de croire en toi et de t'imposer. En amour comme au travail et dans d'autres domaines, le bonheur est là ou va arriver.

17. L'ÉTOILE

Espoir, bonne voie ou orientation, rêves, idéalisme

Réponse : Oui.

Phrase-clé : Cultive l'espoir et l'optimisme.

Signification : Ce symbole fort te signale que tu es sur la bonne voie. Quels que soient tes choix et tes décisions, de nouvelles possibilités s'ouvrent à toi. À toi de croire en ta bonne étoile.

18. L'AIR

Légèreté, rapidité, dispersion

Réponse : Oui si.

Phrase-clé : Tu évites de te disperser et rassembles tes idées.

Signification : Cette carte t'invite à rester concentré et méthodique si tu souhaites atteindre tes objectifs. La période annoncée par l'air est marquée par les échanges, les rencontres, la fantaisie et la créativité.

19. LA BALANCE

Équilibre, mesure, loi, justice, respect de l'ordre établi

Réponse : Peut-être.

Phrase-clé : Respecte l'ordre des choses, trouve ton équilibre et tout ira bien.

Signification : Neutre, c'est une carte de mesure. Pour parvenir à t'épanouir, tu dois être en accord avec toi-même, les événements qui t'entourent et les autres. Quel que soit le domaine, pense à faire preuve de justesse en pesant le pour et le contre.

20. L'ABONDANCE

Récolte, abondance, satisfaction, amélioration financière

Réponse : Oui.

Phrase-clé : Tu te trouves dans un cycle fécond, sème et tu récolteras.

Signification : Très bonne carte qui annonce une période extrêmement favorable. C'est le retour sur investissement, l'aboutissement de tes efforts, le développement d'un sentiment durable, l'épanouissement et la satisfaction. Cette carte annule les influences lourdes des cartes négatives.

LES CARTES VERTES

En relation avec la terre,
elles sont indice
de construction, de solidité,
de détermination,
de résistance et de concret.
Elles sont souvent positives.

21. LE CARRÉ

Structure, encadrement, limitation, solidité, rigidité, stabilité

Réponse : Peut-être.

Phrase-clé : Tout doit être structuré et solide, sinon rien ne se fera.

Signification : Le carré est une carte « ambivalente » qui peut représenter un projet ou une relation solide, comme une forme d'enfermement et de manque d'idées. Sa positivité dépend des cartes qui l'entourent. Pense à bien gérer tes efforts, tes énergies, tes actions et tes sentiments.

22. LA CROISSANCE

Évolution, développement, croissance

Réponse : Oui.

Phrase-clé : Tes projets grandissent doucement. Entretiens-les, ils aboutiront.

Signification : La symbolique de cette carte est proche de celle de l'abondance. Que ton interrogation soit d'ordre professionnel ou sentimental, il est question d'évolution, de croissance, de maturation. Pour permettre à un projet ou une relation de grandir, tu dois t'en occuper.

23. LES LAURIERS

Réussite, aboutissement des efforts, satisfactions

Réponse : Oui.

Phrase-clé : Tout ce que tu entreprendras réussira.

Signification : Carte de concrétisation et de victoire, elle « parle » de réussite, de reconnaissance, de réalisation personnelle ou amoureuse, de l'aboutissement d'un projet. Quelle que soit ta question, sa réponse est un grand OUI.

24. LE BUFFLE

Solidité, impassibilité, lenteur, rumination

Réponse : Tout dépend.

Phrase-clé : Ton attitude peut être une force ou un obstacle. Adapte-toi.

Signification : Carte ambivalente, elle peut représenter un projet ou une relation qui tient la route ou une tendance à camper sur tes positions et à manquer de souplesse. Elle met également en garde contre une tendance à ruminer et à ressasser le passé.

25. LA MONTAGNE

Obstacles, chemin de croix, parcours compliqué

Réponse : Tout dépend.

Phrase-clé : Un obstacle se dresse devant toi. Sauras-tu le surmonter ?

Signification : Elle met en garde contre une difficulté ou un problème de taille. Seule ta manière de réagir et d'agir te permettra d'en venir à bout. Ici, le chemin jusqu'à l'équilibre et la tranquillité s'annonce ardu.

LES CARTES BLEUES

Elles sont associées
à l'élément eau.
Elles sont l'indice
de sensibilité, d'intuition,
de protection, de paix
et de créativité. Elles sont plus
ou moins positives.

26. LE CERCLE

Rondeur, réceptivité, enfermement, protection, féminité

Réponse : Peut-être.

Phrase-clé : Ton attitude jouera énormément.

Signification : Carte neutre, ta manière d'agir, d'interagir avec les autres et ta façon de penser influeront sur les événements et le chemin qui s'ouvrira à toi. À toi de jouer les bonnes cartes. Mal accompagné, le cercle représente la surprotection et la méfiance vis-à-vis des autres.

27. LA COLOMBE

Paix, harmonie, douceur, tranquillité d'esprit, apaisement

Réponse : Oui.

Phrase-clé : La paix et la tranquillité arrivent.

Signification : Si tu viens de traverser une période difficile, la colombe t'annonce la venue d'un cycle de bien-être et d'équilibre. C'est le retour à la normale. Dans un tirage, elle annule les effets lourds des cartes négatives.

28. LA LUNE

Créativité, intuition, sensibilité, douceur

Réponse : Oui si.

Phrase-clé : Tu suis ton intuition et libères ta créativité.

Signification : Pour parvenir à tes fins, fais preuve d'imagination et écoute ton sixième sens. Cette carte favorise les projets, la créativité, l'intuition, la famille, l'expression des sentiments ainsi que la douceur.

29. L'EAU

Flou, influences extérieures, incertitudes, doutes, craintes

Réponse : Non.

Phrase-clé : La situation est trop mouvante et incertaine.

Signification : Ici, quelle que soit ta question, la réponse est non. Tu te trouves dans une situation ou dans un contexte qui manque cruellement de stabilité et d'équilibre. Pour passer ce cap compliqué, ne lutte pas et adapte-toi.

30. LES POISSONS

Adaptabilité, esprit de groupe, réceptivité, hypersensibilité, besoin de fusion

Réponse : Tout dépend.

Phrase-clé : Si tu arrives à suivre le courant, tout ira bien.

Signification : La carte de l'eau est suivie par celle des poissons. C'est la carte qui accompagne le mieux la précédente. Côte à côte dans un tirage, tu surmonteras toutes les difficultés. Les poissons t'invitent à être réceptif à ton environnement et à suivre les courants ambiants.

LES CARTES INDIGO

Cette couleur intermédiaire est le signe de la clairvoyance, de l'intuition, de l'inventivité, de l'évolution personnelle.

31. L'HEXAGONE

Enfermement, limitation personnelle, esprit conservateur

Réponse : Non.

Phrase-clé : Tu n'obtiendras rien en te limitant.

Signification : Tout comme l'est le cercle, l'hexagone suggère que tu as tendance à te renfermer sur toi et à te limiter. Pour parvenir à atteindre l'objectif, dépasse-toi, sors des sentiers battus, provoque la chance et fais-toi violence, sans quoi rien ne sera possible.

32. LE GRAND DUC

Curiosité, observation, intelligence, clairvoyance

Réponse : Tout dépend.

Phrase-clé : Vois au-delà des apparences et tu seras gagnant.

Signification : C'est une carte d'observation qui t'invite à étudier ton environnement. Ainsi, avant d'entreprendre quoi que ce soit, examine scrupuleusement « le terrain » et les personnes qui t'entourent, cela t'aidera à avancer dans tes actions présentes et à venir.

33. LE SCARABÉE

Chance, protection, victoire sur les épreuves

Réponse : Oui.

Phrase-clé : Bénéficiant d'une excellente protection, tout te réussit.

Signification : Très bonne carte, dans un tirage compliqué, elle diminue l'influence des cartes dites négatives. Quel que soit le domaine et quoi que tu entreprennes, tu te trouves ou tu vas entrer dans un cycle porteur.

34. LE PAON

Séduction, aura, tendance à l'exagération

Réponse : Oui si.

Phrase-clé : Tu n'en fais pas trop et ne présumes pas de tes forces.

Signification : C'est une excellente carte si tu viens de commencer une relation amoureuse et si tu es dans une période de séduction, voire si tu passes un entretien d'embauche. En équipe, fais attention à rester à ta place et à éviter de te faire remarquer.

35. LE MESSAGE

Échanges, courriers, nouvelles, démarches

Réponse : Oui.

Phrase-clé : Les démarches, les nouvelles, les courriers sont favorisés.

Signification : C'est un excellent message pour entreprendre, t'ouvrir à d'autres relations, voir tes amis, prendre des contacts professionnels, communiquer avec ton ou ta partenaire, mettre de l'ordre dans tes papiers, répondre à tes mails.

LES CARTES VIOLETTES

Cette famille est celle
de la spiritualité, de l'éveil
personnel, de la connexion
à l'« Univers ».

Elles sont des symboles de foi,
d'engagement, mais également
d'indépendance.

36. LE LOSANGE

Intuition, esprit de découverte, inconnu, nouveauté

Réponse : Tout dépend.

Phrase-clé : T'ouvrir à l'inconnu te réussira.

Signification : Cette carte te demande de ne pas te limiter et de faire preuve de curiosité. C'est le moment de sortir des sentiers battus et de tenter de nouvelles expériences. Quel que soit le domaine, ose et fais preuve d'esprit d'initiative ou d'entreprise.

37. LE CŒUR BLESSÉ

Blessure d'enfance, rupture, déceptions, amertume

Réponse : Non.

Phrase-clé : La période est aux déceptions et aux chocs.

Signification : Tu l'auras deviné, c'est la carte la plus « mauvaise » de cette série. Elle fait référence aux épreuves, aux peines de cœur, aux déceptions humaines ou professionnelles passées, présentes ou futures. C'est également un symbole de deuil, surtout si elle est accompagnée du scorpion ou du néant.

38. LE CHAT

Adaptabilité, intuition, instinct de survie, intelligence

Réponse : Oui.

Phrase-clé : Tu as la capacité de toujours retomber sur tes pattes.

Signification : Si tu traverses une période compliquée, ne t'inquiète pas, tu vas réussir à te tirer d'affaire. Indice d'adaptabilité, tu vas rebondir, surmonter une difficulté ou une rupture. Dans certains cas, le chat est un signe d'indépendance.

39. LE BOUDDHA

Éveil, stabilité, zénitude, capacité à vivre le moment présent

Réponse : Oui.

Phrase-clé : Prends la vie comme elle vient et reste zen.

Signification : Quoi que tu vives ou fasses, garde la pleine maîtrise de toi-même. Signe de calme, cette carte indique que tu sauras te préserver du stress, et que tu parviendras à exploiter toutes tes ressources. C'est souvent l'annonce d'une période de tranquillité.

40. LA CHAUVE-SOURIS

Obligation de rester réceptif aux événements, prudence

Réponse : Peut-être.

Phrase-clé : Sors tes antennes et repère les obstacles pour avoir un coup d'avance.

Signification : Loin d'être un mauvais présage, cette carte te conseille de mieux identifier les obstacles. Quel que soit le domaine, pense à faire preuve de clairvoyance et sois réceptif à ton environnement.

LES CARTES GRISES

Tout comme la précédente, elles sont une représentation des petits ou des gros tracas de la vie.

41. LE BROUILLARD

Flou, manque de vision ou d'idées, limitation

Réponse : Non.

Phrase-clé : Il y a trop de flou et d'inconnu.

Signification : Attention, tu es dans le brouillard ou tu vas traverser une période de troubles. Attends-toi à avoir du mal à avancer dans tes projets ou dans une relation amoureuse. Cette carte met en garde contre les obstacles cachés ou encore le manque de visibilité.

42. LES NUAGES

Petite période de perturbations

Réponse : Non.

Phrase-clé : Le temps se couvre et n'est pas à l'action.

Signification : Cette carte « décrit » la venue d'un cycle de baisse d'énergie ou d'inspiration, d'une période plus « sombre » sur le plan professionnel ou amoureux. Si cette carte est suivie du soleil ou de l'étoile, c'est la fin des soucis.

43. LA TRISTESSE

Crise passagère, déprime, baisse d'énergie

Réponse : Non.

Phrase-clé : La période n'est pas à la fête.

Signification : Avec cette carte, attends-toi à voir tes plans contrariés, un projet menacé, ta relation amoureuse s'essouffler ou à être perturbée, voire à déprimer. Dans un tirage, suivi de la carte précédente ou de la suivante, c'est l'indice d'une crise majeure.

44. L'ORAGE

Événement soudain et violent, rupture

Réponse : Non.

Phrase-clé : La tempête est là et ta situation se dégrade.

Signification : Quel que soit le domaine, tu vas devoir faire face à une situation difficile qui va t'obliger à te préserver ou te « mettre à l'abri ». Un événement soudain et violent va faire voler en éclats tes convictions et ton équilibre. Attention !

45. LE SABLIER

Retard, temps

Réponse : Peut-être.

Phrase-clé : Le temps joue contre ou pour toi.

Signification : La signification de cette carte dans un tirage dépend de son entourage. Au positif, elle est le signe de l'expérience, de l'ancrage d'une relation amoureuse ou d'un projet qui se développe dans le temps. Au négatif, elle « parle » de retards et de contraintes diverses qui t'empêchent de te sentir bien et épanoui.

LES CARTES NOIRES

Ce n'est pas la famille
la plus positive puisqu'elle
est en lien avec les grands
carrefours de la vie,
les deuils, les renoncements
et les transformations
inévitables.

46. LE SCORPION

Changement, transformation, renoncement, résilience

Réponse : Non.

Phrase-clé : Tu dois accepter que ta situation se transforme et change.

Signification : Symbole de changement, ta situation va se transformer radicalement. Tu vas passer d'un cycle à un autre, d'une période de stabilité à l'instabilité. C'est l'indice de la fin de quelque chose. Parfois, cette carte évoque tes peurs et tes craintes.

47. L'OPPOSITION

Empêchement, confrontations, oppositions, mésententes

Réponse : Non.

Phrase-clé : Les tensions, les confrontations, les obstacles sont trop nombreux.

Signification : Au travail, tu ne bénéficieras de l'aide de personne. Il se pourrait même que quelqu'un te mette des bâtons dans les roues. Si tu es amoureux, ta relation a peu de chance d'évoluer, car vous êtes bien trop différents. Les conflits sont nombreux.

48. LE MUR

Arrêt, blocage(s), impossibilité, échec

Réponse : Non.

Phrase-clé : Le chemin est impraticable. C'est une impasse. Il faut en changer.

Signification : Avec cette carte, soit tu es arrivé au bout d'une relation, d'un travail ou d'un cycle, soit tu vas être confronté à un arrêt quelconque. Bien souvent, le mur te signale que tu n'as pas pris la bonne route, la bonne décision ou la bonne orientation. Tu dois te remettre en question.

49. LE CORBEAU

Annonce d'un événement particulier

Réponse : Oui.

Phrase-clé : Fais bien attention aux signes que la vie t'envoie.

Signification : Loin d'être négatif, le corbeau est toujours annonciateur d'un événement important. Vois-la comme une carte avant-coureuse de changement ou d'avertissement. Parfois, elle t'invite simplement à rester réceptif à ton environnement et aux comportements de tes proches.

50. LE NÉANT

Manque, vide, impossibilité, infertilité

Réponse : Non.

Phrase-clé : Rien n'est possible.

Signification : Avec cette carte dans un de tes tirages, il y a peu de chance que tes projets ou qu'une relation amoureuse évolue. Tu n'es pas en position de force et il te manque des éléments, des contacts, des soutiens ou des idées pour avancer dans ta vie. Ici, rien ne peut prendre vie.

Maintenant que tu as intégré
les symboliques
des différentes cartes
et que tu maîtrises
les deux tirages proposés,
c'est à toi de jouer.
Je te souhaite une excellente
utilisation de ce support.

C.S.

À PROPOS DE L'AUTEUR

Chris Semet est un astrologue, voyant et tarologue renommé. Il est l'auteur de nombreux ouvrages dont *L'astrologie en pratique*, chez le même éditeur.

Retrouvez-le sur ses réseaux :

@chrissemetastro

@chrissemet

https://chris-semet.net/

DANS LA MÊME COLLECTION

Le Pocket Oracle des potes en ciel, Sylvain Didelot, 2024.

Le Pocket Oracle de mon intuition, Sandytatoo, 2024.

Le Pocket Oracle des relations d'âmes, Géraldine Garance, 2024.

Le Pocket Oracle de la numérologie, Alexandra Gabriel, 2024.

Le Pocket Oracle sweet divination, Hadda Djeribi, 2025.

Le Pocket Oracle accroche-cœur, Lisa Arcamela, 2025.

Le Pocket Oracle de la destinée, Esteban Frederic, 2025.

Le Pocket Oracle des prédictions, La Douce Pythie, 2025.

pca
cmb
édition pré-presse
livres numériques

44400 Rezé